Echt hausgemacht

Echt hausgemacht

Herausgegeben von
Erika Casparek-Türkkan / Petra Casparek

Vom Einmachen, Entsaften, Brot backen,
Wursten, Bier brauen, Wein keltern
und anderen Verfahren aus Großmutters Küche

Inhalt

- 6 **Vorwort**

- 9 **Marmelade, Konfitüre und Gelee**
- 10 Grundausstattung
- 10 Zucker zum Kochen von Marmelade, Konfitüre und Gelee
- 11 Sonnengereifte, aromatische Früchte spielen die Hauptrolle
- 12 Obstqualität
- 12 Die Gläser und deren Vorbereitung
- 13 Individuelle Konfitürekreationen
- 14 Erdbeerkonfitüre Schritt für Schritt
- 16 Rezepte

- 25 **Saft und Sirup**
- 25 Saftiges Obst und Gemüse
- 26 Arbeitsgeräte für die Saftzubereitung
- 27 Das Dampfentsaften
- 27 Traditionelles Entsaften durch Kochen
- 27 Rohentsaften
- 28 Goldene Regeln fürs erfolgreiche Entsaften
- 29 Kirschsaft Schritt für Schritt
- 30 Rezepte

- 33 **Obst und Gemüse einmachen**
- 33 Was passiert beim Einmachen
- 34 Arbeitsgeräte
- 35 Die Einmachverfahren
- 36 Das lässt sich gut einmachen
- 36 So gelingt das Einmachen
- 37 Das Heißeinfüllen von Früchten
- 38 Früchte einmachen Schritt für Schritt
- 40 Rezepte

- 49 **Trocknen und Dörren**
- 50 Das brauchen Sie zum Trocknen
- 51 So wird getrocknet und das Trockengut aufbewahrt
- 52 Früchte, die sich zum Trocknen eignen
- 52 Gemüse und Kräuter trocknen
- 53 Dörren Schritt für Schritt
- 54 So wird Gemüse getrocknet
- 54 Rezepte

- 57 **Mit Salz, Essig und Öl konservieren**
- 58 Grundausstattung
- 59 Gemüse milchsauer einlegen

- 65 Essiggurken einlegen Schritt für Schritt
- 66 Rezepte

- 73 **Ketchup, Chutneys, Relishes und Saucen**
- 74 Grundausstattung
- 75 Ketchup, Chutneys, Relishes und Saucen herstellen
- 76 Rezepte
- 77 Tomatenketchup Schritt für Schritt

- 83 **Senf und würzige Pasten**
- 84 Grundausstattung
- 85 Von mild bis scharf
- 86 Senf herstellen Schritt für Schritt
- 87 Rezepte

- 95 **Likör & beschwipste Früchte**
- 96 Grundausstattung
- 97 Die Zutaten für fruchtige Liköre
- 98 Würzzutaten
- 99 Eine schöne Geschenkidee
- 99 Eine ganze Saison Rum
- 100 Kirschlikör herstellen Schritt für Schritt
- 101 Rezepte
- 104 Rumtopf ansetzen Schritt für Schritt

- 109 **Frucht- und Traubenwein**
- 110 Arbeitsgeräte
- 111 Vom Apfelsaft zum eigenen Wein Schritt für Schritt
- 120 Köstliche Beeren- und Fruchtweine aus eigener Herstellung
- 122 Die Vorbereitung
- 124 Rezepte
- 127 Traubenwein keltern

- 131 **Bier brauen**
- 132 Das kommt ins Bier
- 136 Grundausstattung
- 140 Helles untergäriges Starkbier brauen

- 155 **Essig ansetzen, Essig und Öl aromatisieren**
- 156 Arbeitsgeräte
- 157 So ensteht Essig
- 158 Essig ansetzen Schritt für Schritt
- 160 Rezepte

Brot und Brötchen
- 166 Grundausstattung
- 167 Wichtige Zutaten für den Teig
- 168 Brötchen backen Schritt für Schritt
- 170 Rezepte
- 180 Teig und Brot aus dem Brotbackautomaten
- 180 Backrezepte für den Brotbackautomaten

Pasta und andere Teigwaren
- 186 Arbeitsgeräte
- 187 Nudelteig und Nudeltipps
- 188 Bandnudeln Schritt für Schritt
- 190 Rezepte

Wurst, Pasteten und Terrinen
- 198 Arbeitsgeräte
- 199 Geeignete Wurstarten
- 199 Weitere wichtige Zutaten
- 200 Rohwurst selbst herstellen
- 202 Rohwurst Schritt für Schritt
- 204 Reifen, Räuchern und Lagern
- 205 Rezepte

Pökeln und Räuchern
- 220 Arbeitsgeräte
- 221 Salzen und Pökeln
- 223 Schinken trocken pökeln Schritt für Schritt
- 224 Das Nasspökeln
- 225 Lachsschinken nass pökeln Schritt für Schritt
- 226 Arbeitsgeräte
- 227 Weitere Schritte bis zum Räuchern und das Durchbrennen
- 227 Räuchern und Räuchermitttel
- 228 Erzeugung von Räucherrauch
- 228 Räuchern ohne Schadstoffe
- 228 Räucherverfahren
- 230 Rezepte
- 234 Würzig geräucherte Fische
- 235 Lachs kalträuchern Schritt für Schritt
- 236 Rezepte

Dickmilch, Joghurt, Kefir & Co
- 240 Die richtige Milch
- 241 Dickmilch entsteht fast von selbst
- 242 Der internationale Klassiker
- 243 Joghurt ansetzen Schritt für Schritt
- 244 Köstlicher Kefir
- 244 Der Kefirpilz und seine Pflege
- 245 Kefir machen Schritt für Schritt
- 246 Buttermachen ist ganz leicht
- 248 Alles über Quark
- 249 Quark herstellen Schritt für Schritt

Bezugsadressen und Literatur
- 252 Rezepteregister
- 254 Sachregister
- 256 Über dieses Buch

Vorwort

Gurken einlegen, Marmelade kochen, Früchte einmachen, Brot backen, Wurst machen oder Schinken pökeln und räuchern – wer schwärmt nicht von hausgemachten Köstlichkeiten und schwelgt in nostalgischen Erinnerungen daran? Schließlich ist es erst gut 50 Jahre her, dass sich, zumindest auf dem Land, noch jede Familie mit Hausgemachtem versorgte.

Geht man davon aus, dass es heute die köstlichsten Delikatessen und Spezialitäten aus aller Welt zu kaufen gibt, so scheint es fast absurd, Mühe und Zeit zu opfern, um da weiterzumachen, wo unsere Mütter und Großmütter aufgehört haben – wäre da nicht die Lust auf das Einmalige dieser Spezialitäten, auf den wunderbaren Geschmack des selbst gebackenen Brotes, der Konfitüre oder der Wurst aus der eigenen kleinen Räucherkammer.

Der Reiz an Hausgemachtem

Nicht nur das Misstrauen gegenüber der Flut an Halbfertig- und Fertigprodukten mit all ihren Zusatzstoffen lässt gesundheitsbewusste Hobbyköche wieder stärker an die Herstellung hausgemachter Vorräte denken. Viel mehr motivieren die Lust an der Zubereitung eigener Produkte nach altbewährten Verfahren und die Möglichkeit, nach eigenen Vorstellungen kreieren zu können.

So nimmt die Gruppe der Küchenindividualisten ständig zu, die den Teig für Brot und Pasta wieder selber kneten, Gläser und Tontöpfe mit Eingemachtem füllen und sogar ihren eigenen Wein ansetzen. Und zwar das nicht nur auf dem Land, wo der eigene Garten oder der Biobauer in der Nähe mit frischen Früchten, Gemüsen und anderen Produkten der Saison versorgt, sondern auch in der Stadt, wo Wochenmärkte oder Naturkostläden frische Produkte liefern.

Auch wenn sich in einer kleinen Stadtwohnung nicht alles, was in diesem Buch vorgestellt wird, realisieren lässt, weil ein geeigneter Raum für das Wein- oder Biermachen oder zum Aufbewahren fehlt, finden Sie hier eine große Fülle von Anregungen und bewährten Rezepten, von denen sich der größte Teil auch in einer kleinen Küche verwirklichen lässt.

FÜR ALLE INDIVIDUALISTEN
Genießer, kreative Hobbyköche und diejenigen, die wissen wollen, was in eingemachtem Obst und Gemüse, Likören und anderen Leckereien, aber auch in Wurst steckt, ist Hausgemachtes ideal.

Hausgemachtes von A–Z

Die ersten Kapitel widmen sich allen Möglichkeiten, Früchte und Gemüse für den späteren Verbrauch zu konservieren. Ob nun Saft daraus gewonnen wird, ob die reiche Ernte eingemacht oder getrocknet und gedörrt wird, ob in Salz, Essig und Öl eingelegt oder ob mit Hilfe würzender Zutaten raffinierte Ketchups und Chutneys, Würzpasten und Brotaufstriche kreiert werden – jedes Kapitel präsentiert eine ganz neue Art, Früchte und Gemüse haltbar zu machen.

In zwei weiteren Kapiteln werden die verschiedenen Spielarten, aus Früchten, Beeren und Getreide Likör, Wein und Bier selber zu machen, vorgestellt. Manche dieser Anregungen lassen sich schnell und einfach umsetzen, andere dagegen, wie das Keltern von Wein und das Brauen von Bier, verlangen ein konzentriertes und ausdauerndes Einarbeiten in das Thema.

Schnell und einfach geht es dann weiter mit selbst angesetztem Essig und aromatisierten Essig- und Ölspezialitäten, vom raffinierten Trüffelöl bis zum Himbeeressig auf Grossmutters Art reichen hier die Rezepte, die sich auch als individuelles Geschenk eignen. Verführerisch duftendes Brot sowie Brötchen und kernige Nudelspezialitäten folgen gleich darauf.

Ab Kapitel 14 erfahren Sie alles Wichtige übers Selbermachen von Wurst, über das Pökeln und Räuchern. Natürlich werden die Arbeitsgeräte und die einzelnen Arbeitsschritte genau erklärt.

Ein Kapitel stellt die Herstellung verschiedener Milchprodukte wie Butter und Quark, Dichmilch und Joghurt aus der eigenen Küche vor. Auch in diesem Kapitel fehlen die Tipps zur gesunden Ernährung nicht.

Dieses Buch widmet sich allen, die kreativ und bewusst Naturprodukte verfeinern und konservieren möchten, allen, die neugierig sind und alte sowie neue Methoden der Konservierung kennen lernen wollen. Es richtet sich auch an alle diejenigen, die unabhängig von der Jahreszeit das ganze Jahr über Freude an feinen Konvertüren, eingemachten Stachelbeeren, Kirsch-, Pfefferminz- und Nusslikör oder sauren Gurken aus der eigenen Küche haben möchten. Und natürlich allen, die mit den selbst gemachten Köstlichkeiten guten Freunden und sich selbst eine Freude bereiten möchten.

DIE KAPITEL

In 16 Kapiteln wird dargestellt, wie man beispielsweise aus Obst und Gemüse, Fisch und Fleisch, Essig und Öl raffinierte, köstliche und haltbare Produkte zum Selberessen und zum Verschenken herstellen kann.

Marmelade, Konfitüre und Gelee

Gibt es etwas Köstlicheres als ein knusprig frisches Butterbrötchen mit einer fruchtigen selbst gekochten Marmelade? Keine Frage, selbst gekochte Marmeladen, Konfitüren und Gelees wandelten sich längst vom einfachen Brotaufstrich zur hoch geschätzten Delikatesse. Eine aromatische Erdbeerkonfitüre aus eigener Produktion macht auch die hartnäckigsten Morgenmuffel munter. Feine Kuchen und Torten, gefüllt mit raffinierten Konfitüren, werden so zum Gedicht. Und eine selbst gekochte Zitronenmarmelade zum Nachmittagstee, wer kann da schon widerstehen? Wer sich während des Jahres einen Vorrat dieser Köstlichkeiten anlegt, hat außerdem stets ein leckeres Mitbringsel zur Hand.

Die einzelnen Bezeichnungen

Landläufig werden Konfitüren und Gelees als Marmeladen bezeichnet. Laut unserem Lebensmittelrecht darf der Begriff »Marmelade« jedoch nur für Produkte aus Zitrusfrüchten, also Orangen, Grapefruits und Zitronen, verwendet werden. Unter Konfitüren versteht man Fruchtaufstriche aus einer oder mehreren Obstsorten. Sie werden aus zerkleinerten oder zerdrückten Früchten hergestellt. Konfitüren mit Fruchtstückchen enthalten neben dem gelierten Fruchtsaft auch noch einen großen Anteil an ganzen oder stückigen Früchten.
Gelees dagegen werden aus reinem Fruchtsaft oder einem Fruchtsaftgemisch zubereitet und enthalten deshalb keine Fruchtstückchen mehr.
Daneben gibt es noch das Fruchtmus. Für Fruchtmus werden Früchte wie etwa Zwetschen oder Aprikosen mit relativ wenig Zucker so lange eingekocht, bis fast die gesamte Flüssigkeit verdampft ist und eine dicke musige Masse entstanden ist. Damit die Marmeladen, Konfitüren und Gelees lange haltbar sind, muss bei ihrer Herstellung Zucker verwendet werden. Er bindet das in den Früchten enthaltene Wasser, so dass sich Verderbnis erregende Mikroorganismen nicht vermehren können.

ZUCKER UND HITZE

Sie sorgen dafür, dass Konfitüren, Marmeladen und Gelees lange haltbar sind. Der Zucker wirkt konservierend, die Hitze zusätzlich sterilisierend.

Marmelade, Konfitüre und Gelee

Grundausstattung

Für die Zubereitung von Konfitüren, Marmeladen und Gelees müssen Sie sich keine speziellen Töpfe und Ähnliches anschaffen. Die wichtigsten Gerätschaften fürs Konfitürekochen sind in jedem Haushalt vorhanden.

Schon mit einer einfachen Grundausstattung können Sie aus Früchten erlesene Köstlichkeiten jeder Art herstellen.

HALTBARKEIT
Konfitüren und Gelees, die mit einem Frucht-Zucker-Verhältnis von 1:1 hergestellt wurden, halten sich in der Regel etwa ein Jahr lang.

- Eine Küchenwaage für das exakte Abwiegen der Früchte und des Zuckers
- Ein Topf mit schwerem Boden, mit einem großen Durchmesser und einem etwa 15 Zentimeter hohen Rand
- Kochlöffel, Schaumkelle, Schöpf- oder Saucenkelle
- Kleine Gläser mit Twist-off-Deckeln, gesammelt im Laufe des Jahres oder gekauft
- Etiketten zum Beschriften der Gläser

Zucker zum Kochen von Marmelade, Konfitüre und Gelee

Konfitüre, Gelee und Marmelade werden am häufigsten mit Gelierzucker, einer Mischung aus Zucker, Pektin und Zitronensäure, eingekocht. Dadurch bekommt das Eingekochte nicht nur die notwendige Süße, sondern auch die richtige Konsistenz. Für diese Art des Konfitürekochens rechnet man einen Teil

Aromatische Früchte

Früchte auf einen Teil Gelierzucker. Süßer Fruchtaufstrich lässt sich aber auch für Diabetiker oder für Kalorienbewusste selber herstellen. Hier wird mit Zuckeraustauschstoffen gesüßt, das Geliermittel ist direkt mit untergemischt, oder es muss extra als Pulver oder Flüssigkeit gekauft werden. Konfitüre, Gelee und Marmelade mit Zuckeraustauschstoffen kommen nicht ohne Konservierungsstoffe aus, die den Geliermitteln fertig zugesetzt sind. Das Verhältnis von Früchten und Zuckeraustauschstoffen bzw. Geliermittel ist vom Produkt abhängig; deshalb sollten Sie unbedingt die Packungsanweisung berücksichtigen.

Sonnengereifte, aromatische Früchte spielen die Hauptrolle

Prinzipiell eignen sich alle Früchte, Wildfrüchte und »Exoten« zur Herstellung von Marmeladen, Konfitüren und Gelees. Zu beachten ist der unterschiedliche Pektingehalt von Obst und Beeren. Einige Früchte enthalten nämlich mehr Pektin und Fruchtsäuren als andere und gelieren deshalb schneller. Denn das Enzym Pektin bewirkt in Verbindung mit Zucker und Fruchtsäure das Festwerden der Konfitüren, Marmeladen und Gelees. Als Faustregel gilt: Je pektinreicher die Früchte sind, desto kürzer ist die Kochzeit der Fruchtmasse. Wenn Sie Konfitüren nur mit Einmachzucker zubereiten möchten, sollten Sie pektinarme Früchte mit pektinreichen kombinieren.

DIE GELIERPROBE

Einen Klecks der Masse auf einen kalt abgespülten Teller geben. Wenn er nach kurzer Abkühlzeit erstarrt und sich kein Wasser um ihn bildet, kann das Einmachgut in die vorbereiteten Gläser gefüllt werden.

Der Pektin- und Säuregehalt

Besonders pektin- und säurereich sind:
Unreife Äpfel, Brombeeren, rote Johannisbeeren, nicht zu reife Quitten, Stachelbeeren, Rhabarber, Zitrusfrüchte

Einen mittleren Pektin- und Säuregehalt besitzen:
Aprikosen, Himbeeren, schwarze Johannisbeeren, Mirabellen, Nektarinen, Pfirsiche, Pflaumen, Reineclauden, Zwetschen

Einen geringen Pektin- und Säuregehalt haben:
Ananas, Birnen, Erdbeeren, Holunder, Kirschen, Kürbis, Weintrauben

Grundsätzlich sind unreife Früchte pektin- und säurereicher als vollreife Früchte.

Marmelade, Konfitüre und Gelee

Obstqualität

Nur wirklich aromatische, sonnengereifte Früchte ohne Schadstellen ergeben ein optimales Einkochergebnis. Eine prima Bezugsadresse sind z. B. Erdbeer- und Himbeerplantagen, auf denen man sein Obst selber pflücken kann. Eines sollte man selbst bei der schönsten Auswahl beherzigen: Immer nur so viel Obst kaufen, wie man an einem Tag verarbeiten kann! Falls Sie Obst aus dem eigenen Garten ernten, denken Sie möglichst an die zwei altbewährten Ernteregeln: Die Früchte morgens vor der ersten Sonnenbestrahlung und nie nach einer langen Regenperiode ernten.

GARTENFRÜCHTE
Wer Obst aus dem eigenen Garten verarbeitet, erntet die Früchte morgens vor der Sonnenbestrahlung und nie nach einer langen Regenperiode.

Die Gläser und deren Vorbereitung

Der Inhalt aus kleinen Gläsern wird schnell verbraucht und hat somit wenig Chancen zu schimmeln. Außerdem kann man so die Sorte wesentlich öfter wechseln.

Gläser mit Twist-off-Deckeln schließen das Eingekochte luftdicht ein und sind ideal für Marmelade, Konfitüre und Gelee. Wer das Eingekochte mit Zellophan verschließt, muss damit rechnen, dass die Oberfläche nach einiger Zeit eintrocknen kann. Die zu befüllenden Gläser und Deckel gründlich spülen. Dann unter fließend heißem Wasser klar spülen und umgedreht zum Abtropfen auf ein Küchentuch stellen, niemals abtrocknen.

Die Gläser vor dem Einfüllen der kochend heißen Konfitüre auf ein feuchtes Tuch stellen, damit sie nicht springen.

Leckeres schön verpackt

Wer gerne und häufig selbst gekochte Konfitürespezialitäten verschenkt, sollte rechtzeitig mit dem Sammeln hübscher Gläser beginnen. Beim Bummel durch Kaufhäuser, Boutiquen und Schreibwarengeschäfte auf hübsche Aufkleber, Bänder und Schnüre achten und auf Vorrat kaufen, dann geraten Sie in der Einmachzeit nicht in Stress. Auch selbst gestaltete Etiketten, mit kleinen Illustrationen oder Fotos dekoriert, lassen sich gut im Voraus herstellen. Computerfreunde gestalten sogar ihre Etiketten mit eingescannten Fotos und Bildern.

Konfitürekreationen

Individuelle Konfitürekreationen

Mit ein wenig Einkocherfahrung lassen sich ganz individuelle Konfitüren, Marmeladen und Gelees zubereiten. Raffinierte Fruchtmischungen sorgen oft für ungeahnt köstliche Kreationen: Aprikose mit Kirsche, Pfirsich mit Ananas oder auch Erdbeer mit Blaubeer.

Mit aromatischen Kräutern und Gewürzen lässt sich Eingekochtes wunderbar verfeinern. Frische Minze, Zitronenthymian, Thymian, Rosmarin, Lavendel und Zitronenmelisse, Zimt, Nelken, Sternanis, Kardamom und sogar Pfeffer können Ihren Konfitürekreationen eine delikate Richtung geben.

Auch Spirituosen und Likör stehen zur Geschmacksabrundung von Marmelade, Konfitüre und Gelee bereit. Ein kräftiger Schuss Zwetschenwasser dient ebenso zur Verfeinerung von Zwetschenmus, wie Zitronenlikör den Geschmack von Zitronengelee abrunden kann. So können Sie für sich selbst, für die Familie oder auch als Mitbringsel für Freunde und Bekannte etwas Eigenes kreieren. Der Phantasie sind dabei keinerlei Grenzen gesetzt.

ACHTUNG, SCHIMMEL!

Immer sauber arbeiten! Die Gläser unmittelbar nach dem Abfüllen auf den Kopf stellen. Wenn sich später auf der Oberfläche der Fruchtmasse etwas Schimmel zeigt, sollte man das betreffende Produkt wegwerfen. Es genügt nicht, einfach die obere Schicht großzügig abzutragen.

Zum Verschenken eignen sich mit Marmelade, Konfitüre und Gelee gefüllte Gläser, die mit Tüchern, lustigen Bändern und Etiketten dekoriert sind.

Marmelade, Konfitüre und Gelee

1 Etwa 1,2 kg reife, aromatische Erdbeeren waschen, putzen und die Früchte je nach Größe halbieren oder vierteln. 1 kg der vorbereiteten Früchte abwiegen.

2 Die Erdbeeren in einem großen Topf (der maximal bis zur Hälfte gefüllt sein soll) mit 1 kg Gelierzucker verrühren und zugedeckt 1 bis 2 Stunden Saft ziehen lassen.

3 4 Gläser mit je 0,5 l Inhalt und Twist-off-Deckeln sorgfältig reinigen, mit heißem Wasser ausspülen und abtropfen lassen. Die Gläser auf ein gut angefeuchtetes Tuch stellen.

4 Die Konfitüre aufkochen, den Saft von 1 Zitrone zugeben und die Mischung unter gelegentlichem Rühren etwa 5 Minuten sprudelnd kochen lassen.

Erdbeerkonfitüre Schritt für Schritt

5 Den sich auf der Konfitüre bildenden Schaum immer sorgfältig mit einem Schaumlöffel entfernen. Danach die Gelierprobe machen (siehe Seite 11).

6 Die kochend heiße Konfitüre kleckerfrei mit einer Saucenkelle oder einem Trichter in die Gläser füllen. Kleben Konfitürereste am Rand, lässt sich der Deckel schwer öffnen.

7 Die Gläser sofort verschließen und auf den Deckeln stehend abkühlen lassen, damit sich ein Vakuum bildet. Anschließend aufrecht an einem dunklen, kühlen Ort aufbewahren.

8 Die Gläser beschriften, am besten mit selbstklebenden Etiketten. Darauf vermerken, welche Konfitüre sich darin befindet und wann sie hergestellt wurde.

Marmelade, Konfitüre und Gelee

PFIRSICHKONFITÜRE

ZUTATEN
für 4 Gläser mit je 0,5 l Inhalt

- *1,2 kg gelbe, intensiv duftende Pfirsiche*
- *1 kg Gelierzucker*
- *Saft von 1 Zitrone*
- *100 g Mandelstifte*

1 Die Pfirsiche in eine Schüssel geben und mit kochendem Wasser überbrühen. Kurz stehen lassen, dann kalt abschrecken und die Pfirsiche häuten. Die Früchte halbieren, entsteinen und in kleine Stücke schneiden.
2 Die Fruchtstücke abwiegen und mit der gleichen Menge Gelierzucker sowie dem Zitronensaft in einem großen Topf verrühren. Zugedeckt an einem kühlen Ort 2 Stunden Saft ziehen lassen, zwischendurch umrühren.
3 In der Zwischenzeit die Mandelstifte in einer beschichteten Pfanne ohne Fett unter ständigem Rühren goldbraun rösten. Die Mandelstifte auf einen Teller geben und abkühlen lassen.
4 Die Mandelstifte zur Fruchtmischung geben, aufkochen und offen 5 Minuten sprudelnd kochen lassen, abschäumen. Die Konfitüre noch heiß in die gereinigten Gläser füllen und mit Twist-off-Deckeln verschließen. Auf die Deckel stellen und abkühlen lassen.

RHABARBER-ORANGEN-KONFITÜRE

ZUTATEN
für 2 Gläser mit je 0,5 l Inhalt

- *500 g junger, dünner Rhabarber*
- *3 saftige Orangen*
- *500 g Gelierzucker*

1 Den Rhabarber waschen, eventuell vorhandene Fäden abziehen und die Stangen je nach Dicke in 2 bis 3 Zentimeter lange Stücke schneiden.
2 Die Orangen schälen und die pelzige weiße Haut sorgfältig entfernen. Dann die Filets aus den Trennwänden lösen und den Saft auffangen.
3 Die Rhabarberstücke mit den Orangenfilets, dem Orangensaft und dem Gelierzucker im Topf verrühren und 1 bis 2 Stunden zugedeckt ziehen lassen.
4 Anschließend die Fruchtmasse aufkochen und 5 Minuten sprudelnd kochen lassen, dabei immer wieder vorsichtig umrühren. Den sich bildenden Schaum sorgfältig abschöpfen und entfernen.
5 Zum Schluss die Konfitüre sofort kochend heiß in die vorbereiteten Gläser füllen und mit den Twist-off-Deckeln verschließen. Auf den Deckeln stehend abkühlen lassen.

VARIANTE: Für eine klassische Rhabarber-Erdbeer-Konfitüre je 500 Gramm zerkleinerten Rhabarber und Erdbeeren verwenden und mit 1 Kilogramm Gelierzucker zu Konfitüre kochen.

Apfel-Möhren-Konfitüre

Thüringische Apfel-Möhren-Konfitüre

1 Die Äpfel schälen, entkernen und in Spalten schneiden. Die Möhren putzen, waschen, schälen und klein schneiden. Von Äpfeln und Möhren insgesamt 1,2 Kilogramm abwiegen und mit der Zitronenschale in einem großen Topf offen bei schwacher Hitze so lange köcheln, bis die Masse musig wird und eindickt.

2 Den Zucker unterrühren und alles weiterköcheln lassen, bis die Mischung zur Konfitüre eingedickt ist. Den Zitronensaft einrühren und noch 2 Minuten mitkochen lassen. Dann die Konfitüre in die vorbereiteten Gläser füllen und sofort verschließen.

Tipps: Besonders attraktiv und apart im Geschmack wird die Apfel-Möhren-Konfitüre, wenn man ihr vor dem Einfüllen in die Gläser noch einige frische Minzeblättchen oder 25 Gramm grob gehackte Pistazien beigibt. Diese Konfitüre schmeckt nicht nur als Brotaufstrich, sondern auch als Beilage zu Milchreis und Pudding oder unter Quark gemischt als schnelles und leichtes Dessert.

Zutaten
für 4 Gläser mit je 0,5 l Inhalt

- *500 g aromatische Äpfel, wie z. B. Glockenäpfel*
- *1 kg dicke Möhren*
- *die in Streifen abgeschnittene Schale und der Saft*
- *1 unbehandelte Zitrone*
- *1 kg Zucker*

Mit der köstlichen Apfel-Möhren-Konfitüre wird jedes Frühstück zum Vergnügen.

Marmelade, Konfitüre und Gelee

BEERENKONFITÜRE

ZUTATEN
für 2 Gläser mit je 0,5 l Inhalt

- 600 g gemischte TK-Beeren
- 600 g Gelierzucker
- *ausgeschabtes Mark von 2 Vanilleschoten*
- *in Streifen abgeschnittene Schale und Saft von 2 unbehandelten Limetten*

1 Die gemischten und nichtaufgetauten Beeren mit dem Gelierzucker, dem Vanillemark, dem Limettensaft und der Limettenschale in einer großen Schüssel vermischen und zugedeckt etwa 2 Stunden Saft ziehen lassen.

2 Die Beerenmischung in einem Topf offen aufkochen lassen und unter Rühren etwa 5 Minuten sprudelnd kochen lassen, dabei den Schaum entfernen.

3 Zum Schluss die kochend heiße Konfitüre mit einer Schöpfkelle in die vorbereiteten Gläser füllen und mit Twist-off-Deckeln gut verschließen.

4 Die Konfitüre zum Abkühlen auf die Deckel stellen.

VARIANTE: Ist die Konfitüre für Erwachsene bestimmt, kann man sie statt mit Limettensaft mit 5 Zentiliter Kirschwasser verfeinern, das man nach Ende der Kochzeit unter die heiße Fruchtmasse rührt. Statt der gemischten Beeren können Sie nur eine Beerensorte nehmen. Wenn Sie außerhalb der Beerenzeit Appetit auf selbst gemachte Konfitüre bekommen, ist dieses Rezept genau das richtige.

Zitrusfrüchtemarmelade

ZITRONENMARMELADE

1 Die Zitronen heiß abwaschen und mit der Schale in sehr dünne Streifen schneiden. Dabei die Kerne entfernen. Die Zitronenstreifen in einen Topf geben, mit 1/2 Liter Wasser übergießen und zugedeckt etwa 4 bis 5 Stunden ziehen lassen.
2 Die Zitronen mit der Flüssigkeit einmal aufkochen lassen, dann vom Herd nehmen und 10 Minuten ziehen lassen. Danach den Gelierzucker unterrühren und alles zum Kochen bringen. Unter ständigem Rühren etwa 5 Minuten sprudelnd kochen lassen.

3 Zitronenlikör oder Zitronenaromaöl unter die Marmelade rühren und sofort noch heiß in die vorbereiteten Gläser füllen. Mit Twist-off-Deckeln verschließen und auf dem Kopf stehend abkühlen lassen.

TIPP: In gut sortierten Naturkostgeschäften oder in der Apotheke wird natürliches Aromaöl aus Zitrusfrüchten verkauft. Zitronen-, Orangen-, Grapefruit- oder Mandarinenöl eignet sich tropfenweise beigegeben hervorragend zum Parfümieren fruchtiger Marmeladen.

ZUTATEN
für 2 Gläser mit je 0,5 l Inhalt

- *3 vollreife, unbehandelte Zitronen*
- *500 g Gelierzucker*
- *5 cl Zitronenlikör oder 4–5 Tropfen natürliches Zitronenaromaöl*

GRAPEFRUIT-ANANAS-MARMELADE

1 Die Grapefruits schälen, vierteln und in dünnen Scheiben als Filets auslösen. Dabei den Saft auffangen. Von der Ananas den Schopf abschneiden, die Frucht schälen, dabei die braunen »Augen« und den Strunk herausschneiden. Das Fruchtfleisch zerkleinern.
2 Das Obst abwiegen, die Grapefruitfilets, den Grapefruitsaft und die Ananasstückchen sollen zusammen 1 Kilogramm ergeben. Alles mit dem Zucker in einem großen Topf vermischen, aufkochen lassen und 5 Minuten sprudelnd kochen lassen. Mit einem Löffel abschäumen.
3 Die noch heiße Marmelade in die gründlich gereinigten Gläser füllen, mit Twist-off-Deckeln oder anderen fest schließenden Deckeln verschließen. Die Gläser auf den Kopf stellen und abkühlen lassen.

TIPP: Verwenden Sie die rosafarbenen Grapefruits für diese Marmelade. Sie schmecken im Vergleich zu den gelben Sorten saftiger und milder.

ZUTATEN
für 4 Gläser mit je 0,5 l Inhalt

- *etwa 700 g rosa Grapefruit*
- *etwa 800 g vollreife, aromatische Ananas*
- *1 kg Gelierzucker*

Marmelade, Konfitüre und Gelee

QUITTENGELEE

ZUTATEN
für 6 Gläser mit je 0,5 l Inhalt

- *1,5 kg aromatisch duftende, nicht ganz reife Quitten*
- *3/4 l trockener Weißwein*
- *etwa 1,5 kg Zucker*
- *in feine Streifen geschnittene Schale von 2 unbehandelten Zitronen*

1 Quitten waschen, trocknen und halbieren, Stiele und Blüten entfernen. Die Früchte mit dem Kerngehäuse in Spalten schneiden und mit 1 Liter Wasser und dem Wein aufkochen. Alles in etwa 40 Minuten weich kochen, dann über Nacht zugedeckt abkühlen lassen.

2 Am nächsten Tag ein Sieb mit einem Mulltuch auslegen und über eine große Schüssel hängen. Die Quitten erwärmen und in das Sieb geben. Zum Schluss das Tuch zusammendrehen und den restlichen Saft mit sanftem Druck auspressen.

3 Den Saft wiegen. Die gleiche Menge Zucker abwiegen und mit dem Saft und der Zitronenschale in einen Topf geben und aufkochen lassen. Alles etwa 40 Minuten einkochen lassen, dabei gelegentlich abschäumen. Das kochend heiße Quittengelee in die gesäuberten Gläser füllen und sofort verschließen, mindestens 2 Tage abkühlen und fest werden lassen.

TIPP: Gelees aus pektinreichen Früchten kommen ohne Geliermittel aus. Säuerliche Äpfel und nicht ganz reife Quitten besitzen so viel fruchteigene Pektine, dass ihr Saft nur mit Zucker zubereitet die gewünschte Konsistenz bekommt.

SCHLEHENGELEE

ZUTATEN
für 5–6 Gläser mit je 0,5 l Inhalt

- *1 kg Schlehen, nach dem ersten Frost geerntet*
- *500 g säuerliche Äpfel*
- *in dünne Streifen abgeschnittene Schale von 2 unbehandelten Zitronen oder Limetten*
- *etwa 2 kg Gelierzucker*

1 Die Schlehen waschen und jede Frucht mit einer Nadel mehrmals einstechen. Äpfel waschen, vierteln und das Kerngehäuse entfernen. In einen Topf geben und mit den Schlehen und der Zitronenschale in 1 1/2 Liter Wasser aufkochen. Alles bei schwacher Hitze 1 Stunde kochen lassen.

2 Ein Durchschlagsieb mit einem Mulltuch auslegen und auf eine große Schüssel setzen. Früchte und Flüssigkeit in das Sieb geben und abtropfen lassen. Zum Schluss das Tuch zusammendrehen und den restlichen Saft mit sanftem Druck auspressen.

3 Saft wiegen und auf drei Teile Saft vier Teile Gelierzucker abwiegen. Beides im Topf vermischen, aufkochen lassen und 4 Minuten sprudelnd kochen lassen. Anschließend in Gläser füllen und sofort verschließen. Über Nacht abkühlen und fest werden lassen.

Apfelgelee

APFELGELEE MIT ROSENBLÄTTERN

1 Die bitteren Stielansätze der Rosenblütenblätter abschneiden. Die Blätter mit kochendem Wasser übergießen, in eiskaltem Wasser abschrecken und auf einem Tuch ausbreiten und trocknen lassen.

2 Den Apfelsaft zusammen mit dem Zucker aufkochen lassen. Alles etwa 5 Minuten sprudelnd kochen lassen und dabei den sich bildenden Schaum auf der Oberfläche abschöpfen. Die Rosenblütenblätter zugeben und etwa 4 Minuten mitkochen.

3 Wenn die Masse bei der Gelierprobe (siehe Seite 11) einen kompakten Tropfen bildet und nicht auseinander läuft, das Gelee mit einem Löffel in die vorbereiteten Gläser füllen. Die Gläser sofort schließen, auf die Deckel stellen und mindestens 2 Tage kühl stellen.

TIPP: Die Rosenblätter bestimmen bei diesem feinen Gelee das Aroma entscheidend mit. Wählen Sie also ganz nach persönlichen Vorlieben schwächer oder stärker duftende Rosenblätter, und zwar möglichst von dort, wo Sie sicher sein können, dass nicht mit giftigen Pflanzenschutzmitteln gespritzt wurde.

ZUTATEN
für 2 Gläser mit je 0,5 l Inhalt

- *30 stark duftende Rosenblütenblätter von ungespritzten Rosen*
- *1/2 l frisch gepresster Apfelsaft*
- *250 g Zucker*

Apfelgelee mit Rosenblättern ist eine außergewöhnliche Kombination, die man sich nicht entgehen lassen sollte.

Marmelade, Konfitüre und Gelee

Zwetschenmus

Zutaten
für 4 Gläser mit je 0,5 l Inhalt

- 2 kg Zwetschen
- 4 Zimtstangen
- in Streifen abgeschnittene Schale von 1 unbehandelten Zitrone
- 400 g Zucker
- Rum mit 54 % Vol. zum Begießen

1 Die Zwetschen waschen, halbieren und entsteinen. Den Backofen auf 150 °C vorheizen. Die Zwetschen in einem großen Topf bei schwacher Hitze unter ständigem Rühren kochen, bis sie weich sind.

2 Anschließend die Zwetschen in der Fettpfanne des Ofens verteilen, Zimtstangen, Zitronenschale und die Hälfte des Zuckers untermischen. Die Zwetschenmischung in der Mitte des Ofens 30 Minuten einkochen lassen.

3 Dann 100 Gramm Zucker unter die Zwetschenmasse rühren und das Mus unter gelegentlichem Rühren weitere 30 Minuten einkochen lassen. Den restlichen Zucker darunter rühren und das Mus so lange weiterkochen lassen, bis es nicht mehr flüssig ist und sich beim Rühren keine Rinnen mehr bilden.

4 Die Zimtstangen mit einer Gabel entfernen und das heiße Zwetschenmus mit einer Schöpfkelle sofort in die gut gesäuberten Gläser füllen. Die Oberflächen glatt streichen und 1 bis 2 Esslöffel Rum darauf verteilen, so dass die Oberflächen gut mit Alkohol bedeckt sind. Die Gläser sofort verschließen und auf den Kopf stellen.

Im September, wenn reife Zwetschen auf dem Markt angeboten werden, sollten Sie daraus Mus zubereiten.

Orientalische Konfitüren

Türkische Kirschkonfitüre

1 Von den Kirschen die Stiele entfernen. Die Früchte waschen und entsteinen. Den Saft dabei auffangen. 8 bis 10 Kirschsteine mit dem Nussknacker leicht anbrechen und mit den Kirschen und dem Zucker abwechselnd in einen Topf schichten. Den Saft dazugeben. Über Nacht zugedeckt im Kühlschrank Saft ziehen lassen.
2 Am nächsten Tag die Kirschen, den Saft und 50 Milliliter Wasser aufkochen lassen. Den Zitronensaft durch ein Sieb dazugießen und unterrühren. Die Konfitüre offen bei starker Hitze so lange kochen lassen, bis der Saft zu einem dicken Sirup eingekocht ist. Dabei ab und zu umrühren. Die Konfitüre besitzt die richtige Konsistenz, wenn sich bei der Gelierprobe (siehe Seite 11) ein gewölbter Tropfen bildet.
3 Die Kirschsteine sorgfältig aus der Konfitüre entfernen. Die Kirschen mit dem Sirup in die vorbereiteten Gläser füllen und sofort verschließen. Die Konfitüre möglichst kühl lagern; ist sie einmal angebrochen, unbedingt im Kühlschrank aufbewahren.

Zutaten
für 4 Gläser mit je 0,5 l Inhalt

- 1 kg Schattenmorellen
- 1 kg Zucker
- Saft von 1 Zitrone

Arabische Melonenkonfitüre

1 Die Melone halbieren, die Kerne mit einem Löffel herauskratzen. Die Hälften schälen und das Fruchtfleisch in kleine Stücke schneiden. Mit dem Zucker in einem großen Topf vermengen. Zugedeckt im Kühlschrank über Nacht Saft ziehen lassen.
2 Am nächsten Tag die Frucht-Zucker-Masse aufkochen, den Zitronensaft durch ein kleines Sieb dazugeben. Die Kardamomkapseln leicht andrücken und ebenfalls zur Fruchtmischung geben. Alles offen unter gelegentlichem Rühren 40 bis 50 Minuten einkochen lassen, bis sich bei der Gelierprobe ein stark gewölbter Tropfen bildet.
3 Inzwischen die Pinienkerne in einer Pfanne ohne Fett unter ständigem Rühren goldgelb rösten. Die Pinienkerne aus der Pfanne nehmen und auf einem Teller abkühlen lassen. Unter die Konfitüre rühren. Die Melonenkonfitüre sofort in die gut gesäuberten Gläser füllen, mit Twist-off-Deckeln verschließen. Auf die Deckel stellen und abkühlen lassen.

Zutaten
für 4 Gläser mit je 0,5 l Inhalt

- 1 kg vollreife, aromatische Honig- oder Galiamelone ohne Schale und Kerne
- 750 g Zucker
- Saft von 3 Zitronen
- 8 Kardamomkapseln
- 50 g Pinienkerne

Saft und Sirup

Selbst hergestellte Obst- und Gemüsesäfte sind eine begehrte Köstlichkeit, die unseren Speiseplan abwechslungsreicher machen und uns besonders im Winter mit leicht verdaulichen Vitaminen versorgen. Viele Argumente für das Selbermachen von Säften und Sirup lassen sich anführen: Die einen wollen ihre üppige Apfel- oder Beerenernte konservieren, die anderen wollen sichergehen, dass nur schadstoff- und zusatzstofffreies Obst- und Gemüse im Saft landet. Auch wer sich einen Vorrat an sonnengereiftem Obst als Saft oder Sirup für den Winter zulegen oder einfach nur schnell konzentrierte natürliche Vitamine zu sich nehmen möchte, ist mit selbst gemachtem Saft gut beraten.

Saftiges Obst und Gemüse

Saftreiche Früchte eignen sich besonders gut zur Saftgewinnung. Zu ihnen zählen das Beerenobst, Kirschen, Äpfel und Birnen.

Für Gemüsesäfte sollte man in erster Linie aromatische und saftreiche Gemüsesorten wie beispielsweise Tomaten wählen. Für rohe Säfte eignen sich aber auch Wurzelgemüse, Paprika sowie Kräuter wie Petersilie und Basilikum. Zusammen mit Salz, Gewürzen, Zitronensaft und Öl lassen sich hier die unterschiedlichsten Saftkreationen zubereiten.

Zur Gewinnung von Fruchtsirup empfiehlt sich die Wahl von besonders reifen Früchten, denn bei ihnen kann die Zuckermenge relativ gering gehalten werden. Vollreifes Obst gibt zudem mehr Saft ab und ist im Geschmack hoch aromatisch und abgerundet.

Um Frucht- und Gemüsesäfte zu gewinnen, gibt es unterschiedliche Verfahren. Mit Druck, Dampf oder mit der Zentrifuge kommt man in der Regel an die köstlichen Tropfen. Der konservierende Effekt wird bei den Fruchtsäften je nach Methode durch Erhitzen und die Zugabe von Zucker erreicht. Natürlich müssen die gewonnenen Säfte vor oder nach dem Erhitzen luftdicht verschlossen werden. Gemüsesäfte hingegen sind sehr empfindlich und verderben rasch, sie sollten immer frisch zubereitet und sofort verbraucht werden.

GEMÜSESAFT

Frischen, roh entsafteten Gemüsecocktails sollte man immer ein wenig Speiseöl zugeben, um die Vitamine – besonders Beta-Karotin –- besser aufnehmen zu können.

Saft und Sirup

Arbeitsgeräte für die Saftzubereitung

- Entsafter zum Rohentsaften
- Dampfentsafter
- Großer Edelstahltopf zum Erhitzen der Früchte und des Gemüses sowie der Flaschen im Wasserbad
- Mull- und Leinentücher zum Ablaufenlassen des Saftes
- Gemüsebürste
- Glasmessbecher
- Küchenwaage
- Etiketten zum Beschriften
- Schaumlöffel
- Trichter
- Küchenmesser
- Mixer mit hohem Glasaufsatz
- Schneidbrett (am besten aus weißem Kunststoff)
- Salatschleuder zum Trocknen von Blattgemüse
- Dunkle und helle Flaschen mit und ohne Bügelverschluss
- Korken und Gummikappen

Mit dem richtigen Werkzeug ist die Saftzubereitung kein Problem.

Entsaften

Je nach Fruchtart und Verwendungszweck bieten sich die folgenden Möglichkeiten der Saftgewinnung an.

Das Dampfentsaften

Diese Methode gilt nach dem Rohentsaften als die vitaminschonendste Art der Saftgewinnung. Für das Dampfentsaften wird ein spezieller Topf benötigt. Er enthält ein Fruchtsieb, in das man das Obst einfüllt. Dieses Sieb wird auf den Saftbehälter gesetzt, der wiederum auf dem Behälter für Wasser sitzt. Erhitzt man nun das Wasser, dringt der Wasserdampf in das Fruchtsieb, die Früchte platzen, und der Saft läuft in den Saftbehälter ab. Das Dampfentsaften eignet sich am besten für Beeren, die nur gesäubert und eventuell gezuckert, nicht von Stielen und Blättern befreit werden müssen, aber auch für zerkleinertes Stein- und Kernobst. Auf die gleiche Art, nur in kleineren Mengen, lässt sich Saft im Dampfdrucktopf herstellen. Auf den Topfboden Wasser geben, den ungelochten Einsatz als Saftbehälter darauf und obenauf den Siebbehälter mit den Früchten setzen.

KÜCHENPRAXIS

Beim Dampfentsaften unbedingt die Herstelleranleitungen für das jeweilige Gerät beachten, denn die Handhabung der verschiedenen Dampfentsafter und auch Dampfdrucktöpfe kann sich unterscheiden.

Traditionelles Entsaften durch Kochen

Bei dieser Methode werden die Früchte kurz mit etwas Wasser aufgekocht, bis sie weich sind oder bis die Beeren aufplatzen. Anschließend lässt man sie über Nacht in einem Tuch abtropfen und abkühlen, dabei wird der Saft aufgefangen. Zum Schluss den Saft – nach Wunsch mit Zucker – aufkochen, heiß in Flaschen füllen und sofort verschließen. Schaum, der sich beim Kochen bildet, muss nach dem Einfüllen in die Flaschen abgegossen werden.

Rohentsaften

Bei dieser Methode werden die vorbereiteten Früchte in der elektrischen Saftzentrifuge entsaftet. Säfte für den Vorrat müssen mit Zucker erhitzt, in Flaschen abgefüllt und fest verschlossen werden. Man kann den Saft auch kalt in Flaschen füllen, im Wasserbad bei 75 °C 25 Minuten sterilisieren und luftdicht verschließen. Kleine Saftmengen können roh getrunken werden.

Saft und Sirup

Goldene Regeln für das erfolgreiche Entsaften

WEITERVERWERTUNG

Die Rückstände der Früchte beim traditionellen Entsaften, sofern das Obst vorher entsteint und geputzt wurde, enthalten noch so viel Saft und Geschmack, dass sie beispielsweise für ein Kompott weiterverwendet werden können.

- Immer nur so viel frisches Obst oder Gemüse kaufen oder ernten, wie an einem Tag verarbeitet werden kann.
- Nur einwandfreies, vollreifes Obst und Gemüse verarbeiten.
- Unbedingt auf absolute Sauberkeit bei der Verarbeitung der Früchte, des Gemüses und der Kräuter und natürlich der Arbeitsgeräte achten.
- Die Flaschen auf Absplitterungen, Gummiringe und -kappen auf Brüchigkeit untersuchen.
- Die Flaschen zum Reinigen über Nacht in Wasser legen. Danach gründlich reinigen, heiß ausspülen, auf den Kopf stellen und auf einem Küchentuch abtropfen lassen. Die Flaschen vor dem Einfüllen für 10 Minuten in den 100 °C heißen Backofen stellen.
- Gummiringe und -kappen in leichtem Essigwasser auskochen.
- Auf dem Etikett Saftart und Einfülldatum vermerken.
- Die Flaschen beim Abkühlen vor Zugluft schützen.
- Die Säfte an einem kühlen, dunklen Ort aufbewahren.
- Regelmäßig den Vorrat auf Trübungen und Schimmelbildung kontrollieren.
- Einmal geöffnete Saftflaschen innerhalb von 1 bis 2 Tagen aufbrauchen.

APFELSAFT

ZUTATEN
für 1 Flasche mit 1 Liter Inhalt

- *2 kg Äpfel*
- *100 g Zucker*

1 Die Äpfel waschen, trockenreiben und mit den Kerngehäusen in Stücke schneiden. In einer Schüssel mit dem Zucker vermengen und zugedeckt etwa 2 Stunden Saft ziehen lassen.

2 In den unteren Teil des Entsafters Wasser füllen. In das Siebteil die Äpfel mit dem ausgetretenen Saft geben. Alles 60 bis 75 Minuten dämpfen.

3 5 Minuten vor Ende des Entsaftens etwa 1/4 Liter Apfelsaft ablassen und diesen über die Äpfel gießen. So erhält der Saft eine gleichmäßige Konsistenz.

4 Den Apfelsaft über einen Schlauch mit Klemme oder durch einen Trichter in die vorbereitete Flasche füllen und sofort mit Gummikappen oder Korken verschließen.

Kirschsaft Schritt für Schritt

1 2 kg gewaschene Kirschen in einen Topf geben. Die Mischung zum Kochen bringen und unter ständigem Rühren so lange kochen, bis sie aufplatzen und weich sind.

2 Legen Sie ein Mulltuch auf einen umgedrehten Hocker, und befestigen Sie es an den Stuhlbeinen. Stellen Sie danach eine große Schüssel unter das Mulltuch.

3 Die gekochten Kirschen mit der Schöpfkelle in das Mulltuch geben und über Nacht abtropfen lassen, zum Schluss ausdrücken. Die Früchte am besten mit Folie abdecken.

4 Gesäuberte dunkle und helle Flaschen auf feuchte Küchentücher stellen, den heißen Saft einfüllen und die Flaschen sofort mit Korken oder Gummikappen verschließen.

Saft und Sirup

Dunkler Fruchtcocktail

Zutaten
für 2 Gläser mit je 0,2 l Inhalt

- 100 g schwarze Johannisbeeren
- 50 g Brombeeren
- 300 g Aprikosen
- 3 Grapefruits, alle Obstsorten gut gekühlt

Ideal zum Stärken der Abwehrkräfte: der Vitamin-C-reiche Fruchtcocktail.

1 Beeren und Aprikosen waschen, abtropfen lassen. Beeren verlesen, dabei die Stiele entfernen. Aprikosen vierteln, entsteinen. Grapefruits halbieren.
2 Beeren und Aprikosen in den Entsafter geben, Grapefruits auf der Zitruspresse entsaften. Beiden Säfte gut mischen und sofort servieren.

Tipp: Dieser Saft wirkt, regelmäßig vor dem Essen getrunken, herzstärkend.

Erdbeerflip

Zutaten
für 4 Gläser mit je 0,2 l Inhalt

- 400 g vollreife, aromatische Erdbeeren
- Saft von 1 Zitrone
- 100 g Puderzucker
- 30 Eiswürfel
- Mineralwasser

1 Die Erdbeeren waschen, die Stiele entfernen und die Früchte putzen. Zusammen mit dem Zitronensaft und dem Puderzucker in den Mixer geben und fein pürieren.
2 Die Eiswürfel in einen Gefrierbeutel füllen und mit dem Nudelholz grob zerstoßen. Die Stücke in 4 Gläser verteilen.
3 Das Erdbeerpüree gleichmäßig in die Gläser verteilen und die Fruchtmischung mit dem Mineralwasser auffüllen.
4 Den Erdbeerflip mit einem Löffel gut verrühren und mit Strohhalmen servieren.

Tipp: Frisch zubereitet, macht sich der Erdbeerflip an heißen Sommertagen hervorragend als leichtes, erfrischendes Dessert oder als kühler Drink zwischendurch.

Holunderblütensirup

KRAFTDRINK

1 Die Möhren und die Roten Beten unter kaltem Wasser gründlich abbürsten.
2 Das Gemüse ungeschält in große Stücke schneiden und in den Entsafter zur Saftbereitung geben.
3 Den Gemüsekraftdrink nach Geschmack mit frisch gepresstem Zitronensaft, Pfeffer und Salz würzen.
4 Den Kraftdrink in Gläser verteilen und auf jede Portion 1 Teelöffel Haselnuss- oder Walnussöl geben. Verrühren und möglichst sofort servieren, damit die Vitamine erhalten bleiben.

ZUTATEN
für 2 Gläser mit je 0,2 l Inhalt

- *8 Möhren*
- *2 Rote Beten*
- *2 große Hand voll Blattspinat*
- *Zitronensaft, Pfeffer und Salz*
- *2 TL Haselnussöl*

HIMBEERSIRUP

1 Die Himbeeren verlesen und nach Möglichkeit nicht waschen. Die Beeren zerstampfen, zudecken und über Nacht kühl stehen lassen.
2 Diese Beerenmasse entweder in der Saftzentrifuge entsaften oder im Safttuch kalt auspressen. Den Saft abmessen (etwa 3/4 Liter) und mit dem Zucker und der Zitronensäure gut vermischen.
3 Diese Mischung zum Kochen bringen und gut 10 Minuten offen sprudelnd kochen lassen. Anschließend den Sirup in die vorbereiteten Flaschen füllen und sofort gut verschließen.

ZUTATEN
für 1 Flasche mit 0,75 l Inhalt

- *1,2 kg Himbeeren*
- *1 kg Zucker*
- *20 g Zitronensäure*

HOLUNDERBLÜTENSIRUP

1 Die Holunderblüten gut ausschütteln. Möglichst nicht waschen, nötigenfalls nur kurz unter fließendes Wasser halten.
2 Die Zitronen waschen und in Scheiben schneiden. Mit den Holunderblüten in einem Krug mit 1 Liter Wasser übergießen, zugedeckt 5 bis 6 Tage kühl durchziehen lassen.
3 Die Flüssigkeit durch ein feines Sieb in einen Topf seihen. Sorgfältig mit dem Obstessig und dem Zucker verrühren. Alles zum Kochen bringen und 20 Minuten offen kochen lassen.
4 Anschließend den Sirup in die vorbereitete Flasche abfüllen und sofort gut verschließen.

ZUTATEN
für 1 Flasche mit 0,75 l Inhalt

- *12 Holunderdolden*
- *4 unbehandelte Zitronen*
- *1/4 l Obstessig*
- *1,5 kg Zucker*

Obst und Gemüse einmachen

Wenn es in der Küche schnell gehen soll, sind selbst eingemachte Früchte und Gemüse die ideale Basis. Wer keinen Garten hat, sollte dafür Obst und Gemüse möglichst aus biologischem Anbau und in der jeweiligen Hauptsaison einkaufen. Knackig frisch und gut ausgereift kommt das vorbereitete Einmachgut dann sofort in die Gläser. Mit etwas Phantasie lassen sich immer wieder neue, delikate Obst- und Gemüsemischungen einmachen. Sie schmecken nicht nur außergewöhnlich gut, sondern sind auch kleine Mitbringsel, die viel Freude machen.

Was passiert beim Einmachen

Beim Einmachen, auch Einkochen oder Einwecken genannt, werden zum einen durch die Hitze Verderbnis erregende Mikroorganismen und Enzyme zerstört. Zum anderen wird durch das entstehende Vakuum verhindert, dass sich neue Keime bilden. Das Einmachen folgt immer den gleichen Abläufen: Vorbereitetes Obst oder Gemüse wird bis 2 Zentimeter unter den Glasrand eingefüllt, eine gesüßte oder gewürzte Flüssigkeit bis einen Zentimeter unter den Rand darüber gegeben. Nun Gummiring, Glasdeckel und Federklammern aufsetzen und das Einmachgut anschließend erhitzen.

Bei Temperaturen zwischen 75 und 100 °C spricht man hier vom Pasteurisieren, bei Temperaturen von 100 bis 130 °C vom Sterilisieren. Während des Erhitzens dehnt sich das Einmachgut in den Gläsern aus, es entsteht ein Überdruck, so dass ausgleichend Dampf entweicht. Durch die verwendeten Federklammern dringt beim Erkalten des Eingemachten jedoch keine Luft mehr in die Gläser zurück, so dass dort nun ein Unterdruck entsteht. Das Vakuum erkennt man später daran, dass beim Öffnen der Gläser zischend Luft entweicht.

Als weitere Faktoren tragen neben der Hitze auch Zucker und Säuren zur Konservierung des Eingemachten bei. Fachgemäß gekochtes Kompott und Gemüse lassen sich problemlos über Jahre aufbewahren.

TEMPERATUREN

Beim Einmachen werden Obst und Gemüse in der Regel bei Temperaturen zwischen 75 und 100 °C pasteurisiert. Vom Sterilisieren ist erst die Rede, wenn das Einmachgut auf 100 bis 130 °C erhitzt wird.

Obst und Gemüse einmachen

Arbeitsgeräte

Prinzipiell braucht man keine speziellen Geräte und Töpfe fürs Einmachen. Doch wer häufiger große Obst- und Gemüsemengen für den Vorrat pasteurisieren oder sterilisieren möchte, kann sich mit einigen Spezialgeräten das Arbeiten erleichtern.

Vor allem viele verschieden große Gläser, Gummiringe und Federklemmen sollten Sie fürs Einmachen vorrätig haben.

SAUBERE GERÄTE

Geräte und Behältnisse fürs Einmachen müssen immer peinlich sauber sein. Nach dem Spülen nicht abtrocknen, sondern abtropfen lassen, damit keine Flusen an Geräte und Gläser kommen.

- Am wichtigsten sind die Gläser. Geeignet sind spezielle Einmachgläser in unterschiedlichen Größen mit Glasdeckeln. Besonders platzsparend sind stapelbare Gläser. Achtung: Der Rand der Gläser darf nicht angeschlagen sein, sonst dringt nach dem Einmachen Luft in die Gläser, und es kann kein Vakuum entstehen.
- Gummiringe für die Gläser: Vor dem Einmachen immer kontrollieren, ob die Ringe noch elastisch sind. Bei brüchigen, porösen Gummiringen verdirbt das Einmachgut in der Regel.
- Federklammern für die Gläser in ausreichender Menge: Es schadet nichts, sich einige Ersatzfederklammern auf Vorrat zu halten, falls die Originalklammern mal unauffindbar sind.
- Küchenwaage und Messbecher
- Schaumkelle und Einfülltrichter zum Einfüllen der Früchte und des Gemüses in die Gläser

Verschiedene Einmachverfahren

- Ein Glasheber zum Herausnehmen der Gläser aus dem heißen Wasser
- Verschiedene Töpfe und Pfannen aus Edelstahl mit einem großen Durchmesser zum Erhitzen von Zuckersirup, Gemüse und gewüztem Sud
- Zusätzlich zum Backofen ein Einkoch- oder Dampfkochtopf
- Etiketten zum Beschriften des Einmachguts.

Die Einmachverfahren

Das Einmachen im Backofen

Den Backofen nicht vorheizen. Die in den Rezepten angegebene Einmachzeit beginnt, wenn der Backofen die vorgegebene Temperatur erreicht hat. Die Gläser auf keinen Fall direkt auf den Backofenboden setzen, sondern auf den Rost oder das Backblech. Je nach Hersteller eignet sich auch die mit Wasser gefüllte Fettpfanne. Die Gläser dürfen sich weder gegenseitig berühren noch die Backofenwand. Während des Einmachens den Backofen nicht öffnen.

Das Einmachen im Dampfkochtopf

Grundsätzlich sollten Sie bei diesem Verfahren den Angaben des Herstellers folgen. Den Dampfkochtopf niemals gewaltsam öffnen, um die Gläser herauszuholen.

Das Einmachen im Einkochtopf

Auch hier sollten Sie unbedingt den Angaben des Herstellers folgen, denn die verschiedenen Fabrikate können in der Handhabung unterschiedlich sein. Wird mit kaltem Wasser aufgefülltes Einmachgut erhitzt, darf man auch nur kaltes Wasser in den Einkochtopf geben. Umgekehrt soll zu Einmachgut, das mit heißer Flüssigkeit aufgefüllt wurde, nur heißes Wasser hinzugefügt werden. Alle Gläser sollten die gleiche Höhe und denselben Durchmesser besitzen. Sie dürfen sich im Einkochtopf nicht berühren. Die Angaben zur Einmachzeit beziehen sich in der Regel auf den Zeitpunkt des Erreichens des vorgeschriebenen Hitzegrades. Soll das Einmachgut beispielsweise zehn Minuten lang bei 90 °C pasteurisiert werden, beginnt die Einmachzeit, wenn eine Temperatur von 90 °C erreicht ist.

OBST, GEMÜSE UND PILZE

Es gibt verschiedene Möglichkeiten, Obst, Gemüse und Pilze einzumachen. Ob das Einmachgut im Backofen, Dampfkochtopf oder im Einkochtopf erhitzt wird, hängt von der Häufigkeit des Einmachens, der Menge des Einmachgutes und von persönlichen Vorlieben ab. Jedes Verfahren erfordert jedoch die Beachtung besonderer Regeln.

 Obst und Gemüse einmachen

Das lässt sich gut einmachen

Die meisten Obstsorten sind aufgrund ihres hohen Fruchtsäureanteils bestens zum Einmachen geeignet. Gemüse und Pilze enthalten allerdings mehr Eiweiß, das von Mikroorganismen leichter zersetzt werden kann, so dass das Eingemachte schnel-

Machen Sie Kirschen zur Erntezeit ein, und genießen Sie im Winter das Kompott!

ler verdirbt. Daher nur ganz zartes und erntefrisches Gemüse einmachen. Eingemachtes Gemüse und Pilze nach ein bis zwei Tagen ein zweites Mal erhitzen, um sicherzugehen, dass der Einmachvorgang auch richtig funktioniert hat.

So gelingt das Einmachen

FRÜCHTE UND GEMÜSE
Früchte sind zum Einmachen besonders gut geeignet, Gemüse und Pilze hingegen nur bedingt. Sie müssen teilweise zweimal sterilisiert bzw. pasteurisiert werden, damit sie auch tatsächlich keimfrei sind.

- Auf absolute Sauberkeit bei der Verarbeitung von Obst, Gemüse und Pilzen achten, denn schon kleinste Verunreinigungen können zum Verderb führen.
- Immer nur so viel Obst und Gemüse ernten oder kaufen, wie an einem Tag verarbeitet werden kann.
- Nur einwandfreie, erntefrische Früchte und Gemüse verarbeiten. Überreifes sowie schnell und nass gereiftes Obst und zu stark oder zu spät gedüngtes Gemüse sind ungeeignet.
- Heiß gespülte Gläser und Deckel nie abtrocknen, sondern umgedreht auf einem Tuch abtropfen und trocknen lassen.

Schonend und schnell: Das Heißeinfüllen

- Die Gummiringe in Wasser mit einem Schuss Essig auskochen. Anschließend in heißem Wasser waschen und bis zur Verwendung darin liegen lassen.
- Das Einmachgut möglichst dicht bis zwei Zentimeter unter den Rand einfüllen.
- Glasränder sauber abwischen, bevor Gummiringe und Deckel aufgesetzt werden.
- Die Gläser beim Abkühlen vor Zugluft schützen. Dafür am besten mit einem Tuch bedecken.
- Die Federklammern erst nach dem völligen Erkalten der Gläser entfernen, am besten erst am nächsten Tag.
- Von Gläsern mit Gemüse oder Pilzen, die ein zweites Mal erhitzt werden müssen, dürfen die Klammern nicht entfernt werden. Die Gläser vor Zugluft geschützt ein bis zwei Tage in der Küche stehen lassen und dann erneut erhitzen.
- Fertig Eingemachtes an einem kühlen, dunklen Ort aufbewahren, so kommt es nur zu minimalen Farbveränderungen.
- Einmal geöffnete Gläser gut zugedeckt im Kühlschrank aufbewahren und bald verbrauchen.

SAUBERKEIT

Wie bei allen Konservierungsmethoden sollte auch beim Einmachen auf unbedingte Sauberkeit geachtet werden, damit das kostbare Selbstgemachte nicht umgehend verdirbt.

Das Heißeinfüllen von Früchten

Eine schnelle Alternative zum Einmachen, bei der Vitamine, Geschmack und Farbe der Früchte gut erhalten bleiben.
Für das Heißeinfüllen werden die vorbereiteten Früchte kurz in einer Zuckerlösung gegart. Bei der Garzeit mit einkalkulieren, dass die Früchte in der heißen Flüssigkeit im Glas noch einige Zeit nachgaren. Außerdem sind feste, reife Früchte besonders saftig, was die Garzeit zusätzlich verkürzt. Die heißen Früchte sofort in die vorbereiteten Gläser füllen und mit der Zuckerlösung bedecken. Anschließend die Gläser luftdicht verschließen. So eingemachte Früchte halten sich dunkel und kühl verwahrt bis zu sechs Monate.
Beim Heißeinfüllen von Obst den Zuckersirup nur bis einen Zentimeter unter den Rand hoch einfüllen. Den Gummiring auf den Rand des Glases setzen. Die Oberfläche des Einmachgutes und die Deckelinnenseite mit hochprozentigem Alkohol beträufeln und anzünden. Den Deckel sofort auf das Glas setzen, welches so innerhalb von Sekunden luftdicht verschlossen ist.

 Früchte einmachen Schritt für Schritt

1 2 kg aromatische Birnen oder andere Früchte waschen, schälen, halbieren, von den Kerngehäusen befreien bzw. putzen und zerkleinern oder in Hälften belassen.

2 Die Früchte kurz in kochendem Wasser blanchieren, dann in Eiswasser abschrecken und anschließend in einem Sieb gut abtropfen lassen.

3 Die Früchte bis 2 cm unter den Rand in zwei bis drei Einmachgläser mit je 1 l Inhalt schichten. Die Gläser zuvor gründlich reinigen, klar spülen und abtropfen lassen.

4 In einer Kasserolle 1 l Wasser mit 500 g Zucker aufkochen, etwa 5 Minuten sprudelnd kochen lassen, bis ein dünnflüssiger Sirup entstanden ist.

Früchte einmachen Schritt für Schritt

5 Den heißen Zuckersirup bis jeweils 1 cm unter den Rand auf die Früchte gießen. Nichts davon auf den Gläserrand kleckern, sonst lassen sich die Deckel später schwer abnehmen.

6 Jedes Glas erst mit einem einwandfreien, gründlich gesäuberten Gummi, dann mit dem Glasdeckel und der Klammer fest verschließen.

7 Die Gläser mit dem Obst im Dampfkochtopf, im Backofen oder im Einkochtopf 30 Minuten bei 95 °C pasteurisieren. Unbedingt die Angaben des Herstellers beachten!

8 Anschließend die Gläser vor Zugluft geschützt abkühlen lassen. Federklammern nach dem völligen Erkalten der Gläser entfernen. Eingemachtes kühl und dunkel aufbewahren.

 Obst und Gemüse einmachen

ÄPFEL MIT MINZE

ZUTATEN
für 2–3 Gläser mit je 1 l Inhalt

- 2 kg kleine, aromatische, säuerliche Äpfel
- Saft von 2 Zitronen
- 500 g Zucker
- 1 Vanilleschote
- 1/2 Bund frische Pfefferminze

1 Die Äpfel schälen, halbieren und die Kerngehäuse entfernen. In einen Topf mit kochendem Wasser geben, den Saft von 1 Zitrone zufügen und die Äpfel 2 Minuten blanchieren. Herausnehmen, in Eiswasser abschrecken und abtropfen lassen.
2 1 Liter Wasser mit dem Zucker aufkochen. Die Vanilleschote halbieren und längs aufschlitzen. Den restlichen Zitronensaft durch ein kleines Sieb gießen und zusammen mit der Vanilleschote unter den Zuckersirup rühren.
3 Die frische Pfefferminze abbrausen und die Stiele mit den Blättchen in kleine Stücke teilen.
4 Die blanchierten, abgetropften Äpfel abwechselnd mit der Minze bis 2 Zentimeter unter den Rand in die heiß ausgespülten, abgetropften Gläser füllen. Mit dem Vanille-Zucker-Sirup bis jeweils 1 Zentimeter unter den Rand auffüllen, die Einmachgläser gut verschließen und etwa 30 Minuten bei ungefähr 90 °C pasteurisieren.

EINGEMACHTE WILDPREISELBEEREN

ZUTATEN
für 4 Gläser mit Twist-off-Deckeln mit je 0,5 l Inhalt

- 1,5 kg Wildpreiselbeeren
- 1/4 l Spätburgunder
- 750 g Zucker

1 Die Preiselbeeren verlesen und waschen, dabei alle Blättchen sowie alle grünen und schwarzen Beeren entfernen.
2 Den Rotwein mit dem Zucker in einem großen Topf erhitzen und so lange kochen, bis sich der Zucker aufgelöst hat. Die Beeren 2 Minuten mitkochen, dann durch ein Sieb abgießen und die Flüssigkeit auffangen.
3 Die Beeren bis je 2 Zentimeter unter den Rand in die gut gereinigten Gläser füllen. Die Flüssigkeit nochmals aufkochen, bis 1 cm unter den Rand auf die Beeren gießen und die Gläser gut verschließen. Die Preiselbeeren 30 Minuten bei 90 °C pasteurisieren.

VARIANTE: Nach Geschmack können Sie die Preiselbeeren natürlich auch würzen, beispielsweise mit 1 Zimtstange, einigen Gewürznelken, 1 Sternaniskapsel oder auch einigen Pimentkörnern. Das Kompott schmeckt zu allen Wildgerichten, eignet sich aber auch als Beigabe zu raffinierten Desserts oder als Basis für ein fruchtig-heißes Sorbet.

Pflaumen in Rotwein

Pflaumen in Rotwein sind eine feine Beilage zu Wildgerichten.

PFLAUMEN IN ROTWEIN

1 Die kleinen, aromatischen Pflaumen waschen, abtrocknen, halbieren und entsteinen.
2 Den Rotwein mit dem braunen Zucker in einem Topf einmal aufkochen, dann den Topf vom Herd nehmen und den Zucker-Wein abkühlen lassen.
3 Die Pflaumen abwechselnd mit den Sternaniskapseln, den Gewürznelken und den Zimtstangen bis je 2 Zentimeter unter den Rand in die Einmachgläser schichten.
4 Den Rotweinsirup bis 1 Zentimeter unter den Rand aufgießen und die Gläser gut verschließen. Anschließend die Pflaumen in Rotwein bei 90 °C 30 Minuten lang pasteurisieren.

VARIANTE: Statt Pflaumen lassen sich auch Zwetschen, Reineklauden oder Mirabellen in Rotwein einlegen. Wer es lieber etwas herber mag, kann die Früchte statt mit Sternanis und Zimt mit Piment und etwas Macis würzen, etwas Slivowitz zusätzlich unterstützt das Aroma der Früchte. Die Pflaumen schmecken nicht nur köstlich als Dessert mit Vanilleeis, sie machen sich auch hervorragend als Beilage zum Wildbraten oder zu pikantem Käse.

ZUTATEN
für 2–3 Gläser mit je 1 l Inhalt

- 2 kg kleine, aromatische Pflaumen
- 1 l trockener Rotwein, wie ein Burgunder oder ein Chianti
- 400 g brauner Zucker
- 3–4 Sternaniskapseln
- 6 Gewürznelken
- 2 Zimtstangen in Stücken

 Obst und Gemüse einmachen

STACHELBEEREN MIT PINIENKERNEN

ZUTATEN
für 2–3 Gläser mit je 1 l Inhalt

- 50 g Pinienkerne
- 1 Zweig frischer Rosmarin
- 2 kg feste, halbreife Stachelbeeren
- 1 l Wasser
- 750 g Zucker

1 Die Pinienkerne in der Pfanne ohne Fett goldgelb rösten. Dabei ständig rühren, denn die Kerne verbrennen leicht. Pinienkerne auf einen Teller geben und abkühlen lassen.
2 Rosmarin abbrausen und trockenschütteln. Den Zweig in Stücke mit je etwa 3 bis 4 Rosmarinnadeln schneiden.
3 Die Stachelbeeren waschen. Mit der Schere Stiele und Blütenansätze entfernen. Dann jede Frucht mit einer Nadel mehrmals einstechen.
4 Die Stachelbeeren abwechselnd mit den Pinienkernen und dem Rosmarin bis je 2 Zentimeter unter den Rand in die Gläser schichten. Die Gläser dabei auf einem Tuch aufstoßen, damit sich alles gut verteilt.
5 Das Wasser mit dem Zucker in einem Topf aufkochen und etwas abkühlen lassen. Die Gläser mit dem Zuckersirup bis 1 Zentimeter unter den Rand auffüllen und mit Federklammern verschließen. Bei 90 °C 30 Minuten lang pasteurisieren.

GRÜN EINGELEGTE WALNÜSSE

ZUTATEN
für 2 Gläser mit je 1 l Inhalt

- 800 g grüne Walnüsse
- 1 kg Zucker
- 1 Stange Zimt
- 6 Gewürznelken
- abgeriebene Schale von je 1/2 unbehandelten Zitrone und Orange

1 Die grünen Nüsse Anfang Juli ernten und waschen. Jede Nuss mit einer Stricknadel vier- bis fünfmal rundum einstechen. In einer Schüssel mit Wasser bedecken und 2 Wochen stehen lassen, dabei das Wasser täglich zweimal wechseln.
2 Die Walnüsse abgießen, in reichlich kochendem Wasser 2 Minuten blanchieren und gut abtropfen lassen.
3 1 Liter Wasser mit dem Zucker in einem Topf aufkochen und offen in 5 Minuten zu einem dünnflüssigen Sirup kochen. Die Zimtstange und die Gewürznelken sowie die abgeriebenen Zitrusschalen unter den Zuckersirup rühren und die Nüsse dazugeben. Alles 5 Minuten kochen, dann gut abkühlen lassen.
4 Die Walnüsse mit dem gewürzten Sirup bis 2 Zentimeter unter den Rand in die vorbereiteten Gläser füllen und verschließen. 30 Minuten bei 90 °C pasteurisieren.

VARIANTE: Die eingelegten Walnüsse passen zu Blattsalaten mit Walnussöldressing, aber genauso auch als Garnitur oder Einlage in Wildpasteten und -terrinen.

Kirschen und Johannisbeeren in Sirup

HEISSEINFÜLLEN VON FRÜCHTEN

1 Die Früchte waschen, bei Bedarf zerkleinern oder auch ganz lassen.
2 1 Liter Wasser mit dem Zucker in einem Topf aufkochen. Die gewählten Früchte oder Fruchtmischungen darin nach Rezept kochen.
3 Die Früchte mit dem Zuckersirup direkt randvoll in die Gläser schichten. Oder: Die Früchte mit einer Schaumkelle in die vorbereiteten erwärmten Einmachgläser füllen. Den Zuckersirup nochmals aufkochen und dann mit der siedend heißen Masse die Gläser auffüllen.
4 Die Gläser sofort luftdicht verschließen, abkühlen lassen und an einem kühlen, dunklen Ort aufbewahren. Vor Zugluft schützen.

ZUTATEN
für 3 Gläser mit je 1 l Inhalt

- *2 kg Früchte*
- *600 g Zucker*

HIMBEEREN IN SIRUP

1 Die Himbeeren verlesen, waschen und auf Küchenpapier abtropfen lassen.
2 1 Liter Wasser mit dem Zucker in einem Topf aufkochen. Die Himbeeren je nach Festigkeit 4 bis 6 Minuten kochen.
3 Die Himbeeren mit einer Schaumkelle in die vorbereiteten erwärmten Einmachgläser füllen.
4 Den Zuckersirup nochmals aufkochen lassen. Dann siedend heiß in die Gläser füllen. Sofort luftdicht verschließen.

ZUTATEN
für 3 Gläser mit je 1 l Inhalt

- *2 kg Himbeeren*
- *600 g Zucker*

KIRSCHEN UND JOHANNISBEEREN IN SIRUP

1 Kirschen und Johannisbeeren waschen. Die Kirschen entstielen und entsteinen. Die Johannisbeeren mit der Gabel von den Rispen streifen.
2 1 Liter Wasser mit dem Zucker in einem Topf aufkochen. Die Kirschen gut 5 Minuten darin kochen. Kurz vor Ende der Garzeit die Johannisbeeren hinzufügen und 2 Minuten mitkochen.
3 Die Früchte zusammen mit dem Sirup siedend heiß randvoll in die vorbereiteten erwärmten Einmachgläser füllen. Sofort luftdicht verschließen und abkühlen lassen.

ZUTATEN
für 3 Gläser mit je 1 l Inhalt

- *1 kg Kirschen*
- *1 kg rote oder schwarze Johannisbeeren*
- *600 g Zucker*

 Obst und Gemüse einmachen

Würzige Pilze

Zutaten
für 2 Gläser mit je 1 l Inhalt

- 1 kg Steinpilze, Herrenpilze, Pfifferlinge oder Champignons oder eine Mischung dieser Pilze
- 1/4 Bund Petersilie
- je 3 Zweige frischer Rosmarin und Majoran
- 2 Knoblauchzehen
- 10 g Salz
- Saft von 1/2 Zitrone

1 Die Pilze mit Küchentuch und Messer putzen, schadhafte Stellen sorgfältig entfernen. Die Pilze in Scheiben schneiden, kurz in kochendem Wasser blanchieren, in Eiswasser abschrecken und gut abtropfen lassen.
2 Petersilie, Rosmarin und Majoran abbrausen, Wasser abschütteln und die Kräuter in kleine Zweige schneiden. Knoblauch schälen und in Scheibchen schneiden. Nun Kräuter und Knoblauch abwechselnd mit den Pilzen bis 1 Zentimeter unter den Rand in die vorbereiteten Gläser füllen.
3 1 Liter Wasser mit dem Salz in einem Topf aufkochen. Den Zitronensaft durch ein kleines Sieb dazugeben und die Gläser mit der heißen Flüssigkeit füllen. Sofort verschließen und den Inhalt bei 100 °C 90 Minuten sterilisieren.

Tipp: Mischen Sie verschiedene Pilzsorten, und machen Sie sie zusammen ein. Pilze bis zur Verarbeitung in Körben oder Papiertüten kühl aufbewahren.

Spargel mit Zitrone

Zutaten
für 2 hohe Gläser mit je 1 l Inhalt

- je 500 g weißer und grüner Spargel, gewaschen und geschält, möglichst gleich dicke Stangen
- Salz
- 1 unbehandelte Zitrone

1 Die Spargelstangen in leicht gesalzenem kochenden Wasser 5 Minuten blanchieren. Anschließend in Eiswasser abschrecken und gut abtropfen lassen.
2 Die Zitrone waschen, dünn abschälen und in dünne Scheiben schneiden, von der Zitronenschale zwei etwa 3 Zentimeter lange Stücke abschneiden.
3 Die Spargelstangen mit den Köpfen nach oben in die Gläser füllen. Die Zitronenscheiben zwischen Gläserwand und Spargelstangen stecken, je 1 Stück Zitronenschale obenauf legen.
4 1 Liter Wasser mit 1 Teelöffel Salz aufkochen und die Gläser damit auffüllen. Gut verschließen und 90 Minuten lang bei 100 °C sterilisieren.

Tipp: Besonders hübsch sieht der eingemachte Spargel aus, wenn man grüne und weiße Stangen abwechselnd in die Gläser stellt. Grüner Spargel muss übrigens im Gegensatz zu weißem Spargel lediglich frisch angeschnitten, aber nicht geschält werden. Die Saison für Spargel aus heimischem Anbau endet am Johannistag, dem 24. Juni.

Tomaten mit Basilikum

TOMATEN MIT BASILIKUM

1 Die Tomaten waschen und die Stielansätze kegelförmig herausschneiden. Die Tomaten mit kochendem Wasser überbrühen und häuten.
2 Die Basilikumblättchen von den Stielen zupfen und falls nötig mit Küchenpapier sauber reiben.
3 Die Tomaten abwechselnd mit den Basilikumblättchen und nach Wunsch mit den Pfefferkörnern bis je 2 Zentimeter unter den Rand in die Gläser schichten.
4 1 Liter Wasser mit dem Salz in einem Topf aufkochen und die Einmachgläser damit auffüllen. Die Gläser gut verschließen und den Inhalt 30 Minuten bei 90 °C pasteurisieren.

Tipps: Achten Sie beim Kauf der Tomaten auf feste, schöne rote Früchte.
Die eingemachten Tomaten schmecken besonders gut in der kalten Jahreszeit, wenn die roten Früchte zur Seltenheit werden.
Reichen Sie in Öl eingelegten Schafskäse dazu, oder richten Sie eine Platte mit Tomaten und in Scheiben geschnittenen Mozzarella her, und reichen Sie diese Ihren Gästen.

ZUTATEN
für 2 Gläser mit je 1 l Inhalt

- 1 kg kleine, aromatische Strauchtomaten
- 1 großes Bund Basilikum
- 1 TL schwarze Pfefferkörner nach Wunsch
- 10 g Salz

Im Hochsommer, wenn die kleinen, süßlich schmeckenden Strauchtomaten angeboten werden, sollten Sie ans Einmachen denken!

# Obst und Gemüse einmachen

PFEFFERKÜRBIS

ZUTATEN
für 2 Gläser mit je 1 l Inhalt

- etwa 1,5 kg leuchtend orangefarbener Kürbis, wie Hokaido-Kürbis
- 4 EL Essig
- 30 g frische Ingwerwurzel
- 200 g Zucker
- 2 TL Salz
- 2 TL schwarze Pfefferkörner

1 Den Kürbis halbieren, das wattige Innere und die Kerne entfernen, das Fruchtfleisch schälen und 1 Kilogramm Kürbisfleisch abwiegen. Das Fruchtfleisch in kleine Stücke oder blättrig schneiden.

2 Die Kürbisstücke in eine Schüssel geben. Mit Wasser und dem Essig bedecken und über Nacht ziehen lassen. Dann abgießen und gut abtropfen lassen.

3 Die Ingwerwurzel schälen und in dicke Stücke schneiden. 1 Liter Wasser mit dem Zucker und dem Salz aufkochen. Die Kürbisstücke darin glasig garen, zum Schluss Ingwer und Pfefferkörner dazugeben.

4 Alles heiß bis 2 Zentimeter unter den Rand in die Gläser füllen und die Gläser gut verschließen. Den Kürbis 30 Minuten lang bei 90 °C pasteurisieren.

TIPPS: Den würzigen Kürbis kalt zu Gegrilltem oder zu Aufschnitt und Käse mit Brot reichen.
Wer die scharfsüße Note, die der Ingwer dem Kürbis verleiht, nicht mag, lässt den Ingwer einfach weg und erhält dann mild eingelegte Kürbisstücke.

DICKE BOHNEN

ZUTATEN
für 2–3 Gläser mit je 1 l Inhalt

- 4 kg dicke Bohnen in den Schoten
- 2 TL Salz
- 1 großes Bund frisches Bohnenkraut

1 Die dicken Bohnen palen und etwa 1,5 Kilogramm Bohnenkerne abwiegen.

2 1 1/2 Liter Wasser mit dem Salz in einem Topf zum Kochen bringen. Die Bohnenkerne darin 5 Minuten blanchieren, dann mit der Schaumkelle herausheben und in Eiswasser abschrecken.

3 Das Bohnenkraut abbrausen und 2 bis 3 Sträußchen daraus binden. Die Bohnenkerne mit je 1 Kräutersträußchen bis 3 Zentimeter unter den Rand in die Gläser füllen. Die Blanchierflüssigkeit nochmals aufkochen und bis 1 Zentimeter unter den Rand auf die Bohnen gießen.

4 Gläser gut verschließen und bei 115 °C 1 Stunde sterilisieren.

TIPP: Die eingelegten dicken Bohnen können Sie so anrichten: Abgetropfte Bohnenkerne in warmem Olivenöl mit fein gehackter Zwiebel und Knoblauch schwenken, mit Petersilie und schwarzem Pfeffer pikant abschmecken.

Ratatouille-Gemüse

1 Die Paprikaschoten waschen, putzen und in mundgerechte Stücke schneiden. Zwiebeln und Knoblauch schälen und in Würfel schneiden. Die Tomaten waschen, die Stielansätze herausschneiden und die Früchte in Viertel schneiden. Die Kräuter abbrausen, das Wasser gut abschütteln und die Zweige in kleine Stücke schneiden.
2 Gemüse, Zwiebeln, Knoblauch, Essig, Öl und 100 Milliliter Wasser in einen Topf geben und zugedeckt bei starker bis mittlerer Hitze etwa 15 Minuten dünsten. Mit Salz und Pfeffer abschmecken.
3 Das Gemüse mit den Kräutern in die vorbereiteten Gläser bis 1 Zentimeter unter den Rand füllen und gut verschließen. Den Inhalt bei 115 °C 1 Stunde lang sterilisieren und im Topf oder Wasserbad abkühlen lassen.

Tipp: Das servierfertige Mischgemüse im Glas im Wasserbad erhitzen. Oder kalt als Vorspeise mit Parmaschinken und Parmesanhobeln darüber reichen.

Zutaten
für 2 Gläser mit je 1 l Inhalt

- je 500 g gelbe und rote Paprikaschoten
- 3 weiße Zwiebeln
- 3 aromatische Tomaten
- 3 Zweige frisches Basilikum
- 1 Zweig frischer Thymian
- 1 EL Weinessig
- 3 EL Olivenöl
- Salz
- schwarzer Pfeffer aus der Mühle

Gemischtes Wurzelgemüse

1 Das Gemüse waschen, putzen und in 3 Zentimeter große Stücke schneiden. Getrennt je 5 Minuten in kochendem Wasser blanchieren, in Eiswasser abschrecken und gut abtropfen lassen.
2 Die Petersilie abbrausen, in 2 Sträußchen binden und in die Gläser verteilen. Das Gemüse nacheinander bis 3 Zentimeter unter den Rand in die Gläser schichten, so dass verschiedenfarbige Streifen entstehen.
3 1 Liter Wasser mit dem Salz aufkochen, bis 1 Zentimeter unter den Rand in die Gläser gießen und die Gläser gut verschließen. Alles 1 Stunde bei 115 °C sterilisieren.

Tipp: Das Gemüse langsam erwärmen. Mit Salz, Pfeffer und Muskat abschmecken, mit Sahne oder Crème fraîche verfeinern.
Variante: Je 650 Milliliter Apfelsaft und Apfelessig sowie 100 Gramm braunen Zucker aufkochen. Gemüse hineingeben und etwa 10 Minuten darin kochen. Dicht in Gläser schichten, mit kochend heißem Sud bedecken, Gläser schließen und das Gemüse einkochen.

Zutaten
für 2 Gläser mit je 1 l Inhalt

- je 500 g Möhren, Stangensellerie und Kohlrabi
- 200 g Petersilienwurzel
- 1 TL Salz
- 1 großes Bund glatte Petersilie

Trocknen und Dörren

Zum Trocknen aufgefädelte Apfelringe, Kräuterbüschel auf Leinen – ein nostalgisch-liebenswertes Bild, das die Brücke zu unseren Vorfahren weit zurück in die Vergangenheit bis in die Steinzeit schlägt. Denn damals entdeckten die Menschen, dass Lebensmittel durch Trocknen für den Vorrat haltbar gemacht werden können, weil durch Wärme und Luft dem Trockengut die Feuchtigkeit entzogen wird. Obst, Gemüse, Pilze und Kräuter verlieren durch den Wasserentzug an Volumen, doch kaum an Aromen. Getrocknet schmecken sie oft intensiver und aromatischer.

Längst sind wir nicht mehr auf das Trocknen angewiesen. Die Regale der großen »Vorratskammer« Supermarkt sind immer gut gefüllt. Trotzdem ist das Trocknen von Früchten und Gemüse heute wieder mehr als ein Hobby für unverbesserliche Romantiker. Es besitzt einen besonderen kulinarischen und gesundheitlichen Stellenwert. Selbst geerntet, gesammelt oder beim Biobauern gekauft, können Früchte und Gemüse ohne schädliche Stoffe, wie z.B. Schwefel, optimal getrocknet werden. Temperatur, Trocknungsart und -dauer spielen dabei eine Rolle, damit das Trockengut später nicht schimmelt, fault oder gärt. Die Konzentration von Fruchtzucker und Säuren im Trockengut, speziell bei Früchten, erhöht die Haltbarkeit.

Trockenfrüchte schmecken gut und enthalten wertvolle Vitamine und Mineralstoffe in geballter Form. Nicht umsonst holen sich körperlich und geistig stark beanspruchte Menschen am Morgen mit Trockenfrüchten im Müsli den kräftigen Energieschub für den Start in den Tag. Extremsportler, wie Bergsteiger, haben oft ein Päckchen Rosinen im Gepäck, die wenig Platz beanspruchen, doch schnell Kraft spenden. Trockenfrüchte sind auch ein aromatisches und wertvolles Süßungsmittel, mit dem Gebäck, Getreide- oder Quarkspeisen sowie Gerichte der orientalischen Küche gesüßt werden.

Getrocknete Gemüse, Pilze und Kräuter dienen uns nicht nur als fast unverderblicher Vorrat und helfen über Einkaufsengpässe hinweg, sondern sind auch wegen ihres Aromareichtums gefragt. Damit sich das Aroma nicht zu schnell verliert, muss Getrocknetes richtig aufbewahrt werden.

BESONDERS GESUND

Zu Hause getrocknete Gemüse, Früchte, Pilze und Kräuter sind frei von Konservierungsmitteln und nicht bestrahlt.

Trocknen und Dörren

Das brauchen Sie zum Trocknen

GÜNSTIGE WÄRMEQUELLEN
Die Kosten für das Trocknen sind gering, besonders wenn vorhandene Wärmequellen wie Sonne und Luft dafür genutzt werden.

Große Investitionen und Vorbereitungen sind für das Trocknen nicht nötig, denn vieles, was Sie dafür brauchen, findet sich ohnehin in der Küche oder auch im Nähkästchen, wie kräftiges Garn, Schnur oder Stopfnadel.
Ob für Obst aus eigener Ernte oder den günstigen Kauf beim Gemüsehändler – die folgenden kleinen Helfer können, falls noch nicht vorhanden, angeschafft werden.

Utensilien wie Schnur und Bambusstäbe sind leicht zu besorgen. Ein Trockengitter lässt sich selbst anfertigen.

- Apfelausstecher und Kirsch- bzw. Pflaumenentsteiner
- Dicker Baumwollfaden zum Auffädeln der Apfelringe, der Birnenschnitze oder der Pilzscheiben
- Dünne Bambusstäbe in Backofenbreite, auf die sich z.B. Apfelringe aufstecken lassen; die Stäbe werden in die Einschubrillen für das Backblech geschoben (nicht möglich bei Öfen mit Backwagen)
- Zusätzliches Backgitter und Backblech zum Trocknen im Backofen
- Eventuell ein elektrischer Dörrapparat mit mehreren übereinander angebrachten Einsätzen
- Gekaufte oder selbst gebaute rechteckige Trockengitter; das sind mit luftdurchlässigem Stoff überzogene Holzrahmen, die zum Trocknen an der Luft verwendet werden

Trocknen und Aufbewahren

So wird getrocknet und das Trockengut aufbewahrt

Getrocknet wird am besten in der Sonne oder im Schatten an der Luft. Dafür hängen Sie das Trockengut auf oder legen es auf ein Trockengitter, damit die Luft zirkulieren kann. Trocknen können Sie auch im Backofen mit Ober- und Unterhitze oder, noch besser, im Umluftherd. Er hat den Vorteil, dass die Luft gleichmäßig um das Trockengut zirkulieren kann, was den Dörrprozess beschleunigt. Außerdem müssen beim Umluftherd die eingeschobenen Bleche nicht regelmäßig vertauscht werden, wie dies beim Backofen mit Ober- und Unterhitze der Fall ist. Einen Dörrapparat anzuschaffen lohnt sich, wenn häufig und regelmäßig Lebensmittel getrocknet werden sollen.

Luftdicht verschlossen hält sich Trockengut am besten, denn bei Kontakt mit der Außenluft nimmt es schnell wieder Feuchtigkeit auf und beginnt zu schimmeln. Geeignete Behälter sind Kunststoff- oder Blechdosen mit Deckeln wie auch Gläser mit Twist-off-, Schraub- oder Klemmverschlüssen. Kunststofftüten, bei denen sich der Rand fest und sicher zusammendrücken oder mit Klipsen gut verschließen lässt, sind ebenfalls geeignet.

WICHTIGE REGEL

Im Umluftherd flaches Trockengut wie Apfelringe, Bananenscheiben, Pilze, Bohnen, Gemüsestreifen oder Kräuter bei 50 °C trocknen. Für dickere Früchte wie Aprikosen oder Zwetschen 60 bis 70 °C einschalten.

So gelingt das Trocknen

Nur einwandfreies und frisches Obst und Gemüse verwenden. Pilze und Kräuter gleich nach dem Sammeln und Pflücken trocknen, damit Aromen und Nährwerte voll erhalten bleiben.

Die richtige Temperatur ist wichtig: Zu große Hitze zerstört wertvolle Inhaltsstoffe. Außerdem verändert sich dadurch der Geschmack nachteilig. Auch zu niedrige Temperatur soll vermieden werden, denn dabei können sich Fäulnisbakterien vermehren. Je nach Trockengut liegen die optimalen Temperaturen in der Sonne bei 30 °C und mehr, im Backofen zwischen 50 und 60 °C. Achten Sie darauf, dass die Luft um das Trockengut zirkulieren kann.

Liegt das Trockengut auf einem Gitter, muss es ab und zu gewendet werden, damit es nicht anklebt.

Das Trockengut ist fertig, wenn beim Auseinanderbrechen kein Saft mehr austritt.

Trocknen und Dörren

Früchte, die sich zum Trocknen eignen

Früchte mit reichlich Fruchtzucker und Fruchtsäuren lassen sich am besten trocknen und schmecken auch am aromatischsten. Dazu gehören Äpfel, Aprikosen, Birnen und Zwetschen, Kirschen, Mirabellen, Reineclauden und Beerenfrüchte. Aber auch schadstoffarme exotische Früchte im besten Reifegrad, wie Mangos, Papayas, Feigen, Bananen oder kleine kernlose Tafeltrauben, schmecken getrocknet vorzüglich.

Überreifes oder unreifes Obst ist zum Trocknen nicht geeignet, denn der Trocknungsprozess dauert zu lange. Geschmack und Farbe der Früchte sind anschließend unbefriedigend.

Äpfel und Birnen wie rechts beschrieben zum Trocknen vorbereiten, Aprikosen halbieren und entsteinen, die Früchte kurz blanchieren, kalt abschrecken und abtropfen lassen. Kirschen und Zwetschen entsteinen, Beeren verlesen und putzen, Bananen oder andere exotische Früchte schälen, in dünne Scheiben oder Schnitze schneiden.

Gemüse und Kräuter trocknen

BLANCHIEREN

Hellfleischige Früchte wie Äpfel und Birnen vor dem Trocknen blanchieren, damit sie ihre weiße Farbe behalten: Dafür Wasser mit etwas Zitronensaft oder Askorbinsäure (aus der Apotheke) aufkochen, Fruchtspalten oder -ringe darin kurz aufkochen lassen.

Gemüse ist zum Trocknen weniger geeignet, weil es so gut wie keinen Zucker und wenig Säure enthält – ausgenommen Tomaten und Paprikaschoten. Für den Vorrat lohnt es sich außerdem, Suppengemüse, Bohnen, Erbsen, Zwiebeln, Schalotten und Knoblauch zu trocknen.

Pilzsammlern, die Spitzmorcheln, Steinpilze oder Pfifferlinge auch im Winter noch genießen möchten, bietet das Trocknen dazu die Möglichkeit. Zuchtpilze, wie feste Champignons und Shiitake-Pilze, sind zum Trocknen ebenfalls gut geeignet. Oft reicht zum Verfeinern von Suppen und Saucen schon eine kleine Menge an getrockneten Pilzen, um ihnen einen feinen, würzigen Geschmack zu geben. Dazu empfiehlt sich auch die Herstellung von Pilzpulver aus fein zerriebenen Pilzen.

Kräuter werden traditionell nur bis zu Mariä Himmelfahrt (15. August) getrocknet. Dann sollen sie die größte Heilkraft besitzen. Man pflückt sie am besten, wie Blüten und Blätter für Heiltees, vor der Blüte und früh am Morgen.

Dörren Schritt für Schritt

1 Äpfel und Birnen schälen. Für Ringe Kerngehäuse mit dem Apfelausstecher ausschneiden. Für Schnitze die Früchte vierteln, das Kerngehäuse ausschneiden.

2 Für das Trocknen an der Luft die Apfelringe oder Birnenspalten auf ein Gazegitter legen und an einen sonnigen Platz stellen.

3 Sie können sämtliche Früchte am besten in einem Dörrapparat oder im Umluftherd auf dem Backgitter oder Backblech dörren.

4 Erst wenn die Früchte vollständig gedörrt sind, sollten sie zur Aufbewahrung in Einmachgläsern gelagert werden. Diese gut verschließen.

Trocknen und Dörren

So wird Gemüse getrocknet

- Bohnen und Erbsen pahlen, blanchieren und im Umluftherd oder im Dörrapparat trocknen, bis sie hart und knackig sind.
- Festfleischige, reife kleine Tomaten oder Flaschentomaten halbieren, Saft und Kerne herausnehmen und mit den Schnittflächen nach oben in der Sonne vor-, dann im Umluftherd oder im Dörrapparat fertig trocknen.
- Zwiebeln und Schalotten zu einem Zopf flechten, Knoblauchknollen auffädeln und zum Trocknen an einem warmen, luftigen Platz aufhängen.
- Pilze putzen, mit Küchenpapier gründlich säubern und in Scheiben schneiden. Vorher eventuell von den Hüten die Haut abziehen. Die Scheiben auffädeln und in der Sonne oder auf dem Blech im Umluftherd trocknen.
- Kräuter zu lockeren Sträußen zusammenbinden und kopfüber an einen schattigen Platz hängen. In der Sonne verlieren sie an Aroma. Blätter von Salbei oder Basilikum abzupfen und zum Trocknen ausbreiten.

BLÜTEN UND BLÄTTER FÜR TEES

Sie werden wie Küchenkräuter getrocknet. Müssen sie vorher gewaschen werden, das Wasser gründlich ausschütteln. Einen aromatischen und gesunden Tee ergeben Blätter von Brombeeren, Erdbeeren und Johannisbeeren sowie Holunderblüten, Thymian und Salbei.

GETROCKNETE TOMATEN

ZUTATEN
für 2 Gläser mit je 0,5 l Inhalt

- 1 kg kleine Flaschentomaten
- 1 EL Salz
- 1 TL getrocknete Oregano- oder Thymianblättchen
- 1/2 l kaltgepresstes Olivenöl

1 Die Tomaten waschen und trocknen lassen. Die Früchte halbieren, die Stielansätze keilförmig herausschneiden, die Kerne und die Flüssigkeit mit einem Teelöffel ausschaben.

2 Die Tomatenhälften mit den Schnittflächen nach oben auf ein Trockengitter setzen und mit etwas Salz bestreuen. In die Sonne stellen oder in einem warmen Raum über Nacht antrocknen lassen. Danach in der Sonne, im Umluftherd oder im Dörrapparat bei 50 °C fertig trocknen lassen.

3 Die getrockneten Tomatenhälften mit Oregano oder Thymian bestreuen und dicht in Gläser mit Twist-off-Deckel legen. So viel Öl aufgießen, dass sie vollständig bedeckt sind. Die Tomaten in einem dunklen, kühlen Raum 2 Wochen durchziehen lassen.

VARIANTE: Nach Geschmack noch Kapern zwischen die Tomaten legen. Getrocknete Tomaten schmecken köstlich zu Brot, Käse oder Salami. Auch zu Nudeln passen sie sehr gut.

Suppengemüse trocknen

SUPPENGEMÜSE TROCKNEN

1 Vom Lauch eventuell die äußeren Blätter entfernen. Die Wurzelansätze abschneiden. Die Stangen längs halbieren und unter fließend kaltem Wasser gründlich waschen. Mit Küchenpapier trockentupfen und in feine Streifen schneiden.

2 Die Möhren schälen und in dünne Stifte schneiden. Vom Sellerie die Blätter abschneiden. Unbeschädigte zarte Blätter von den Stielen befreien, waschen und trockenschütteln. Die Sellerieknolle schälen, zuerst in dünne Scheiben und dann in Stifte schneiden.

3 Die Petersilienwurzel schälen und ebenfalls in Stifte schneiden. Das Gemüse in kochendem Salzwasser kurz blanchieren. Kalt abschrecken, gut abtropfen lassen und mit Küchenpapier trockentupfen. Locker auf ein Dörrgitter oder ein Backofenblech legen.

4 Das Gemüse einen Tag – falls möglich – in der Sonne vortrocknen. Dann im Dörrapparat oder Backofen bei 50 °C fertig trocknen. Gelegentlich wenden. Nach dem Erkalten in Vorratsgläser füllen.

TIPP: Einige Lorbeerblätter und Pfefferkörner unter das Suppengemüse mischen, das bringt noch mehr Geschmack.

ZUTATEN

für 2 Gläser mit je 0,5 l Inhalt

- *2 Stangen Porree*
- *500 g Möhren*
- *1 kleine Sellerieknolle mit Blättern*
- *2 Petersilienwurzeln*
- *Salz*

Gemüse wie Lauch, Möhren und Sellerie eignen sich hervorragend zum Trocknen.

Mit Salz, Essig und Öl konservieren

Selbsteingelegtes nach überlieferten, altbewährten Rezepten, bei denen die eigene Kreativität mitspielen darf, wird nicht nur von Feinschmeckern geschätzt. Und das nicht nur, weil gekaufte Sauerkonserven durch die im Lebensmittelgesetz vorgeschriebenen Konservierungsmethoden manchmal nicht mehr so gut schmecken und nicht so viel Abwechslung bieten.

Was beim Konservieren mit Salz oder Essig erforderlich ist: außer Zeit und Geduld vor allem gutes Gemüse, nicht nur aus gesundheitlichen Gründen. Denn das Experiment kann misslingen, wenn Weißkraut oder Gurken zu reichlich Kunstdünger erhielten oder dazu noch gespritzt wurden. Wer Gemüse und Früchte nicht aus dem eigenen Garten beziehen kann, jedoch konservieren möchte, sollte sich beim Ökobauern oder im Naturkostladen die Zutaten kaufen, auch wenn sie etwas teurer sind als im Supermarkt.

Was geschieht beim Salzen und Säuern? Salz macht Gemüse dadurch haltbar, dass es das Wachstum von Mikroorganismen wie Fäulnisbakterien und Schimmelpilzen hemmt. Je mehr Salz verwendet wird, umso sicherer ist zwar die Konservierung, um so salziger wird aber auch der Geschmack, wie bei Salzgurken z. B. Eine geringere Salzmenge setzt bei manchen Gemüsesorten die Milchsäuregärung in Gang. Sie wird von Milchbakterien verursacht, die auch die Milch vor dem Verderb schützen. Eine Art dieser Bakterien lebt zusammen mit Hefepilzen auf Kohlblättern, Rüben oder Gurken. Legt man diese Gemüsesorten in eine schwache Salzlösung oder stampft sie mit Salz ein, vergären die Milchbakterien die Kohlenhydrate im Gemüse, wodurch die Zellwände weich werden und außerdem Säuren und Geschmacksstoffe entstehen. Es entsteht ein schmackhaftes, haltbares, sehr gesundes und besser verdauliches Gemüse, das der Frischkost gleichzusetzen ist.

Essig schützt aufgrund seines Säuregehaltes frisches Gemüse, Obst und Fleisch jeder Art sowie frischen Fisch vor dem Verderben. Dazu verleiht er ihnen herbe Würze und eine interessante Geschmacksnote.

KEINE CHEMIE

Chemisch gedüngtes oder gespritztes Gemüse eignet sich nicht zur Milchsäuregärung, da Spritzmittel die natürlichen Milchsäurebakterien, die sich auf der Oberfläche vom Gemüse befinden, ebenso zerstören wie Schädlinge.

 Mit Salz, Essig und Öl konservieren

Grundausstattung

Die Anschaffung entsprechender Geräte, wie Krauthobel, Bohnenschneidemaschine und Gärtopf, lohnt sich nur, wenn größere Mengen an Sauerkraut oder Schneidebohnen hergestellt werden sollen. Ansonsten reichen ein Gurkenhobel, ein Küchenmesserchen und Einmachgläser aus.

Hier eine wichtige Auswahl von nützlichen Geräten und Helfern für das Einlegen:

- Krauthobel oder Gurkenhobel zum Zerkleinern des Kohls
- Kleine Spezialmühle oder Küchenmesserchen zum Schneiden der Schnippelbohnen
- Stampfer zum Einstampfen von Kohl und anderem Gemüse
- Steinguttopf zum Einlegen von Kraut oder Schneidebohnen, große Einmachgläser und -töpfe
- Ein sauberes weißes Baumwolltuch zum Abdecken
- Ein Marmorbrettchen oder ein Teller und ein Stein zum Beschweren
- Ein großer Topf aus Edelstahl zum Aufkochen von Essig oder Essig-Zucker-Lösung
- Ein Schaumlöffel aus Edelstahl zum Hineingeben und Herausholen von Gemüse, Früchten oder Pilzen
- Sauber gespülte Twist-off-Gläser oder Gefäße zum Einfüllen.
- Zellophan, Gummiringe und Etiketten zum Beschriften

GENIESSEN

Milchsauer vergorenes Gemüse schmeckt besonders gut als Frischkost oder als Salat mit einem leckeren Dressing. Auch der Saft ist herzhaft und sehr gesund – deshalb auf keinen Fall weggießen!

Einmachgläser und Steingutgefäße sowie Kartoffelstampfer und Gummiringe gehören zur Grundausstattung.

Milchsauer konservieren

Gemüse milchsauer konservieren

Bei dieser Konservierungsmethode kommt es auf die verwendeten Gemüsesorten an und ob zusätzlich ein so genannter Starter eingesetzt wird. Dieser sorgt dafür, dass die Gärung schneller in Gang kommt. Als Starter eignen sich z. B. Molke, Buttermilch, Gärsaft, Wein oder bestimmte Fermente. In einigen überlieferten Sauerkrautrezepten wird außerdem noch eine Scheibe Graubrot, die auf das Gemüse gelegt wird, als Starter erwähnt.

Das vorbereitete Gemüse wird entweder portionsweise mit Salz eingestampft, bis sich reichlich Flüssigkeit gebildet hat, oder mit Salzwasser begossen, denn für den Gärungsprozess muss genügend Salzlake vorhanden sein. Gewürze und Kräuter können nach Geschmack zugefügt werden. Das so vorbereitete Gemüse wird dann in einen Behälter geschichtet, mit Kohl- oder Weinblättern und nach Belieben mit einem dünnen Baumwolltuch abgedeckt. Darauf kommen ein passendes Holz- oder Marmorbrett und ein Stein zum Beschweren.

SAUER IST GESUND

Bei der Milchsäuregärung bildet sich Vitamin B12, das sonst nur in tierischen Produkten vorkommt. Milchsaures Gemüse enthält außerdem viel Vitamin C. Das stärkt das Immunsystem und ist gut für die Verdauung.

Geschmacksvariationen

Beim Einlegen von Gemüse und Früchten entstehen aus dem Zusammenspiel von Salz, Essig, Gewürzen und Kräutern durch das Konservieren zahlreiche Geschmacksvariationen. Für Gemüse sind folgende Kombinationen besonders beliebt: Pfeffer, Piment, Koriander und Fenchel.

Für Früchte werden hingegen bevorzugt: Ingwer, Zimtstange, Gewürznelke, Vanillestange und Sternanis.

> ### Gemüse, das sich für Milchsäuregärung eignet
> Am bekanntesten ist sicher Weißkohl, aus dem Sauerkraut hergestellt wird. Aber auch Rotkohl, Wirsing, Möhren, Kohlrabi und sogar Rübenblätter, Rote Bete, Bohnen, Gurken, Blumenkohl und Brokkoli, Sellerie, grüne Tomaten, kleine feste Kürbisse, Silberzwiebeln und Spitzpaprika können einzeln oder als Gemüseallerlei mit Hilfe der Milchsäuregärung haltbar gemacht werden.

 Mit Salz, Essig und Öl konservieren

Damit die Milchsäuregärung gelingt

- Auf absolute Sauberkeit bei der Verarbeitung der Zutaten und der Vorbereitung der Arbeitsgeräte achten. Diese werden mit heißem Wasser und Spülmittel gereinigt, mehrmals mit klarem Wasser, zum Schluss mit kochend heißem Wasser ausgespült. Ein Sauerkrautfass oder einen Krauttopf aus Steingut vor der Wiederverwendung so lange ausbürsten, bis der Geruch verschwunden ist, dann mehrmals mit heißem Wasser nachspülen.
- Zum Einsalzen Koch- oder Meersalz ohne Zusatz von Jod oder Fluor verwenden.
- Für die Lake frisches, kalkfreies Mineralwasser verwenden.
- Tuch zum Abdecken des Gemüses nach dem Waschen in klarem Wasser auskochen.
- Zum Abdecken ungeeignet sind Metalldeckel. Salz und Säure greifen sie an und setzen Metall frei.
- Das Gärgefäß nach dem Gärungsprozess in einen abgedunkelten, kühlen Raum stellen oder mit Tüchern abdecken.

VOLLSTÄNDIG BEDECKT

Das Gemüse soll vollständig mit Saft bedeckt sein, sonst muss Salzwasser (15 Gramm Salz auf 1 Liter Wasser) aufgegossen werden. Achten Sie darauf, dass sich das Salz im Wasser vollständig gelöst hat.

SAUERKRAUT

ZUTATEN
für 1 Gefäß mit 5 l Inhalt

- 5 kg Weißkohl
- 40 g Salz
- 3 EL Kümmelsamen und Wacholderbeeren
- 1/4 l Molke oder Buttermilch

1 Den Weißkohl waschen und putzen. Einige Kohlblätter zum Abdecken beiseite legen. Den restlichen Kohl vierteln und fein hobeln.

2 Den gehobelten Kohl etwa 10 Zentimeter hoch schichtweise in das Gefäß geben, einstampfen, bis sich reichlich Saft gebildet hat. Dabei jeweils Salz, Kümmel und Wacholderbeeren nach Belieben hinzufügen.

3 Wenn das Gefäß etwa zu drei Vierteln gefüllt ist, Molke oder Buttermilch angießen. Dann mit den Kohlblättern bedecken und beschweren.

4 Das Kraut einige Tage bei Zimmertemperatur ziehen lassen. Wenn sich nicht genügend Saft bildet, muss noch Salzwasser (15 Gramm Salz auf 1 Liter Wasser) angegossen werden. Das Kraut muss vollständig bedeckt sein.

5 Gefäß kühl lagern. Nach etwa 4 Wochen ist das Sauerkraut fertig. Sauerkraut schmeckt frisch besonders gut.

VARIANTE: Für Weinsauerkraut statt Molke oder Buttermilch 1/4 Liter trockenen Weißwein und Apfelspalten zufügen.

Milchsauer konservieren Schritt für Schritt

1 Gemüse, wie etwa Weißkohl, gründlich waschen und putzen. Dabei die äußeren Blätter entfernen. Halbieren und auf dem Gemüsehobel in feine Streifen hobeln.

2 Gemüsestreifen in den gereinigten Steinguttopf etwa 10 cm hoch einschichten. Einstampfen, bis sich reichlich Saft gebildet hat. Salz und Gewürze zufügen.

3 Wenn der Steinguttopf bis zu etwa drei Vierteln mit dem Gemüse gefüllt ist, das Ganze mit dem Starter aufgießen. Die Gemüsestreifen sollten bedeckt sein.

4 Mit Gemüseblättern bedecken und beschweren. Einige Tage bei Zimmertemperatur ziehen lassen. Kühl und dunkel lagern. Etwa 4 Wochen ziehen lassen.

Mit Salz, Essig und Öl konservieren

Eingelegte Rote Bete

Zutaten
für 1 Gefäß mit 5 l Inhalt

- 5 kg Rote Beten
- 40 g Salz
- je 3 EL Anissamen und Senfkörner
- 3–4 Lorbeerblätter
- Rote-Bete-Blätter
- 1/4 l Molke

1 Die Roten Beten abbürsten und waschen, dann fein hobeln oder raspeln.
2 Das Gemüse etwa 10 Zentimeter hoch schichtweise in das Gefäß geben, jeweils Salz und Gewürze zufügen. Das Gemüse einstampfen, bis sich reichlich Saft zeigt.
3 Das Gefäß bis etwa drei Viertel füllen, mit der Molke aufgießen, mit den Rote-Bete-Blättern bedecken und mit einem Stein oder Gewicht beschweren.
4 Die Roten Beten einige Tage bei Zimmertemperatur ziehen lassen. Sollte sich dabei nicht genügend Saft bilden, mit Salzwasser (15 Gramm Salz auf 1 Liter Wasser) aufgießen, bis das Gemüse vollständig bedeckt ist.
5 Das Gefäß an einen kühlen, dunklen Platz stellen. Nach 4 Wochen sind die Roten Beten fertig und können wie Frischkost verwendet werden.

Tipps: Rote Beten färben sehr stark ab. Deshalb beim Hobeln des Gemüses Küchenhandschuhe tragen. Besonders lecker sind auch eingelegte Möhren oder Rettich.

Eingemachte Schneide- oder Schnippelbohnen

Zutaten
für 1 Gefäß mit 5 l Inhalt

- 5 kg grüne Bohnen, junge Speck- oder breite Schwertbohnen
- 300 g Salz
- 10–15 Blätter vom Bohnenstrauch, je nach Größe

1 Die Bohnen waschen und die Enden abschneiden. Die Bohnen entfädeln und schräg in dünne Streifen schneiden.
2 In einer großen Schüssel Salz unter die Bohnen mischen, zugedeckt über Nacht stehen lassen.
3 Am nächsten Tag die Bohnen abtropfen lassen. Ohne Saft in ein Gefäß schichten und einstampfen. Es sollte sich dabei so viel Saft bilden, dass die Bohnen vollständig bedeckt sind.
4 Bohnenblätter waschen und die Bohnen damit belegen. Ein weißes Baumwolltuch in heißes Wasser tauchen, auswringen, Bohnen damit bedecken. Mit Brett und Stein beschweren.
5 An einem kühlen, dunklen Ort 3 bis 4 Wochen stehen lassen. Mit dem Tuch den sich bildenden Schleim abnehmen. Das Tuch gründlich auswaschen und das Gefäß erneut mit Tuch, Brett und Stein bedecken. Falls nötig, mit Salzlake auffüllen (15 Gramm Salz auf 1 Liter Wasser) und die Bohnen so aufbewahren.

Salzgurken Berliner Art

SALZGURKEN BERLINER ART

1 Die Gurken in eine Schüssel legen, mit kaltem Wasser bedecken und über Nacht stehen lassen. Dann abspülen oder abbürsten und gut abtrocknen. Den Meerrettich schälen und in Stücke schneiden.
2 Estragon, Dill, Kirsch- und Weinblätter abbrausen und abtropfen lassen. Das Glas säubern und auf einem sauberen Küchentuch abtropfen lassen.
3 Gurken, Meerrettich, Estragon, Dill sowie Kirsch- und Weinblätter zusammen mit den Pfefferkörnern lagenweise in das Gefäß schichten.
4 1 Liter Wasser mit dem Salz verrühren und über die Gurken gießen, so dass sie davon völlig bedeckt sind. Einen flachen Teller auf das Gefäß setzen und mit einem Stein beschweren. Oder das Gefäß mit einer doppelten Lage Pergamentpapier bedecken, das Papier mit einer Schnur festbinden.
5 Die Gurken an einem kühlen Platz mindestens 4 Wochen stehen lassen, gelegentlich kontrollieren. Bildet sich nach einiger Zeit auf der Gurkenlake eine weißliche Hefeschicht, die Gurken abspülen und die Flüssigkeit erneuern.

TIPP: Um Hefe- oder Schimmelbildung zu vermeiden, kann man die Gurkenlake zusätzlich mit etwas neutralem Speiseöl abdecken. Das Speiseöl lässt sich ganz einfach mit einem Esslöffel wieder von der Oberfläche abnehmen.

ZUTATEN
für 1 Glas mit 2 l Inhalt

- *2 1/2 kg mittelgroße Einlegegurken*
- *1 kleine Stange Meerrettich*
- *4 Stängel Estragon*
- *4 Stängel Dill*
- *5 Kirschbaumblätter*
- *3 Weinblätter*
- *2 TL weiße Pfefferkörner*
- *50 g Salz*

Brot, Butter und Salzgurken genügen bereits für ein kleines, erfrischendes Abendbrot.

Mit Salz, Essig und Öl konservieren

Mit Essig eingelegtes Obst und Gemüse

Würzige Essig- oder Senfgurken, Mixed Pickles, süßsauer eingelegte Früchte, wer liebt sie nicht, diese herzhaften Spezialitäten. Sie machen eine einfache Brotzeit interessant und dürfen auf keinem kalten Büffet fehlen. Die Kunst, Gemüse und Obst mit Essig und Salz oder Essig und Zucker haltbar zu machen, beherrschen unsere Großmütter noch. Heute haben wir nur noch verschwommene Erinnerungen an diese wunderbaren Genüsse. Dabei ist es gar nicht so schwierig, Gürkchen, Zwetschen oder Pilze in aromatischem Essigsud einzulegen. Wie Salz oder Zucker vermag auch Essig, Mikroorganismen abzutöten und Gemüse und Früchte haltbar zu machen. Dafür gibt es verschiedene Methoden.

Damit das Einlegen gelingt

- Nur einwandfreies Obst und Gemüse verwenden und einen guten, aber nicht zu scharfen Essig, am besten Wein- oder Obstessig, nehmen.
- Besonders auf Sauberkeit achten, sowohl bei den Arbeitsgeräten als auch bei den Einlegegefäßen, Gläsern und Töpfen einschließlich Deckeln.
- Die Einlegegefäße nach dem Säubern nicht abtrocknen, sondern auf einem sauberen Tuch abtropfen lassen, damit keine Flusen hinein geraten.
- Beim Einfüllen des heißen Suds die Gläser auf ein feuchtes Küchentuch setzen, damit sie nicht zerspringen.
- Die Gläser mit einem Etikett versehen, auf dem das Einmachdatum vermerkt ist.
- Eingelegtes Gemüse und Obst muss kühl und dunkel aufbewahrt werden.
- Es hält sich einige Monate, muss jedoch hin und wieder kontrolliert werden.
- Füllhöhe: Gemüse und Pilze müssen immer vollständig mit Essigsud bedeckt sein, damit sie nicht schimmeln oder zu gären beginnen.

METALLTÖPFE

Zum Einkochen mit Essig Emaille-, Glas- oder Edelstahltöpfe verwenden. Töpfe aus Aluminium und aus den ohnehin giftigen Metallen Kupfer und Messing sind nicht geeignet. Die Essigsäure greift diese Metalle an, das Kochgut wird gesundheitsschädlich.

Essiggurken einlegen Schritt für Schritt

1 1 1/2 kg kleine Gurken gut reinigen und in eine Schüssel schichten. 3 EL Salz in 1 l kaltem Wasser auflösen, über die Gurken gießen und diese 24 Stunden darin wässern.

2 12 Schalotten schälen, zerkleinern oder in Ringe schneiden. Gurken abbrausen, abtropfen lassen. Mit Einmachkräutern und Gewürzen dicht in die gereinigten Gläser füllen.

3 1 l Weißweinessig aufkochen und gleichmäßig über die Gurken in den Gläsern gießen. Anschließend die Gläser fest verschließen.

4 Die Gurkengläser im Wasserbad im Backofen oder im Einmachtopf 30 Minuten bei 90 °C sterilisieren, dann abkühlen lassen. An einem dunklen, kühlen Ort aufbewahren.

 Mit Salz, Essig und Öl konservieren

Pilze in Kräuteressig

Zutaten
für 2 Gläser mit je 0,5 l Inhalt

- 1 kg kleine, feste Pilze (z. B. Pfifferlinge, Steinpilze, Champignons oder Rotkappen)
- 100 g Schalotten
- Salz
- 1/8 l Weinessig
- 2 Lorbeerblätter
- einige Zweige Thymian und Estragon
- abgeriebene Schale von 1/2 unbehandelten Zitrone

1 Die Pilze putzen und eventuell kurz abbrausen. Größere Pilze in gleich große Stücke schneiden. Die Schalotten schälen und vierteln. Separat je 3 Minuten in gesalzenem Wasser blanchieren, in Eiswasser abschrecken und gut abtropfen lassen.

2 Den Weinessig mit 1/8 Liter Wasser und den übrigen Zutaten in einem Topf aufkochen lassen. Die Pilze und die Schalotten darin etwa 10 Minuten garen. Die Pilze und Schalotten mit dem Schaumlöffel aus dem Sud heben und in die gereinigten Gläser geben.

3 Den Essigsud nochmals aufkochen lassen und bis 1 Zentimeter hoch über die Zutaten in den Gläsern gießen. Die Gläser fest verschließen und kühl lagern.

Variante: Sie können das Glas mit den Pilzen auch nur zur Hälfte mit Essigsud auffüllen und zur Hälfte mit Olivenöl; das ergibt einen anderen, delikaten Geschmack. Reichen Sie die eingelegten Pilze zu aufgeschnittenem kalten Braten, oder verwenden Sie sie als Salatzutat. Wunderbar eignen sich die Pilze auch als Antipasti.

Pilze in Kräuteressig bieten sich hervorragend als appetitanregende Antipasti an.

Senfgurken

MIXED PICKLES

1 Das Gemüse waschen oder schälen und putzen. Möhren in Scheiben schneiden, Blumenkohl in Röschen teilen, Paprika in Streifen schneiden.
2 Gemüse getrennt in Salzwasser blanchieren, in Eiswasser abschrecken und gut abtropfen lassen. Dann in die gut gereinigten Gläser schichten.
3 Den Essig mit 1/4 Liter Wasser und den übrigen Zutaten aufkochen lassen. Den heißen Essig über das Gemüse in den Gläsern gießen. Der Sud sollte das Gemüse dabei reichlich bedecken und etwa 1 Zentimeter hoch über dem Gemüse stehen.
4 Die Gläser gut verschließen und kühl aufbewahren.

TIPPS: Pikanter werden die Pickles, wenn man den Sud noch mit etwas Zucker würzt. Durch geschicktes Kombinieren verschiedener Gemüsearten lassen sich bei Mixed Pickles tolle Farbeffekte erzielen.

ZUTATEN
für 2 Gläser mit je 1 l Inhalt

- *1 kg Gemüse (Einlegegürkchen, Perlzwiebeln, Möhren, Blumenkohl, Maiskölbchen und Paprika)*
- *Salz*
- *1/2 l milder Weinessig*
- *2 Lorbeerblätter*
- *Pfeffer- und Senfkörner*
- *je 2 Zweige Dill und Estragon*

SENFGURKEN

1 Die Senfgurken schälen, die Enden abschneiden und die Gurken der Länge nach halbieren. Die Kerne ausschaben und das Gurkenfleisch in 2 bis 3 Zentimeter dicke Stücke schneiden. Die Gurkenstücke mit 1 Esslöffel Salz bestreuen und zugedeckt über Nacht durchziehen lassen.
2 Die Gurkenstücke abtropfen lassen. 1/2 Liter Wasser mit Essig, dem restlichen Salz, Zucker, Senfkörnern und Lorbeerblättern erhitzen, bis sich der Zucker aufgelöst hat. Den Sud durchseihen, die Gewürze aufheben.
3 Die Hälfte des Suds aufkochen lassen. Meerrettich und Schalotten schälen und in Scheiben schneiden. Die Gurkenstücke portionsweise im Sud aufkochen lassen, mit dem Schaumlöffel herausnehmen.
4 Die Gurken abwechselnd mit Meerrettich, Schalotten und Gewürzen in die gut gereinigten Gläser schichten. So viel Sud aufgießen, dass er 1 Zentimeter hoch über den Gurken steht. Die Gefäße verschließen und die eingelegten Senfgurken kühl stellen. Mindestens 3 Wochen durchziehen lassen.

ZUTATEN
für 7 Gläser mit je 0,45 l Inhalt

- *2 1/2 kg gelblichweiße, feste Senfgurken*
- *2 EL Salz*
- *1 1/2 l Weißweinessig*
- *375 g Zucker*
- *1 EL Senfkörner*
- *3 kleine Lorbeerblätter*
- *1 Stück frischer Meerrettich*
- *8 Schalotten*

 Mit Salz, Essig und Öl konservieren

Essigzwetschen

Zutaten
für 3 Gläser mit je 0,5 l Inhalt

- 1/2 l Weinessig
- 1/2 kg weißer Kandiszucker
- 3 Stück Sternanis oder 3 TL Anissamen
- 4 schwarze Pfefferkörner
- 3/4 kg reife Zwetschen

1 Essig mit Zucker, Anis und Pfefferkörnern bei schwacher Hitze kochen lassen, bis sich der Zucker aufgelöst hat. Dann abkühlen lassen.
2 Die Zwetschen waschen, trockentupfen, mit einer Gabel mehrmals einstechen und in die Gläser legen. Mit dem Essigsud übergießen und über Nacht stehen lassen.
3 Den Sud abgießen und nochmals aufkochen lassen, dann leicht abkühlen lassen und erneut über die Zwetschen gießen. Das Glas mit einem Schraubverschluss oder mit Einmachzellophan luftdicht verschließen und an einem kühlen Ort aufbewahren. Die Zwetschen halten sich etwa 8 Wochen.

Tipp: Legen Sie rechtzeitig die Zwetschen in Essig ein, denn sie harmonieren sehr gut mit Wildgerichten, die vor allem im Herbst serviert werden. Probieren Sie die Essigzwetschen beispielsweise zu Rehkeule oder zu Hirschkalbsteak mit Rahmpfifferlingen.

Quitten mit Wacholder

Zutaten
für 2 Gläser mit je 1 l Inhalt

- 1 kg Birnenquitten
- 1/2 l Obstessig
- 200 g Zucker
- 1 Stange Zimt
- ein paar Gewürznelken
- abgeriebene Schale von 1/2 unbehandelten Zitrone
- Wacholderbeeren
- Salz

1 Die Birnenquitten schälen, vierteln, entkernen, in gleich große Stücke schneiden.
2 Den Obstessig mit den übrigen Zutaten aufkochen. Die Früchte etwa 20 Minuten darin glasig garen.
3 Die Birnenquitten mit einer Schaumkelle in Gläser schichten. Den Essigsud aufkochen und abschmecken.
4 Die Gläser damit auffüllen. Die Früchte müssen mindestens 1 Zentimeter hoch mit dem Sud bedeckt sein.
5 Die Gläser gut verschließen und kühl aufbewahren.

Varianten und Tipps: Sie können dieses süßsaure Rezept auch mit Birnen zubereiten. Beachten Sie dabei, dass Birnen nur die Hälfte der Garzeit von Quitten benötigen! Oder Sie kombinieren Quitten und Birnen.
Der Wacholder gehört zu den Waldgehölzen, daher ist seine Frucht botanisch betrachtet nur eine Scheinbeere. Wacholderbeeren werden bevorzugt zum Würzen von Suden und Schmorgerichten verwendet. Aus ihnen wird aber auch Öl oder Branntwein hergestellt.

Kürbis süßsauer

ESSIGBIRNEN

1 Die Birnen waschen, schälen, vierteln und die Kerngehäuse herausschneiden. Die Birnenviertel in Wasser mit 1 Schuss Essig legen, damit sie sich nicht verfärben.
2 Den restlichen Weinessig mit 1/8 Liter Wasser, Kandiszucker und Gewürzen so lange kochen, bis sich der Zucker restlos aufgelöst hat. Die Birnen hinzufügen und in der Flüssigkeit bissfest garen.
3 Die Birnen herausnehmen, abtropfen lassen und in Gläser füllen. Den Essigsud dazugießen. Die Gläser mit Deckeln oder Einmachzellophan luftdicht verschließen, dunkel und kühl aufbewahren. Die Birnen halten sich 3 bis 4 Monate.

Tipp: Besonders gut schmecken Essiggurken und -birnen in Herbst und Winter als Beilage zu Entenbraten oder Wild.

ZUTATEN
für 2–3 Gläser mit je 0,5 l Inhalt

- *1 kg nicht zu weiche Birnen*
- *1/2 l Weißweinessig*
- *400 g weißer Kandiszucker*
- *4 Gewürznelken*
- *1/2 Zimtstange*
- *1/2 TL abgeriebene unbehandelte Zitronenschale*

KÜRBIS SÜSSSAUER

1 Das Kürbisfleisch in kleine Würfel schneiden.
2 Essig und 1/4 Liter Wasser aufkochen lassen und über die Kürbiswürfel gießen. Mindestens 12 Stunden stehen lassen.
3 Die Ingwerwurzel schälen und zerkleinern. Die Kürbisstückchen in ein Sieb geben, den Sud auffangen und mit Zucker, Gewürzen und Ingwer aufkochen lassen. Den Kürbis wieder zugeben und darin glasig kochen.
4 Kürbisstückchen mit einem Schaumlöffel aus dem Sud nehmen und in Gläser oder Steinguttöpfe legen. Den Sud etwas einkochen lassen und darüber gießen.
5 Die Gefäße luftdicht verschließen und kühl und dunkel aufbewahren. So ist der Kürbis 3 bis 5 Monate haltbar.

Tipps: Kürbis süßsauer schmeckt gut zu kaltem Braten, zu Roastbeef und Wild.
Die Kürbissaison beginnt im Spätsommer und zieht sich bis in den Winter hinein. Damit überschneidet sie sich praktischerweise mit der Wildsaison. Je nach Erntemonat sind verschiedene Kürbissorten im Handel erhältlich, die unterschiedlich schmecken. Probieren Sie die jeweiligen Sorten, und finden Sie Ihre Lieblingssorte heraus!

ZUTATEN
für 3 Gläser mit je 0,5 l Inhalt

- *1 kg festes Kürbisfleisch*
- *1/2 l Weißweinessig*
- *1 Stück Ingwerwurzel*
- *1/2 kg Einmachzucker*
- *1 Zimtstange*
- *Saft und Schale von 1 unbehandelten Zitrone*

 Mit Salz, Essig und Öl konservieren

Aromatisches Konservieren in Öl

Einfach und wirklich unkompliziert ist das Konservieren in Öl. Spezielle Arbeitsgeräte werden hierzu nicht benötigt. Bei diesem Verfahren zur Haltbarmachung werden die Zutaten lediglich mit Speiseöl übergossen. Das Öl schließt sie luftdicht ein und verhindert das Wachstum von Mikroorganismen, die vom Sauerstoff abhängig sind. Schon die alten Griechen machten Oliven und Käse in Öl haltbar. Die Methode hat sich in allen Mittelmeerländern bis heute erhalten.

Duftende Kräuter und Gewürze aromatisieren nicht nur die eingelegten Zutaten, sondern geben auch dem Öl Geschmack. Deshalb sollten Sie es nicht wegschütten, wenn die konservierten Lebensmittel verbraucht sind, sondern zum Würzen von Salat, Gemüse oder anderen Gerichten weiterverwenden. Lassen Sie Eingelegtes vor dem Verzehr einige Tage in einem kühlen, dunk-len Raum durchziehen, damit sich die Aromen voll entwickeln können.

Zum Einlegen von Lebensmitteln eignet sich jedes gute Öl. Für Gemüserezepte aus dem Mittelmeerraum und für herzhaften Käse empfiehlt sich kaltgepresstes Olivenöl. Zum Konservieren von Gemüse und Pilzen kann man auch Sonnenblumenöl oder das intensiver schmeckende Öl der Färberdistel (Safloröl) nehmen.

EINGELEGTER KÄSE

Auf Blattsalat dekorativ anrichten oder den abgetropften Käse im vorgeheizten Ofen goldbraun überbacken und warm genießen.

IN ÖL EINGELEGTER KÄSE

ZUTATEN
für 2 Gläser mit je 0,5 l Inhalt

- 1/2 kg frischer Ziegen- oder Schafskäse (Feta)
- 2 Knoblauchzehen
- einige Thymian-, Basilikum- und Petersilienblättchen
- 0,4 l kaltgepresstes Oliven- oder Sonnenblumenöl

1 Den Käse in große Stücke schneiden. Den Knoblauch schälen und in Scheiben schneiden.

2 Den Käse mit dem Knoblauch, den Kräutern und Pfefferkörnern in die vorbereiteten Gläser schichten. Mit dem Öl auffüllen. Der Käse muss vollständig bedeckt sein.

3 Die Gläser sorgfältig verschließen und den Käse im Kühlschrank 4 bis 5 Tage durchziehen lassen.

TIPPS: Auch Mozzarellakugeln lassen sich wie Ziegen- oder Schafskäse einlegen. Als Kräuter können auch Rosmarin und Oregano verwendet werden. Wenn Wacholderbeeren in das Öl gegeben werden, lässt sich eine besonders harmonische Geschmacksnote erzielen.

Artischocken in Öl

ARTISCHOCKEN IN ÖL

1 Von den Artischocken rundum die harten Blätter großzügig abzupfen. Die übrigen Blattspitzen bis auf die fleischigen Ansätze abschneiden. Im Inneren der Artischocken die Samenfäden mit einem Teelöffel auskratzen. Die Stiele kürzen, mit den Böden schälen.

2 Artischocken in Wasser mit Zitronensaft legen. 1 Esslöffel Salz, Pfefferkörner, Lorbeerblätter, Essig und 1/2 Liter Wasser aufkochen. Die Artischocken vierteln und etwa 20 bis 25 Minuten kochen. Im Sud erkalten, danach abtropfen lassen.

3 Die Artischocken leicht ausdrücken und mit den Gewürzen und den Zitronenscheiben in die gut gereinigten Gläser füllen. Das Öl aufgießen und die Gläser schließen. Dunkel und kühl 1 Woche durchziehen lassen. Als Vorspeise zu Schinken oder Käse servieren.

TIPP: Artischocken werden in zwei gleichwertigen Sorten angeboten. Es gibt die kleinen, spitzen violetten und große, runde grüne. Frische Artischocken erkennen Sie am festen, geschlossenen Kopf, der ohne Flecken sein muss.

ZUTATEN
für 2 Gläser mit je 0,5 l Inhalt

- *58 längliche Artischocken*
- *Saft von 2 Zitronen*
- *Salz*
- *1 EL schwarze Pfefferkörner*
- *2 Lorbeerblätter*
- *1/4 l Weißweinessig*
- *4 Zitronenscheiben, unbehandelt*
- *1 l kaltgepresstes Olivenöl*

In Olivenöl eingelegt sind Artischocken eine wunderbare Vorspeise.

Ketchup, Chutneys, Relishes und Saucen

Ihre Herkunft können die drei mit den exotischen Namen nicht verleugnen: Ketchup, Chutneys und Relishes kamen aus fernöstlichen Ländern, den ehemaligen englischen und niederländischen Kronkolonien, zu uns. Ketchup, die dicke Würzsauce, stammt aus Ostasien. In Indonesien gibt es heute noch eine dickflüssige Sojasauce, die Ketjap genannt wird. Unser Ketchup hat damit allerdings keine Ähnlichkeit mehr. Ein deutschstämmiger Siedler in Pittsburg/USA hat ihn im 19. Jahrhundert zu dem gemacht, was er heute ist, nämlich eine süßsauer abgeschmeckte Tomatensauce. Von den USA über England verbreitete sich Ketchup in ganz Europa, und seit den sechziger Jahren ist er auch in Deutschland bekannt. Hamburger, Bratwurst oder Pommes ohne Ketchup – das ist für viele undenkbar. Also warum nicht auch einmal ein eigenes, hausgemachtes Ketchup kreieren und die Kinder dabei mitmachen lassen? So können Sie Ihr eigenes Ketchup ausprobieren und abschmecken – das macht bestimmt eine Menge Spaß.

Exotische Früchte und Gewürze geben Chutneys und Relishes ihr pikantes Aroma. Die Engländer brachten sie während ihrer Herrschaftszeit in Indien mit nach Hause und haben ihre Rezepturen noch verfeinert. Chutneys, musig-dicke Würzsaucen, werden aus unterschiedlichen Früchten und Gemüsen hergestellt und mit vielerlei Gewürzen süßsauer oder pikantscharf abgeschmeckt. Inzwischen schätzt man sie auch in unseren Küchen: Eine Grillparty oder ein Fondueessen ist ohne Chutneys kaum denkbar.

Relishes (»relish« bedeutet »Erfrischung«) ähneln Chutneys, sind meist aber etwas dünner als diese und schmecken zu Fleisch oder Reisgerichten. Exotische Früchte und eine große Palette an Gewürzen, die Zutaten für selbst gemachte Chutneys und Relishes, gibt es inzwischen auch bei uns. Doch auch aus Äpfeln oder Birnen kann ein delikates Chutney entstehen. Solche Eigenkreationen sind gekaufter Fertigware an Geschmack und Originalität garantiert überlegen und dazu noch wesentlich preiswerter.

MILD ODER SCHARF

Ketchup, Chutneys und Relishes können so gewürzt werden, wie die Familie sie mag: mild für die Kinder, scharf für die Großen. Das ist der Vorteil von Selbstgemachtem!

Ketchup, Chutneys, Relishes und Saucen

Grundausstattung

Für die Herstellung von Ketchup, Chutneys, Relishes oder würzigen Saucen werden die gleichen Gerätschaften gebraucht wie für das Einmachen von Obst und Gemüse. Einiges an Zubehör wie Waage und Töpfe gehört ohnehin zum üblichen Kücheninventar.

Denken Sie gelegentlich daran, für Selbsteingemachtes frühzeitig kleine Gläser mit Twist-off- und anderen gut schließenden Deckeln zu sammeln. Besonders ansprechend sehen sechseckige oder bauchige Gläser aus. Chutneys und Relishes sind exotische Spezialitäten, die es verdienen, in besonders dekorativen Behältnissen verschenkt zu werden.

ABWECHSLUNG
Ein hausgemachter Tomatenketchup sorgt genauso für Abwechslung auf Ihrem täglichen Speiseplan wie ein exotisches Relish.

In jedem Haushalt finden sich die nötigen Hilfsmittel, um Ketchup oder Chutneys selber herzustellen.

Die folgende Grundausstattung sollten Sie zu Hause haben:
- Küchenwaage zum exakten Abwiegen der Zutaten
- Einen großen Edelstahltopf zum Einkochen
- Verschiedene Kochlöffel und eine kleine Kelle
- Einen Mörser zum Zerstoßen der Gewürze
- Ein Haarsieb zum Passieren von Tomaten
- Hübsche Gläser und Flaschen mit Twist-off-Deckeln oder mit Gummiring-Klammer-Verschlüssen
- Etiketten zum Beschriften

Würzsaucen selbst herstellen

Ketchup, Chutneys, Relishes und Saucen herstellen

Die Grundlage für diese exotischen Spezialitäten sind frische oder getrocknete Früchte und Gemüse, bei manchen kommen noch Zwiebeln und Chilischoten dazu. Mit Essig, Zucker und Gewürzen werden die Zutaten nahezu breiig eingekocht, können jedoch einige festere Frucht- oder Gemüsestückchen enthalten.

KLEINE PORTIONEN

Die würzigen Pasten und Saucen nur in kleine Gläser oder Flaschen abfüllen, da selten größere Mengen auf einmal verbraucht werden.

Damit die Würzsaucen gelingen

- Einen guten und nicht zu scharfen Essig, am besten Wein- oder Obstessig, verwenden.
- Auf absolute Sauberkeit bei der Herstellung und beim Abfüllen achten.
- Gereinigte Gläser auf keinen Fall abtrocknen, sondern nach dem Spülen gründlich mit heißem, klarem Wasser ausspülen und umgedreht auf einem sauberen Küchentuch abtropfen lassen.
- Am inneren Rand von Twist-off-Deckeln mit einem Finger entlangfahren und so prüfen, ob die Dichtung beschädigt ist. Bei Gläsern mit Glasdeckeln prüfen, ob es Absplitterungen gibt.
- Beim Einfüllen der kochend heißen Zutaten die Gläser auf ein nasses Tuch stellen, damit sie nicht zerspringen.
- Die Gläser immer randvoll füllen und sofort verschließen.
- Vor dem Öffnen Chutneys und Relishes mindestens zwei, am besten vier Wochen an einem kühlen, dunklen Ort ruhen lassen, damit sich ihr Aroma voll entfalten kann.
- Angebrochene Gläser im Kühlschrank aufbewahren und bald verbrauchen.

> **Wichtig**
> Ketchup, Chutneys, Relishes und Saucen ganz heiß randvoll in Flaschen oder Gläser füllen und sofort luftdicht verschließen, damit keine schädlichen Keime eindringen können, die den Inhalt zum Gären bringen oder Schimmel verursachen.

Ketchup, Chutneys, Relishes und Saucen

Hagebutten-Chutney

Zutaten
für 2 Gläser mit je 0,5 l Inhalt

- 1 kg Hagebutten
- 150 g Zwiebelwürfelchen
- 100 g Rosinen
- 350 g Zucker
- 1/8 l Weinessig
- gemahlener Ingwer
- gemahlener Zimt
- gemahlene Nelke
- Senfpulver
- grob zerstoßene Korianderkörner

1 Die Hagebutten von Blüten und Stielen befreien. Die Früchte längs aufschneiden und die Kerne mit einem kleinen Löffel herausschaben. Am besten ziehen Sie Einweghandschuhe an, um Juckreiz zu vermeiden.
2 Die Hagebutten waschen. Mit wenig Wasser, den Zwiebelwürfelchen, den Rosinen, dem Zucker und dem Weinessig aufkochen.
3 Die Gewürze hinzufügen und das Chutney bei schwacher Hitze im offenen Topf etwa 90 Minuten köcheln lassen. Dabei immer wieder umrühren.
4 Das Hagebutten-Chutney abschmecken und noch heiß in die vorbereiteten Gläser füllen. Sofort verschließen und an einem kühlen Ort aufbewahren.

Tipp: Das Hagebutten-Chutney wird in der Farbe intensiver und im Geschmack schärfer, wenn man noch etwas Cayennepfeffer dazugibt. Ebenso gut können Sie auch etwas Pulver der zerstoßenen roten Chilischote hinzufügen, aber Vorsicht – sie kann sehr scharf durchschmecken!

Orangen-Kumquat-Chutney

Zutaten
für 2 Gläser mit je 0,2 l Inhalt

- 3 Orangen
- 80 g Kumquats (Zwergorangen)
- 50 g Rosinen
- 200 g Zucker
- 1/8 l Obstessig
- 1/2 TL gemahlener Ingwer
- 1 Messerspitze geriebene Muskatnuss

1 Die Orangen schälen, dabei auch die weiße, pelzige Innenhaut entfernen.
2 Die Fruchtfilets aus den Trennhäuten schneiden und dabei den Saft auffangen.
3 Die Kumquats waschen und in Scheibchen schneiden. Die Früchte und den Orangensaft mit den übrigen Zutaten in einem Topf zum Kochen bringen. Bei schwacher Hitze offen einkochen, bis das Chutney eine püreeartige Konsistenz erlangt hat.
4 Das Chutney heiß in Gläser füllen und sofort verschließen. Kühl aufbewahren.

Tipps: Wer kleine Naschereien besonders zum Fünfuhrtee schätzt, kann auf selbst gebackene Kekse jeweils einen kleinen, leuchtenden Klecks des herbfruchtigen Orangen-Kumquat-Chutneys setzen. Damit gelingt es Ihnen, nicht nur Engländer, sondern auch alle anderen passionierten Teegenießer zu überraschen.

Tomatenketchup Schritt für Schritt

1 1 kg reife Strauchtomaten waschen und halbieren. Stielansätze herausschneiden, die Tomaten in Stücke schneiden, mit 80 ml Weißweinessig in einen Topf geben.

2 2–3 Knoblauchzehen und 1 Zwiebel schälen, würfeln, mit 40 g Zucker, 1 Prise Ingwer, Muskatnuss, Pfeffer, Salz in den Topf geben. 1 Stunde köcheln lassen.

3 Die Ketchupmasse durch ein Haarsieb streichen (passieren). Nochmals in den Topf geben, aufkochen lassen und abschmecken.

4 Die gespülten Gläser oder Flaschen auf ein nasses Küchentuch setzen. Den heißen Ketchup einfüllen und in diesem Zustand verschließen. Kühl aufbewahren.

Ketchup, Chutneys, Relishes und Saucen

APFEL-ZWIEBEL-CHUTNEY

ZUTATEN
für 2 Gläser mit je 0,5 l Inhalt

- 1 kg säuerliche Äpfel, z.B. Gravensteiner
- 150 g Zwiebelwürfelchen
- 100 g Rosinen
- 350 g Zucker
- 1/8 l Weinessig
- 1/4 TL gemahlene Kurkuma (Gelbwurz)
- 1/4 TL gemahlener Ingwer
- 1 Messerspitze gemahlene Gewürznelke
- 1 kleine getrocknete Chilischote

1 Die Äpfel schälen, vierteln, entkernen und in kleine Stücke schneiden. Mit den übrigen Zutaten vermischen – die Chilischote aber noch nicht verwenden.

2 Die Chilischote entstielen und im Mörser zerstoßen. Das Chilipulver zu den anderen Zutaten geben und alles bei schwacher Hitze offen 1 1/2 Stunden köcheln lassen. Dabei gelegentlich umrühren.

3 Das Apfel-Zwiebel-Chutney abschmecken und heiß in die vorbereiteten Gläser füllen. Sofort verschließen und kühl lagern.

TIPPS: Unter das fertige Apfel-Zwiebel-Chutney lassen sich nach Geschmack 1 bis 2 Teelöffel mittelscharfer Senf, fein gewiegter Dill und fein gewürfelte Senfgurke rühren. Speisen Erwachsene unter sich, kann alles noch mit Aquavit abgeschmeckt werden.

Das Apfel-Zwiebel-Chutney in dieser raffinierten Variante passt besonders gut zu geräuchertem Lachs und zu anderen Spezialitäten mit Räucherfisch. Es zaubert eine pikante Note auf jedes Feinschmeckerbüfett und wird schnell viele Liebhaber finden.

MANGO-CHUTNEY

ZUTATEN
für 2 Gläser mit je 0,2 l Inhalt

- 1 reife Mango
- 50 g Zwiebeln
- 1 unbehandelte Zitrone
- 1 Chilischote
- 100 g brauner Zucker
- 1/4 TL gemahlener Ingwer

1 Die Mango schälen, das Fruchtfleisch vom Stein schneiden und zerkleinern. Die Zwiebeln schälen und fein würfeln. Die Zitrone waschen, die Schale mit einem Zestenreißer abhobeln und die Zitrone auspressen. Die Chilischote putzen, den Stielansatz und eventuell harte Strunkteile im Innern entfernen und die Schote fein zerkleinern.

2 Das Mangofleisch mit wenig Wasser und allen übrigen Zutaten zum Kochen bringen. Dann bei schwacher Hitze sirupartig dick einkochen lassen.

3 Das Mango-Chutney in Gläser füllen, sofort verschließen und an einem kühlen Ort aufbewahren.

TIPP: Erkundigen Sie sich beim Gemüsehändler, wie scharf die Chilischoten sind. Sorte und Reifestadium spielen hier eine entscheidende Rolle. Sie können damit den Schärfegrad Ihres Mango-Chutneys schon vorher abschätzen.

Gemüse-Relish

GEMÜSE-RELISH

1 Das Gemüse putzen und waschen oder schälen, dann in 1 Zentimeter große Würfel schneiden und in einen Topf geben. Den Knoblauch schälen, fein hacken und zum Gemüse geben. Den braunen Zucker unterrühren.

2 Senf- und Korianderkörner mit dem Salz in einem Mörser fein zerstoßen und mit Zitronenschale und Essig unter das Gemüse rühren.

3 Alles bei schwacher Hitze und unter gelegentlichem Rühren zugedeckt etwa 40 Minuten kochen lassen, mit Salz abschmecken.

4 Die gut gereinigten Gläser auf ein feuchtes Küchentuch setzen, dann das heiße Gemüse-Relish einfüllen und die Gläser sofort verschließen. Kühl aufbewahren.

TIPP: Das Relish schmeckt hervorragend als Beilage zu kurz gebratenem oder gegrilltem Fleisch und Fisch. Genauso passt es auf das kalte Büfett zusammen mit verschiedenen Salaten, Kanapees und kalt aufgeschnittenem Braten. Es ist auf jeden Fall sinnvoll, immer etwas davon im Vorrat zu haben.

ZUTATEN

für 2 Gläser mit je 0,5 l Inhalt

- 1 kg Gemüse, z. B. Zwiebeln, Karotten, Erbsen, Zucchini und Staudensellerie zu gleichen Teilen
- 2 Knoblauchzehen
- 200 g brauner Zucker
- 1 TL Senfkörner
- 1/2 TL Korianderkörner
- 1 TL Salz
- abgeriebene Schale von 1/2 unbehandelten Zitrone
- 1/4 l Apfelessig

Köstliches Gemüse immer servierbereit: Ein Gemüse-Relish begeistert jeden Gast.

Ketchup, Chutneys, Relishes und Saucen

PAPRIKA-TOMATEN-RELISH

ZUTATEN
für 2 Gläser mit je 0,5 l Inhalt

- je 1 rote und grüne Paprikaschote
- 250 g Tomaten
- 250 g Zwiebeln
- 2–3 Knoblauchzehen
- 30 g Tomatenmark
- 200 g brauner Zucker
- nach Geschmack: Senfpulver, edelsüßes Paprikapulver, Cayennepfeffer und Salz
- 1/4 l Obstessig

1 Die Paprikaschoten vierteln, entkernen, waschen und in kleine Würfel schneiden. Die Tomaten kreuzweise einritzen, blanchieren, in Eiswasser abschrecken und die Haut abziehen.
Das Fruchtfleisch zerkleinern. Zwiebeln und Knoblauch schälen und würfeln.
2 Das Gemüse mit dem Tomatenmark, Zucker und den übrigen Zutaten vermischen und aufkochen. Bei schwacher Hitze etwa 45 Minuten köcheln lassen.
3 Das Relish heiß in Gläser füllen und sofort verschließen. Kühl aufbewahren.

TIPPS: Auch fruchtige Zutaten, Gemüse oder beide zusammen können für ein pikantes Relish nach diesem Rezept zubereitet werden. Versuchen Sie Aprikosen oder Nektarinen mit Zwiebeln und Rosinen, oder verarbeiten Sie Quitten mit Zwiebeln und Ingwer. Immer geben Zucker, Essig, pikante und scharfe Gewürze den typischen Geschmack.

HOLUNDERWÜRZSAUCE

ZUTATEN
für 3 Gläser mit je 0,2 l Inhalt

- 1 kg reife Holunderbeeren
- 100 g Zwiebeln
- 100 g brauner Zucker
- 1/2 TL gemahlener Ingwer
- 1 Messerspitze gemahlene Gewürznelke
- 1/2 TL schwarze Pfefferkörner
- Salz
- 1/8 l Weinessig

1 Die Holunderbeeren waschen, behutsam mit einer Gabel von den Rispen abstreifen. Die Zwiebeln schälen und würfeln. Zusammen mit den übrigen Zutaten unter gelegentlichem Rühren aufkochen.
2 Bei schwacher Hitze etwa 1 Stunde köcheln lassen. Anschließend durch ein Sieb passieren und abschmecken. Die Holunderwürzsauce nochmals aufkochen.
3 Die Sauce heiß in Gläser füllen und diese sofort luftdicht verschließen. Die Sauce an einem kühlen Ort aufbewahren.

VARIANTE: Nicht nur Holunderbeeren ergeben eine aparte Würzsauce. Stattdessen können beispielsweise auch süße Heidelbeeren oder vollreife, eisenhaltige schwarze Johannisbeeren – nach Geschmack gemischt mit roten Johannisbeeren – in der gleichen Weise verarbeitet werden.
Die fruchtigen Würzsaucen schmecken ausgezeichnet zu Wildgerichten und zu allen Geflügelarten. Auch zu selbst gemachter Leberpastete sind sie ein echter Geheimtipp. Überraschen Sie Ihre Gäste damit!

Pfefferminz-Ingwer-Chutney

PREISELBEER-ORANGEN-SAUCE

1 Die Preiselbeeren verlesen, waschen und abtropfen lassen. 1 Orange waschen, die Schale dünn abschälen und in feine Streifen schneiden. Beide Orangen auspressen.
2 Preiselbeeren, Orangensaft und Gelierzucker im Mixer 10 Minuten pürieren.
3 Orangenschale und Gewürze unterrühren und alles in Gläser füllen, mit Puderzucker dicht bestreuen.
4 Die ausgespülten Gläser luftdicht verschließen. An einem kühlen Ort aufbewahren.

Tipp: Hier ist eine Idee für Eilige, die in letzter Minute vor einem festlichen Gänse- oder Wildessen diese aromatische Sauce zubereiten möchten, oder wenn die frischen Früchte für Überraschungsgäste einmal nicht reichen sollten: Haben Sie immer ein Glas eingemachte Preiselbeeren aus dem Glas im Vorrat, und mischen Sie diese mit den weiteren Zutaten dieses Rezepts – fertig ist die Preiselbeer-Orangen-Sauce. Bereits gezuckerte Preiselbeeren nach Geschmack nachsüßen.

ZUTATEN
für 2 Gläser mit je 0,2 l Inhalt

- 600 g Preiselbeeren
- 2 unbehandelte Orangen
- 1/2 kg Gelierzucker
- 1/2 TL Pfefferkörner
- 1/2 TL gemahlener Ingwer
- 1 Messerspitze gemahlener Kardamom
- 2 TL Puderzucker

PFEFFERMINZ-INGWER-CHUTNEY

1 Die Früchte putzen, waschen und schneiden.
Den Ingwer fein würfeln.
2 Die Früchte und den Ingwer zusammen mit den Zutaten, bis auf die Pfefferminze, zum Kochen bringen. Bei schwacher Hitze sirupartig einkochen.
3 Die Pfefferminzblättchen in Streifen schneiden.
Kurz vor Ende der Garzeit unterrühren.
4 Das Chutney heiß in die bereits vorbereiteten Gläser füllen und sofort verschließen. Das Chutney anschließend kühl aufbewahren.

Tipp: Weil verschiedene Beerenarten aus dem Garten, wie Johannisbeeren und Stachelbeeren, in denselben Monaten reif werden, mangelt es oft an der notwendigen Zeit, alles zugleich für den Vorrat zu verarbeiten. Um dem Stress beim Einmachen zu entgehen, empfiehlt es sich daher, die Beeren portionsweise in kleinen Gefrierbeuteln einzufrieren. Später können Sie daraus bequem dieses köstliche Pfefferminz-Ingwer-Chutney oder andere Chutneys, Konfitüren oder Gelees herstellen.

ZUTATEN
für 2 Gläser mit je 0,2 l Inhalt

- 1/2 kg Stachelbeeren oder Rhabarber
- 1 Stück frische Ingwerwurzel
- 100 g Zwiebelwürfelchen
- 200 g brauner Zucker
- 1/8 l Weinessig
- Senfpulver
- Cayennepfeffer
- Salz
- Pfefferminzblättchen

Senf und würzige Pasten

Senf schätzten bereits die alten Römer, die ihn vielleicht sogar erfanden. Sie nannten die würzige Paste aus gemahlenen Senfkörnern, Essig, Olivenöl und Most (Zucker gab es damals noch nicht, deshalb wurde der Senf mit Honig oder süßem Traubenmost gewürzt) »mustum ardens«, was so viel bedeutet wie »brennender Most«. Aus der lateinischen Bezeichnung leiten sich das französische Wort »moutarde«, das englische Wort »mustard« und die deutsche Bezeichnung »Mostrich« ab. Die französische Stadt Dijon entwickelte sich im Mittelalter zur Metropole der Senfherstellung. Und auch heute noch wird der Dijon-Senf nach überlieferten Rezepten hergestellt. Er ist berühmt für seinen feinen Geschmack und seine Schärfe.

Hauptzutat beim Senf ist die Senfsaat, die aus kleinen runden Körnern unterschiedlicher Schärfe besteht. Die genügsame, vielerorts angebaute Senfpflanze zählt zur Familie der Kreuzblütler (Cruziferen). Sie ist mit dem Raps verwandt, der im Frühjahr weite Teile unserer Landschaften mit einem gelben Teppich überzieht. Senf selbst zu machen ist ziemlich einfach, dafür ist der Spaß beim Experimentieren umso größer. Ob mild oder scharf, süß, sauer oder kräuterwürzig, jeder kann seinen eigenen Lieblingssenf kreieren. Allerdings sollte man mit kleinen Mengen beginnen. Senf bleibt zwar lange haltbar, doch verliert er mit der Zeit an Aroma.

Zu den besonders aromatischen, herzhaften Pasten zählen Pesto und Salsa verde. Beide stammen aus Italien, würzen Pastagerichte, Salate und Saucen oder lassen sich aufs Brot streichen. Etwas Besonderes ist Harissa, die feurige Paprikapaste aus Tunesien und Marokko. Wie Senf wird sie in kleinen Schälchen zu Brot, Käse und Wurst gegessen, verleiht aber auch Suppen und Eintöpfen, vor allem der Sauce zu Couscous, eine pikante Note. Diese Pasten sind, wie Senf, schnell hergestellt. Etwas mehr Zeit muss für Gemüsebrotaufstriche aus Auberginen, Artischocken oder Pilzen aufgewendet werden. Ursprünglich mit Brot als Antipasti – Vorspeise – gedacht, sorgen sie in der vegetarischen, anspruchsvollen Küche für Abwechslung.

SENF UND PASTEN

Senf ist seit alters in vielen Küchen der Welt zu Hause. Pasten sind leckere Brotaufstriche, die heute immer mehr an Beliebtheit gewinnen.

 Senf und würzige Pasten

Grundausstattung

Für die Herstellung von Senf in kleinen Mengen werden nur wenige, jedoch wichtige Helfer benötigt.

Brotaufstriche und Senf erfordern nur wenige Utensilien, die sich in jeder Küche finden.

- Eine genaue Küchenwaage mit kleiner Gewichtseinteilung.
- Messbecher mit Millilitereinteilung
- Kornmühle, elektrische Kaffeemühle oder jedes andere Gerät mit einem Schlagwerk; je feinkörniger die Geräte mahlen, desto besser wird der Senf
- Ein Handrührgerät oder ein Stabmixer, um alles zu einer homogenen Masse zu verrühren
- Ein größeres Gefäß aus Glas oder Porzellan, um den Senf anzusetzen, dazu kleinere Gläser oder Steintöpfe, in die der fertige Senf gefüllt wird

KORNMÜHLE
Wer öfter Senf herstellt, für den empfiehlt es sich, eine feinmahlende Kornmühle anzuschaffen.

Die Inhaltsstoffe von Senf
Senfkörner enthalten 20 bis 30 Prozent Fett, die Senföle, die für Schärfe sorgen und heilende Inhaltsstoffe besitzen. Bei der industriellen Senfherstellung wird das Senföl zum Teil ausgepresst. Es findet in der Pharmaindustrie Verwendung. Weil die gemahlenen Senfkörner konservierende Wirkung haben, kann bei der Senfherstellung auf einen entsprechenden Zusatzstoff verzichtet werden.

Die Senfarten

Von mild bis scharf

Von den vielen Senfpflanzenarten werden für Senf hauptsächlich drei verarbeitet:
- Gelbe Senfsaat (sinapsis alba), die einen milden Senf ergibt
- Schwarzbraune bis schwarze Senfsaat (brassica nigra), die besonders scharf-würzig ist
- Braune Senfsaat (brassica juneca), die ebenfalls zu scharfem Senf verarbeitet wird

Das Sortiment der handelsüblichen Senfsorten besteht aus Mischungen verschiedener Senfsaaten und Gewürzen

Verschiedene Senfarten und ihre Bestandteile

Milder und mittelscharfer Senf
Er wird aus gelber Senfsaat hergestellt und erhält nach Geschmack mehr Schärfe durch Zugabe von braunen Senfkörnern. Mittelscharfer Senf ist der ideale Begleiter für Würstchen, zur Brotzeit und zur Vesper.

Scharfer Senf
Die braune Senfsaat verleiht ihm die Schärfe. Verantwortlich dafür ist das Allylsenföl, ein ätherisches Öl, das sich beim Mahlen der Senfkörner entfaltet. Dieser Senf macht fette Wurst oder Fleischspeisen bekömmlicher.

Süßer Senf
Dafür wird ein Gemisch aus braunen und gelben Senfkörnern verwendet. Zusätzlich wird er mit Zucker gewürzt. Er schmeckt besonders gut zu Weißwurst und Leberkäs.

Dijon-Senf
Das ist ebenfalls ein scharfer Senf aus gesiebten schwarzen oder braunen Senfkörnern. Bei der Herstellung werden sie nicht zermahlen, sondern man lässt sie in Wasser, Most oder Essig aufquellen. Dann werden sie mit anderen Zutaten zu einer Maische zerkleinert. In der anschließenden Reifezeit erhält der Dijon-Senf seinen würzig-scharfen Geschmack.

Kräutersenf
Bei diesem Senf wird die Senfrohmasse mit verschiedenen Kräutern oder auch nur mit einer Kräutersorte vermischt.

AUFBEWAHREN

Senf im angebrochenen Glas verdirbt zwar nicht, trotzdem sollte man ihn in den Kühlschrank stellen, denn durch Licht und Wärme verliert er schnell an Aroma.

 Senf herstellen Schritt für Schritt

1 100 g Senfkörner in kleinen Portionen nach und nach in der Kaffeemühle oder im Blitzhacker fein mahlen. Darauf achten, dass sie nicht zu warm werden.

2 Senfmehl mit 80 ml Wasser und 60 ml 5%igem Weinessig sowie 1 EL Salz und 2 EL Zucker vermischen. Höherprozentigen Weinessig mit Wasser verdünnen.

3 Alle Zutaten mit einem elektrischen Handrührgerät in etwa 5 Minuten zu einer homogenen Masse vermischen. Der Senfbrei wird dabei zunehmend dicker.

4 Den fertigen Senf in ein Gefäß füllen, verschließen und an einen kühlen Platz stellen. Nach 1 bis 2 Tagen hat der Senf sein Aroma entwickelt.

Estragonsenf

SCHARFER MEERRETTICHSENF

1 Die Senfkörner vermischen und in einer Mühle oder im Blitzhacker sehr fein mahlen.
2 Das Senfmehl in eine Schüssel geben. 80 Milliliter Wasser und die anderen Zutaten zufügen.
3 Den frisch geriebenen Meerrettich ebenfalls hinzufügen.

Alles mindestens 5 Minuten mit dem Handrührgerät durchrühren, so dass eine homogene, feste Masse entsteht.
4 Den Senf in kleine Gläser füllen und verschließen und 2 bis 3 Tage an einem kühlen Ort durchziehen lassen.

ZUTATEN
für 2 Gläser mit je 0,2 l Inhalt

- 70 g gelbe Senfkörner
- 30 g braune Senfkörner
- 60 ml 5%iger Weinessig
- 2 EL Zucker
- 1 EL Salz
- 1 EL frisch geriebener Meerrettich

Senf verleiht vielen Gerichten einen feinen, pikanten Geschmack.

ESTRAGONSENF

1 Die Senf- und Pfefferkörner in Mühle oder Blitzhacker fein mahlen.
2 Die Zwiebelhälfte schälen und fein hacken.
Den Estragon waschen, trockenschütteln und die Blättchen fein hacken.
3 Alle Zutaten mit dem elektrischen Handrührer mindestens 5 Minuten durchrühren. Den

Senf dann in Gläser füllen, verschließen und mehrere Tage reifen lassen.

TIPP: Estragonsenf schmeckt nicht nur zu Wurst- und Schlachtplatten, sondern macht auch schwere Kost bekömmlicher. Estragonsenf verfeinert auch viele Saucen und Salatmarinaden.

ZUTATEN
für 2 Gläser mit je 0,25 l Inhalt

- 100 g gelbe Senfkörner
- 3 weiße Pfefferkörner
- 1/2 Zwiebel
- 2 Zweige frischer Estragon
- 60 ml 5%iger Weinessig
- Salz

 Senf und würzige Pasten

SÜSSER SENF

ZUTATEN
für 2 Gläser mit je 0,25 l Inhalt

- 100 g gelbe Senfkörner
- 1 Prise gemahlene Gewürznelke
- 50 g Zucker
- 60 ml 5%iger Weinessig

1 Die Senfkörner in Mühle oder Blitzhacker grobkörnig mahlen.
2 80 Milliliter Wasser aufkochen und über das Senfmehl gießen, 5 Minuten stehen lassen. Durch das Erhitzen mit dem kochenden Wasser verliert das Senfmehl etwas an Schärfe.
3 Gemahlene Gewürznelken, Zucker und Weinessig zufügen und mit den Quirlen des Handrührgerätes mindestens 5 Minuten verrühren, bis eine dickliche, homogene Masse entstanden ist. Falls der Senf nicht süß genug schmeckt, nach Belieben nachsüßen.
4 Den Senf in kleine Gefäße abfüllen, verschließen und 1 bis 2 Tage kühl stellen.

TIPP: Den feinen Karamellgeschmack bei bayerischem süßen Senf erzielen die Senfmacher, indem sie ein heißes Brenneisen kurz in den fertigen Senf tauchen und diesen damit umrühren. Oder den Zucker in der Pfanne karamellisieren lassen, mit Wasser ablöschen und unter das Senfmehl rühren.

KRÄUTERSENF

ZUTATEN
für 2 Gläser mit je 0,25 l Inhalt

- 100 g gelbe Senfkörner
- 3 weiße Pfefferkörner
- 2 Pimentkörner
- 5 Korianderkörner
- 1/2 zerriebenes Lorbeerblatt
- 1 kleine Schalotte
- Estragon, Thymian, Rosmarin
- 60 ml 5%iger Weinessig
- 2 EL Zucker
- 1 EL Salz
- 1 Messerspitze gemahlene Kurkuma (Gelbwurz)
- 1 Spritzer Tabascosauce

1 Die Senfkörner mit Pfeffer-, Piment- und Korianderkörnern und Lorbeerblatt in Mühle oder Blitzhacker fein mahlen.
2 Die Schalotte schälen und fein hacken. Die Kräuter waschen, trockenschütteln und sehr fein zerkleinern.
3 Senf-Gewürz-Mehl, Schalotte und Kräuter mit den restlichen Zutaten vermengen. Die Masse mit dem elektrischen Handrührgerät mindestens 5 Minuten gut verrühren. Den Senf in Gläser füllen, gut verschließen und an einem kühlen Ort mehrere Tage durchziehen lassen.

TIPP: Beim Mahlen von Senfkörnern nicht zu viele Körner auf einmal in die Mühle geben, da sich sonst eine zu hohe Reibungswärme entwickelt und die Aromastoffe sich verflüchtigen. Dies geschieht schon bei einer Temperatur von 30 °C. Mahlen Sie die Senfkörner deshalb lieber in kleinen Portionen. Ein weiterer Grund liegt darin, dass bei zu starker Belastung das Senfmehl schnell an den Rand des Behälters gedrückt wird. Sollte dies einmal passieren, einfach die Mühle ausschalten, das Senfmehl vom Rand lösen, dann weitermahlen.

Pesto-Basilikum-Paste

PESTO-BASILIKUM-PASTE

1 Das Basilikum abbrausen, gut abtropfen lassen. Die Stiele entfernen. Die Blättchen grob zerkleinern und mit 1/4 Teelöffel Salz in einen Mörser geben. Den Knoblauch schälen, hacken und mit den Pinienkernen zufügen.
2 Alles mit dem Stößel zu einer feinen, gleichmäßigen Paste zerstoßen und zerreiben. Eilige können die Zutaten auch im Mixer pürieren.
3 Nach und nach Pecorino und Parmesan unterrühren. Dabei auch löffelweise Öl hinzufügen und unterrühren, so dass eine homogene Paste entsteht. Diese mit Salz nach Belieben würzen.
4 Pesto in Gläschen füllen, etwas Öl auf die Oberfläche gießen. Die Gläser verschließen und im Kühlschrank aufbewahren. Hier hält sich das Pesto 4 bis 5 Wochen.

TIPPS: Nach Gebrauch die Oberfläche des Pesto glatt streichen und wieder mit etwas Olivenöl bedecken. Dann kann sich kein Schimmel auf der Oberfläche bilden.
Pesto und Salsa verde – beides sind hocharomatische Kräuterpasten, die man unbedingt kühl und dunkel aufbewahren muss. Sonst verlieren sie viel von ihrem besonderen Aroma.

ZUTATEN
für 2 Gläser mit je 0,2 l Inhalt

- *100 g frisches Basilikum*
- *Salz*
- *1 große Knoblauchzehe*
- *3 EL Pinienkerne*
- *3 EL geriebener Parmesankäse*
- *3 EL geriebener Pecorino sardo (Pecorinokäse aus Sardinien)*
- *80 ml kaltgepresstes Olivenöl*
- *Olivenöl zum Bedecken*

Die bekannte italienische Kräuterpaste ist auch ideal als schnelle Sauce zu Pasta.

 Senf und würzige Pasten

Salsa verde – Petersilienpaste

Zutaten
für 2 Gläser mit je 0,5 l Inhalt

- 2 Bund glatte Petersilie
- 2 Anchovisfilets
- 30 g Pinienkerne
- 2 Knoblauchzehen
- 200 ml kaltgepresstes Olivenöl
- Salz
- Pfeffer aus der Mühle
- Olivenöl zum Bedecken

1 Die Petersilie waschen, die Blättchen mit den Anchovisfilets fein hacken und in den Mixer geben. Die Pinienkerne zufügen.
2 Den Knoblauch schälen, hacken und zu den Zutaten in den Mixer geben. 50 Milliliter Olivenöl zugießen und alles zu einer feinen Paste verarbeiten.
3 Die Paste in ein Schüsselchen geben, Salz, Pfeffer und das restliche Olivenöl nach und nach mit den Quirlen des elektrischen Handmixers unterrühren, so dass eine dickliche, homogene Paste entsteht. Zuletzt 1 Esslöffel heißes Wasser unterrühren.
4 Die Paste in ein Glas füllen, mit etwas Olivenöl bedecken, mit einem Deckel verschließen und kühl aufbewahren.

Tipp: Die aromatische Kräuterpaste Salsa verde schmeckt sowohl kalt als auch warm zu Siedfleisch. Auch zu Kochfisch stellt sie die ideale Ergänzung dar.

Harissa – scharfe Paprikapaste

Zutaten
für 2 Gläser mit je 0,5 l Inhalt

- 2 große rote Paprikaschoten
- 2 Knoblauchzehen
- 25 g frische Chilischoten
- 1 TL gemahlener Kreuzkümmel
- 1/2 TL gemahlener Koriander
- Salz
- 50 ml kaltgepresstes Olivenöl
- Olivenöl zum Bedecken

1 Die Petersilie waschen, die Blättchen mit den Anchovisfilets fein hacken und in den Mixer geben. Die Pinienkerne zufügen.
2 Den Knoblauch schälen, hacken und zu den Zutaten in den Mixer geben. 50 Milliliter Olivenöl zugießen und alles zu einer feinen Paste verarbeiten.
3 Die Paste in ein Schüsselchen geben, Salz, Pfeffer und das restliche Olivenöl nach und nach mit den Schneebesen auf der höchsten Stufe des elektrischen Handmixers unterrühren, so dass eine dickliche, homogene Paste entsteht. Zuletzt 1 Esslöffel heißes Wasser unterrühren.
4 Die Harissapaste in ein Glas füllen, mit etwas Olivenöl bedecken, mit einem Deckel verschließen und kühl aufbewahren.

Tipp: Harissa, das ist die in ganz Nordafrika beliebte Paprikapaste wird zum Würzen von Saucen für Couscous, Suppen und Eintöpfen verwendet. Harissa eignet sich auch hervorragend zum Verfeinern von Tomatensauce. So können Sie beliebte Nudelgerichte für Ihre Kinder variieren.

Auberginen-Kapern-Paste

1 Die Auberginen waschen, die Enden abschneiden. Von den Auberginen längs im Abstand von 1 Zentimeter je etwa 1 Zentimeter breite Schalenstreifen abschneiden, so dass ein Streifenmuster entsteht. Die Auberginen mit Salz bestreuen und 5 Minuten ruhen lassen, dann mit Küchenpapier abtupfen.

2 50 Milliliter Olivenöl in einer Pfanne stark erhitzen und die Auberginen darin bei Mittelhitze rundum hellbraun braten. Herausnehmen und auf Küchenpapier erkalten lassen. Das Öl in der Pfanne bis auf einen kleinen Rest abgießen.

3 Die Auberginen halbieren, die kleinen Kernchen entfernen. Das Auberginenfleisch auf einem großen Brett sehr fein hacken.

4 Den Knoblauch schälen und durch die Knoblauchpresse drücken. Die Petersilie abbrausen, die Blättchen hacken. Das restliche Öl in der Pfanne erhitzen. Den Knoblauch darin glasig braten. Die Petersilie und das Auberginenmus unterrühren und noch 1 Minute mitbraten. In eine Schüssel geben.

5 Die Kapern sehr fein hacken, zu den Auberginen geben. Alles gründlich verrühren, mit Salz, Essig, Kapernflüssigkeit abschmecken. Das restliche Olivenöl langsam einrühren, so dass eine homogene Masse entsteht.

6 Die Auberginenpaste in Gläser füllen, mit etwas Olivenöl bedecken. Die Gläser schließen und in den Kühlschrank stellen.

Zutaten

für 2 Gläser mit je 0,5 l Inhalt

- 2 kleine Auberginen
- Salz
- 100 ml kaltgepresstes Olivenöl
- 1-2 Knoblauchzehen
- 1/2 Bund glatte Petersilie
- 60 g Kapern (Abtropfgewicht)
- 4 EL Weinessig
- 4 EL Kapernflüssigkeit
- Olivenöl zum Bedecken

Die Auberginen-Kapern-Paste schmeckt nicht nur prima, sie hält sich im Kühlschrank auch zwei Wochen.

 Senf und würzige Pasten

ARTISCHOCKENPASTE

ZUTATEN
für 2 Gläser mit je 0,45 l Inhalt

- 2 große Artischocken (etwa 750 g)
- Saft von 1 1/2 Zitronen
- Salz
- 50 ml kaltgepresstes Olivenöl
- Öl zum Bedecken

1 Die Artischocken von den äußeren harten Blättern befreien. Die übrigen Blattspitzen bis zu den fleischigen Ansätzen großzügig abschneiden. Die Samenfäden (auch »Heu« genannt) im Innern der Artischocken mit einem kleinen Löffel herauskratzen.
2 Die Artischocken waschen und in einen kleinen Topf geben. Wasser und Saft von 1 Zitrone angießen, so dass die Artischocken eben bedeckt sind. Die Artischocken in 25 bis 30 Minuten bei mittlerer Hitze weich kochen. Im Sud erkalten lassen.
3 Artischocken klein schneiden und im Mixer pürieren.
4 Das Püree in eine Schüssel geben. Das Salz mit dem restlichen Zitronensaft sowie nach und nach das Öl unterrühren, so dass eine geschmeidige Paste entsteht.
5 Die Artischockenpaste in ein gut gereinigtes Glas füllen. Die Oberfläche mit etwas Olivenöl bedecken, das Glas verschließen und die Paste kühl und dunkel aufbewahren.

PILZPASTE

ZUTATEN
für 2 Gläser mit je 0,2 l Inhalt

- 30 g getrocknete Steinpilze
- 300 g frische Champignons
- 1 kleine rote Zwiebel
- 1 Knoblauchzehe
- 1 Bund glatte Petersilie
- 9 EL kaltgepresstes Olivenöl
- 1 TL frische oder 1/2 TL getrocknete Thymianblättchen
- Salz
- Pfeffer aus der Mühle
- 3 EL Marsala

1 Steinpilze mit kaltem Wasser begießen und über Nacht im Kühlschrank einweichen. Am nächsten Tag abgießen. Die Champignons putzen. Alle Pilze im Mixer fein zerkleinern.
2 Zwiebel und Knoblauch schälen. Die Zwiebel zu den Pilzen reiben oder sehr fein hacken und hinzufügen. Den Knoblauch in der Knoblauchpresse zerkleinern, dazugeben.
3 Die Petersilie waschen, die Blättchen hacken. 3 Esslöffel Öl bei mittlerer Hitze heiß werden lassen und die Pilz-Zwiebel-Paste mit Petersilie und Thymian unter Rühren dünsten, bis die Flüssigkeit verdampft ist.
4 Die Paste mit Salz, Pfeffer und Marsala abschmecken und erkalten lassen. 3 Esslöffel Olivenöl unterrühren, so dass sich alles gut verbindet. Die Paste in ein Glas füllen, mit Olivenöl bedecken, den Deckel aufsetzen und die Paste kühl aufbewahren. Sie ist nur begrenzt haltbar.

TIPP: Die aromatische Pilz-Kräuter-Paste schmeckt kalt oder warm zu Siedfleisch, zu Kochfisch oder aber pur zu Pasta.

Würzige Tomatenpaste

OLIVENPASTE

1 Die Oliven und die Sardellenfilets grob hacken. Die Chilischote abspülen, entstielen und entkernen. Die Schote in Stücke schneiden. Den Knoblauch schälen und grob hacken.
2 Die vorbereiteten Zutaten mit Kräutern und Kapern in einen Mixbecher geben und fein pürieren. Nach und nach das Olivenöl einfließen lassen, bis eine dickliche Paste entstanden ist.
3 Die Paste mit Zitronensaft, Salz und Pfeffer abschmecken. Die Paste fest in ein kleines Glas geben, so dass keine Hohlräume entstehen. Das Olivenöl aufgießen, die Paste soll damit vollständig bedeckt sein. Das Glas schließen und kühl aufbewahren. Nach Gebrauch immer wieder gut mit Öl bedeckt halten, damit sich kein Schimmel bildet.

TIPP: Wenn Sie keinen frischen Rosmarin oder Thymian bekommen können, behelfen Sie sich mit getrockneten Kräutern. In diesem Fall brauchen Sie jedoch nur je 1/2 Teelöffel der beiden Kräuterarten zu nehmen.

ZUTATEN
für 1 Glas mit je 0,2 l Inhalt

- 150 g entsteinte schwarze Oliven
- 2 in Öl eingelegte Sardellenfilets
- 2 Knoblauchzehen
- je 1 TL gehackter frischer Rosmarin und Thymian
- 2 Salbeiblättchen
- 1 EL Kapern
- 120 ml kaltgepresstes Olivenöl
- 1–2 TL Zitronensaft
- Salz
- Pfeffer aus der Mühle

WÜRZIGE TOMATENPASTE

1 Die Tomaten mit kochend heißem Wasser übergießen, kurz stehen lassen, kalt abschrecken und häuten. Die Tomaten halbieren, Stielansätze herausschneiden, Kerne und Saft mit einem Teelöffel entfernen. Das Tomatenfleisch würfeln.
2 Zwiebel und Knoblauch schälen und klein hacken. Die Peperoni abspülen, entstielen und entkernen, grob hacken.
3 In einer Pfanne 50 Milliliter Olivenöl mittelstark erhitzen. Zwiebel und Knoblauch darin glasig braten. Peperoni und Tomaten hinzufügen und kurz anschmoren. Wein, Paprikapulver, Zucker, Salz und Pfeffer unterrühren. Alles zugedeckt etwa 15 Minuten dünsten.
4 Die Basilikumblättchen abbrausen, trockenschütteln und auseinander zupfen. Unter das Tomatenmus rühren und offen weiterkochen, bis eine dickliche Paste entstanden ist. Die Paste pikant abschmecken und heiß in ein Glas füllen. Sofort mit einem Twist-off-Deckel verschließen und kühl lagern.

ZUTATEN
für 2 Gläser mit je 0,2 l Inhalt

- 500 g gut reife Tomaten
- 1 kleine Zwiebel
- 2 Knoblauchzehen
- 1 frische grüne, längliche Peperoni
- 50 ml kaltgepresstes Olivenöl
- 3 EL Rotwein
- 1 TL Paprikapulver, edelsüß
- 1/2 TL Zucker
- 1/2 TL Salz
- 1 Bund oder 1 Topf frisches Basilikum

Likör & beschwipste Früchte

»Wer Sorgen hat, hat auch Likör«, so der Wahlspruch der frommen Helene, die Wilhelm Busch so treffend zeichnete. Doch die süßen, aromatischen Spirituosen wandelten sich längst vom Damenschnäpschen zur begehrten kulinarischen Delikatesse. Liköre und in Alkohol eingelegte Früchte genießt man heute zum Dessert, natürlich zu Kaffee oder Espresso und als Grundlage verschiedenster Longdrinks.

Dass Alkohol die Wirkstoffe und Aromen von Kräutern, Wurzeln und Früchten einfängt und sie konzentriert und abgerundet ins Glas bringt, erkannte man schon früh in Klöstern und Apotheken. Ursprünglich als Heilmittel gedacht, versuchte man erfolgreich, die Medizin aus heilsamen, doch teils sehr bitteren Kräutern und Wurzeln durch Zucker zu versüßen. Denn diese Gesundheitstränke erfreuten sich schnell großer Beliebtheit als Lebenselixier für Körper und Geist. Auch ohne ein Wehwehchen ließ man sie sich gerne schmecken, vor allem nach einem üppigen Essen. Zu den berühmtesten und ältesten Klosterlikören Frankreichs zählt der Chartreuse oder DOM, die Abkürzung des lateinischen Spruchs »Deo Optimo Maximo – Für Gott den Allmächtigen«, aus angeblich 130 Kräutern und Wurzeln. Im Chartreuse ist auch die Kalmuswurzel enthalten, von der man glaubte, dass sie Wassersucht heilt.

Daneben zählt Ingwer zu den beliebtesten Likörwurzeln. Wahrscheinlich brachte ihn Marco Polo als erster Europäer von seiner Chinareise mit. Ingwer spielt in der Volksheilkunde eine wichtige Rolle wegen seiner antibiotischen Wirkung – und in einer alten Schrift heißt es, dass »Imber allen Menschen gut tut, so innerlich erkaltet seien«. Ingwer, Zimt, Anis, Kümmel und Kräuter wie Melisse und Pfefferminze sorgen auch heute noch für Genuss und Wohlbefinden.

Nicht minder berühmt und begehrt sind Liköre aus aromatischen Früchten aus Feld und Flur, angereichert und abgerundet mit feinen Gewürzen. Viele dieser Kreationen wurden von Hausfrauen erfunden, die sie auch heute noch – vor allem in südlichen Ländern – selber herstellen.

KRÄUTER IM LIKÖR

Der Rauch verbrannter Kalmuswurzeln wurde im Mittelalter bei verhexten Kühen eingesetzt, die keine Milch geben konnten. Kalmus ist auch im Chartreuse – einem der berühmtesten und ältesten Liköre – enthalten.

 Likör & beschwipste Früchte

Grundausstattung

Für die Herstellung von in Alkohol eingelegten Früchten werden außer den passenden Gefäßen keine speziellen Gerätschaften benötigt. Wer Likör selber ansetzen möchte, kann auf einige Anschaffungen nicht verzichten.

Die wenigen speziellen Utensilien für die Herstellung beschwipster Früchte sind schnell angeschafft.

KLEINE RECHTSKUNDE

Anders als Schnapsbrennen unterliegt die private Herstellung von Likör, in Alkohol eingelegten Früchten und Ansatzschnäpsen keinen rechtlichen Einschränkungen. Einzige Ausnahme: Der Verkauf der selbst gemachten Liköre und beschwipsten Früchte.

- Waage zum Abwiegen der Rohstoffe
- Plastiksieb zum Abspülen von Obst, Kräutern und Wurzeln
- Messer zum Kleinschneiden der Früchte oder Wurzeln
- Blitzzerkleinerer bzw. andere Geräte zum Zerkleinern der Rohstoffe
- Mörser zum Vermahlen der Gewürze
- Messbecher aus Glas (mit sehr genauer und kleiner Einteilung) zum Abmessen der Flüssigkeiten
- Verschließbare Flaschen und Gläser zum Ansetzen der Liköre; mehrere der Gefäße sollten einen möglichst weiten Hals besitzen
- Seihtuch zum Auspressen der angesetzten Früchte
- Gummischlauch zum Abziehen des Ansatzes
- Filter und Filterpapier zum Filtrieren des Ansatzes
- Kunststofftrichter zum Einfüllen
- Flaschen zum Abfüllen
- Etiketten zum Beschriften

Zutaten für Liköre

Die Zutaten für fruchtige Liköre

Der Zucker

Dieser wird in Form von Läuterzucker, als weißer oder brauner Kandis, als Kristallzucker oder Zuckerrohrgranulat oder auch als Honig zugesetzt. Je nach Konsistenz lösen sich die verschiedenen Zuckersorten mit der Zeit von selber auf.

Der Alkohol

Zum Ansetzen eines Likörs wird entweder 96%iger Alkohol (Weingeist) oder Kornbrand verwendet. Weingeist ist geschmacksneutral und eignet sich hervorragend, um aus festen Geschmacksträgern, wie Wurzeln, die Aromen und Wirkstoffe herauszulösen. Preiswerter als Weingeist ist Kornbrand. Auch er ist geschmacksneutral und stark genug, um die Wirkstoffe aus den Aroma gebenden Zutaten herauszulösen. Da sein Alkoholgehalt zwischen 38 und 42% Vol. liegt, braucht der Ansatz nicht mehr auf Trinkstärke heruntergesetzt zu werden.

Die Früchte

Beeren: Himbeeren, Erdbeeren, Brombeeren, Heidelbeeren, Fliederbeeren (Holunderbeeren) und Schlehen
Kernobst: Birnen, Birnen- und Apfelquitten
Steinobst: Aprikosen, Kirschen, Pfirsiche, Nektarinen, Pflaumen, Zwetschen und Mirabellen
Zitrusfrüchte: Apfelsinen, Zitronen und Clementinen
Exotische Früchte: Ananas, Mango, Karambole, Litschi und Papaya
Trockenfrüchte: Aprikosen, Rosinen und Pflaumen

Verschnittwasser

Das Wasser, das zum Auflösen von Zucker oder zum Verschneiden, also zum Verdünnen, hochprozentiger Ansätze benutzt wird, sollte geschmacksneutral, ungechlort und weich sein. Leitungswasser deshalb abkochen und filtrieren.

HOCHPROZENTIGER ALKOHOL

Auch ein gutes gekauftes Destillat mit 40 bis 50 % Vol., wie Wodka, Obstbrände, Teqilla oder auch ein milder Trester oder Grappa, Arrak, Rum oder Weinbrand, eignen sich zum Ansetzen eines Likörs. Manche Liköre können auch mit zweierlei Bränden angesetzt werden, z. B. mit Korn und etwas Weinbrand.

Likör & beschwipste Früchte

Würzzutaten

Würzend können den Fruchtliköransätzen – je nach Rezept – eine Vanille- oder Zimtstange, Zitronen- oder Orangenschale, ein Stück Ingwerwurzel, Gewürznelken oder Kardamom oder auch einige Tropfen Bittermandelöl zugesetzt werden.
Bei Likören aus einem oder mehreren Gewürzen und Kräutern kommt es neben dem Geschmack aber auch auf die heilende Wirkung der jeweiligen Zutaten an. Wer seinen eigenen Kräuterlikör z. B. aus Zutaten aus dem Gewürzregal zubereiten möchte, sollte ihre Wirkungen kennen.

Gewürze und Kräuter und ihre heilende Wirkung

Anis: Blähungen, Bauchkrämpfe, Schnupfen, Verstopfung, stressbedingte Müdigkeit
Fenchel und Fenchelkraut: Blähungen, Augenleiden, Fettsucht, Atembeschwerden und Menstruationsbeschwerden
Gewürznelke: Schmerzen, Kältegefühl und Entzündungen
Ingwer: Nervöser Magen, Erkältung, Reisekrankheit, Rheuma und Nervosität
Kardamom: Appetitlosigkeit und chronische Krankheiten
Koriander: Träge Verdauung, Appetitlosigkeit, Migräne, Potenzprobleme und Blähungen
Kümmel: Krämpfe, Koliken, Blähungen und Bronchitis
Piment: Blähungen, Magenbeschwerden, Haarausfall, Schuppen, Nervosität und Stress
Rosmarin: Hypotonie, Rheuma, Gicht, schwache Gefäße, Kopfschmerzen und Energiemangel
Salbei: Halsentzündungen, starkes Schwitzen, Kopfschmerzen, Menstruationsbeschwerden und Niedergeschlagenheit
Sternanis: Magenkrämpfe, Husten, Rheuma, Berührungsscheu
Thymian: Blähungen, Grippe, Erkältungen, Ängste, Alpträume
Vanille: Pilzinfektionen, Augenleiden und Haarausfall
Wacholder: Rheuma, Gicht, Magen-Darm-Beschwerden – Vorsicht, nicht überdosieren und nicht verabreichen bei Niereninsuffizienz sowie in der Schwangerschaft
Zimt: Kreislaufschwäche, Atembeschwerden und Erkältungen

> **GESUNDMACHER**
> Die Heilwirkung eines wohl dosierten Likörs geht weit über seine Funktion als Magentröster hinaus.

Rumtopf

Eine schöne Geschenkidee

Selbst gemachte Liköre und in Alkohol eingelegte und konservierte Früchte sind beliebte Geschenke bei erwachsenen Naschkatzen. Wer erlesene Sommerfrüchte mit Alkohol konservieren oder einen phantasievoll zusammengestellten Likör ansetzen möchte, sollte deshalb seine liebsten Freunde und Bekannten mit bedenken und eine größere Menge des köstlichen Getränks ansetzen. Das Selbstgemachte lässt sich besonders hübsch in altmodischen Flaschen und Gläsern mit Bügelverschluss oder auch in Karaffen mit geschmackvollem Design verschenken. Besonders originell als Beigabe: verschiedene Rezepte und Ideen in einem Büchlein handschriftlich festgehalten, wie und wozu man den Likör oder die Früchte servieren kann.

Eine ganze Saison in Rum

Der Rumtopf ist seit Generationen ein beliebtes Mittel, sonnenreife Früchte für trübe Wintertage zu konservieren. Wer die folgenden goldenen Regeln beachtet, wird viel Freude an seiner hochprozentigen Nascherei haben. Gut geeignet für den Rumtopf sind Kirschen mit Stein, feste Erdbeeren, geschälte und gestückelte Birnen, enthäutete Aprikosenstücke, Himbeeren und Brombeeren, Zwetschenhälften, entsteinte Mirabellen, gehäutete Pfirsichfilets, frische Ananasstücke und grüne, mit einer Nadel mehrmals durchstochene Walnüsse. Nur beste Früchte verwenden, sehr sauber arbeiten, das zu befüllende Behältnis vorher mit kochendem Wasser auswaschen! Immer nur mit einem einwandfrei sauberen Löffel umrühren.
Hochprozentigen weißen oder braunen Rum verwenden mit 54% Vol. Hochprozentiger Rumverschnitt ist weniger geeignet, da er geschmacklich nicht jedermanns Sache ist. Die Früchte müssen immer vollständig mit Alkohol bedeckt sein. Schwimmen Früchte an der Oberfläche, kann man einen passenden, sehr sauberen Teller auflegen. Den Rumtopf dunkel lagern, damit sich die Früchte nicht verfärben. Sollte der Rumtopf zu gären beginnen, ist er nur noch zu retten, indem man ihn aufkocht und als Kompott verwendet. So schmeckt er beispielsweise gut zu Eis, zu gut gekühltem Milchreis oder einer Bayerischen Creme.

ANMERKUNGEN ZUM RUMTOPF

Ein geeigneter Topf ist lichtundurchlässig, verschließbar und fasst etwa sieben Liter. Sehr sauber arbeiten. Die Früchte sollten auf jeden Fall einwandfrei und sehr aromatisch sein. Geeignet sind: Erdbeeren, Himbeeren, Aprikosen, rote und schwarze Johannisbeeren, Brombeeren, Stachelbeeren, Sauerkirschen, Mirabellen, Pfirsiche und Nektarinen, Pflaumen, Reineclauden und Zwetschen, Ananas und harte Birnen. Immer nur hochprozentigen Rum verwenden und die Früchte unbedingt damit abdecken, damit nichts schimmelt. Steigen die Früchte ständig nach oben, können sie mit einem sauberen Tellerchen beschwert werden. Den Rumtopf nicht vor dem ersten Advent anbrechen.

 Kirschlikör herstellen Schritt für Schritt

1 1250 g gewaschene, entstielte Kirschen zerdrücken, in ein verschließbares Gefäß füllen. 20 zerdrückte Kirschkerne, 1 Zimtstange, 4 Gewürznelken dazugeben.

2 Den Ansatz mit 1/2 l 70%igem Weingeist übergießen. Das Gefäß gut verschließen und 8 Tage an einem warmen Ort ziehen lassen.

3 Flüssigkeit durch ein feines Tuch in ein anderes Gefäß gießen. 380 g Zucker in 200 ml warmem Wasser auflösen, mit dem Kirsch-Alkohol-Gemisch verrühren.

4 Nach 8 Tagen Likör filtrieren, verkosten, eventuell mit abgekochtem Wasser verdünnen. Fertigen Likör in 2 Flaschen mit je 0,75 l Inhalt füllen, reifen lassen.

Pfefferminzlikör

NUSSLIKÖR

1 Die Walnüsse waschen, gut trocknen und in kleine Stücke schneiden. Mit den Gewürzen in ein verschließbares Ansatzgefäß geben und mit dem Weingeist übergießen. Verschlossen 4 bis 6 Wochen an einem warmen Platz ziehen lassen.
2 Den Ansatz filtrieren. 3/4 Liter Wasser erwärmen und den Zucker darin auflösen. Das Zucker-Wasser-Gemisch mit dem Ansatz vermischen und verkosten. Der Likör kann durch weitere Zugabe von Wasser, Zuckerwasser und/oder hochprozentigem Branntwein nach Geschmack abgerundet werden.
3 Den fertigen Likör in Flaschen füllen, verschließen und noch einige Zeit an einem warmen Ort reifen lassen. Je länger der Nusslikör lagert, desto harmonischer wird er im Geschmack.

ZUTATEN
für etwa 2 Flaschen mit je 0,75 l Inhalt

- *8 grüne Walnüsse*
- *7 Gewürznelken*
- *1 Zimtstange*
- *1/2 l 70%iger Weingeist*
- *400 g Zucker*

PFEFFERMINZLIKÖR

1 Die frischen Pfefferminzzweige und Zitronenmelisseblättchen abspülen und abtrocknen.
Die Pfefferminzzweige mit den Stielen nach oben in eine Flasche stecken. Zitronenmelisseblättchen und Gewürznelken zugeben und alles mit dem Kornbrand auffüllen.
2 Die Flasche gut verschließen und den Liköransatz 20 Tage an einem warmen Ort ziehen lassen. Dann die Minzezweige herausnehmen und den Ansatz verkosten.
3 Ist der Pfefferminzgeschmack intensiv genug, den Ansatz filtrieren. Wird ein intensiverer Geschmack bevorzugt, können noch einmal frische Minzezweige in den Ansatz gegeben werden. Den Ansatz nach einigen Tagen nochmals verkosten.
4 Den Zucker in 150 Milliliter warmem Wasser gänzlich auflösen. Den gefilterten Liköransatz mit der Zuckerwasserlösung süßen, je nach Geschmack mehr oder weniger von der Lösung zugeben.
5 Den fertigen Likör noch einige Zeit in der Flasche an einem warmen Ort reifen lassen. Je länger der Pfefferminzlikör lagert, umso harmonischer wird er im Geschmack.
VARIANTE: Den Likör statt mit Pfefferminz mit Fenchelgrün zubereiten.

ZUTATEN
für 1 Flasche mit 1 l Inhalt

- *4 flaschenlange Zweige frische Pfefferminze*
- *4 Blätter Zitronenmelisse*
- *2 Gewürznelken*
- *1 l Kornbrand*
- *250 g Zucker*

 Likör & beschwipste Früchte

Eierlikör

Zutaten
für etwa 1 Flasche mit 1 l Inhalt

- 300 g Zucker
- das ausgeschabte Mark von 1 Vanilleschote
- 15 ganz frische Eigelb von mittelgroßen Eiern
- 1 Eiweiß
- 230 ml 90%iger Weingeist

1 Alle Zutaten 1 Stunde vor Verarbeitung bei Zimmertemperatur aufbewahren, damit sie die gleiche Temperatur besitzen und die Eigelbe nicht gerinnen.
2 Den Zucker mit dem Vanillemark in 220 Milliliter warmem Wasser auflösen und auf Zimmertemperatur abkühlen lassen.
3 Eigelbe in einer Schüssel glatt rühren und durch ein Haarsieb in eine weitere Schüssel passieren. Die Zuckerlösung portionsweise unter ständigem Rühren in die Eigelbmasse rühren. Dann das Eiweiß einrühren.
4 Den Weingeist mit 110 Milliliter Wasser mischen und unter den Liköransatz rühren. Den Eierlikör in eine Flasche abfüllen, kühl und dunkel lagern.

Tipp: Unbedingt beachten: Für den Eierlikör wirklich nur ausgesuchte, ganz frische Eigelbe verwenden, damit der Likör gelingt und um Salmonellengefahr auszuschließen. Den Weingeist möglichst nicht durch Alkohol mit weniger Prozenten ersetzen. Fertigen Eierlikör am besten im Kühlschrank aufbewahren. Selbst gemachter Eierlikör schmeckt nicht nur pur, sondern auch zum Dessert sehr gut.

Selbst gemachter Eierlikör ist zu jeder Jahreszeit ein schönes Mitbringsel.

Mokkalikör

MAGENBITTER

1 Die Gewürze in einem Mörser grob zerstoßen und in ein verschließbares Ansatzgefäß geben. 250 Milliliter Weingeist darüber geben und den Ansatz gut verschlossen 14 Tage an einem warmen Ort ziehen lassen.
2 Den Ansatz filtrieren. Den Zucker in 400 Milliliter heißem Wasser auflösen, abkühlen lassen und unter den Ansatz mischen. Den restlichen Weingeist dazugeben und gründlich verrühren. Den Magenbitter in einem verschlossenen Gefäß gut 1 Monat an einem warmen Ort ziehen lassen.
3 Erneut filtrieren und verkosten. Falls erforderlich, mit Wasser, Zuckerwasser oder Kornbrand abschmecken, abfüllen und verschließen.
4 Den fertigen Likör noch einige Zeit in der Flasche reifen lassen. Je länger er lagert, umso milder wird er im Geschmack.

Tipp: Magenbitter trinkt man zur Beruhigung der Magennerven nach einer schweren Mahlzeit. Sein Alkoholgehalt liegt um 42 bis 44 % Vol. Früher versteckte man die Rezepte dieses und anderer Bitter in geheimen Tresoren.

ZUTATEN
für 1 Flasche mit 1 l Inhalt

- je 1 g Korianderkörner, Zimtstange und Kardamomkapseln
- je 2 g Kümmelkörner, Tausendgüldenkraut und Melissenkraut
- 3,5 g getrocknete Orangenschale
- 1 Gewürznelke
- 6 g Galgantwurzelstücke
- 3 g Benediktenkraut
- 350 ml 70%iger Weingeist
- 350 g Zucker

MOKKALIKÖR

1 Den Mokka in eine verschließbare Flasche mit weitem Hals geben. Den Zucker in 110 ml heißem Wasser auflösen und unter den Mokka mischen.
2 Den Weingeist untermischen und alles mit Weinbrand abschmecken.
3 Den Likör gut verschlossen 2 bis 4 Wochen an einem warmen Ort reifen lassen. Dann nach Wunsch mit weiterem Wasser, Zuckerwasser oder Weinbrand abschmecken und noch einige Tage nachreifen lassen.

Tipp: Der Mokkalikör schmeckt auch sehr gut, wenn man ihn statt mit Mokka mit starkem Espresso ansetzt. Brauner Zucker gibt nicht nur zusätzlich die charakteristische Farbe, sondern auch einen Hauch Karamellaroma. Mit Mokkalikör lassen sich auch die verschiedensten Desserts köstlich verfeinern. Sie können Biskuitböden damit tränken, Cremes aromatisieren oder einfach nur etwas Likör über einen Eisbecher mit oder ohne Früchte geben.

ZUTATEN
für 1 Flasche mit 1 l Inhalt

- 300 g Zucker
- 450 ml kalter, starker Mokka oder Bohnenkaffee
- 260 ml 70%iger Weingeist
- 20 ml Weinbrand

# Rumtopf ansetzen Schritt für Schritt

1 250 g Erdbeeren waschen, trocknen, putzen. 250 g Himbeeren verlesen. In gereinigten Rumtopf schichten, mit 500 g Zucker bestreuen, 1 Stunde ziehen lassen.

2 Rum mit 54 % Vol. aufgießen, bis die Früchte gut fingerbreit bedeckt sind. Das Gefäß verschließen, Rumtopf an einem kühlen, dunklen Ort stehen lassen.

3 500 g geviertelte Saisonfrüchte zum Rumtopf geben. Jeweils Früchte abwiegen, halb so viel Zucker zugeben. Rum aufgießen, bis die Früchte bedeckt sind.

4 Rumtopf bis zum Herbst mit geputzten, mundgerechten Obststücken füllen. 4 Wochen nach der letzten Zugabe 300 ml Rum angießen und vorsichtig umrühren.

Ananaslikör

AUFGESETZTER MIT SCHWARZEN JOHANNISBEEREN

1 Die schwarzen Johannisbeeren abbrausen, gut abtropfen lassen. Mit einer Gabel die Beeren von den Rispen streifen und auf 2 Flaschen verteilen.
2 Die Nelken und den Kandis auf die Beeren geben und jeweils so viel Kornbrand angießen, dass die Flaschen bis oben hin gefüllt sind.
3 Die Flaschen gut verschließen und an einem dunklen, nicht zu kalten Ort mindestens 2 Monate ziehen lassen. Zwischendurch die Flaschen immer wieder ein wenig drehen, so dass sich der sich auflösende Zucker langsam verteilen kann.
4 Nach 2 Monaten ist der Aufgesetzte verzehrbereit. Entweder durch ein Mulltuch in andere Flaschen abseihen oder den Likör portionsweise aus der Ansatzflasche entnehmen.

TIPP: Der Aufgesetzte schmeckt köstlich als Longdrink, mit Prosecco oder Soda.

ZUTATEN
für 2 Flaschen mit je 0,75 l Inhalt

- 500 g schwarze Johannisbeeren
- 4 Gewürznelken
- 500 g weißer oder brauner Kandiszucker
- gut 1 l Kornbrand

ANANASLIKÖR

1 Die Ananas gründlich waschen, Blätter und Strunk entfernen. Die Ananas schälen, Fruchtfleisch und Schale in kleine Stücke schneiden.
2 Ananasstücke und Orangenschale in das Ansatzgefäß geben und mit dem Kornbrand übergießen. Gut verschlossen 2 bis 3 Wochen an einem warmen Ort ziehen lassen. Dann den Ansatz durch ein Sieb gießen.
3 Das Fruchtfleisch passieren, in ein Seihtuch geben und kräftig ausdrücken, zum Ansatz geben. Dann den Ananaskornansatz filtrieren und in ein verschließbares Gefäß füllen.
4 Den Zucker mit dem Ananassaft erwärmen, den Zucker darin auflösen und mit dem Ansatz vermischen. Den Rum ebenfalls untermischen und den Likör abschmecken. Wer ihn kräftiger mag, kann noch Rum, Whisky oder Weinbrand zugeben.
5 Den Ananaslikör gut verschließen und 8 bis 10 Tage klären lassen. Dann vorsichtig in eine Flasche umgießen, ohne den Bodensatz mit umzugießen. Den Bodensatz filtern, die Flüssigkeit zum Likör geben und alles noch einige Zeit in der Flasche nachreifen lassen.

ZUTATEN
für 1 Ansatzgefäß mit etwa 2 l Inhalt

- 1/2 vollreife, aromatische Ananas
- dünn abgeschnittene Schale von 1 unbehandelten Orange
- 700 ml Kornbrand
- 250 g Zucker
- 100 ml Ananassaft
- 30 ml weißer Rum

Likör & beschwipste Früchte

Friesische Bohnensuppe (Rosinen in Rum)

Zutaten
für 2 Gläser mit Bügelverschluss und je 0,75 l Inhalt

- 500 g Sultaninen oder Weinbeeren
- 1 Vanilleschote
- 1 TL getrockneter Ingwer in Stückchen
- 1 l brauner Rum mit 54% Vol.

1 Die Sultaninen waschen, zwischen Küchenpapier trockentupfen und in die gut gesäuberten Gläser füllen.

2 Die Vanilleschote leicht aufschlitzen und in 2 Stücke schneiden. Mit dem Ingwer über die Sultaninen verteilen.

3 Zum Schluss den Rum darüber gießen und die Gläser gut verschließen. An einem dunklen, kühlen Ort mindestens 4 Wochen ziehen lassen. Gut verschlossen halten sich die Rumrosinen mindestens 1/2 Jahr. Sie ziehen dabei immer besser durch und schmecken immer intensiver.

Tipps: Die Rumrosinen entweder pur oder im Tee genießen. Lecker schmecken sie zudem als Beigabe zum Dessert, etwa zu Eis, Pudding und zarten Cremes. Einen kleinen Vorrat an Rumrosinen wissen auch vorausplanende, eifrige Bäcker sehr zu schätzen.

Die Rumrosinen sind ein gern gesehenes Geschenk. Besonders hübsch machen sie sich abgefüllt in ausgesuchten Gläsern. Die Etiketten dafür am besten selber gestalten, mit Tusche oder Aquarellfarben lassen sich ganz hinreißende, individuelle Schildchen schaffen.

Pflaumen in Armagnac

Zutaten
für 2 Gläser mit Bügelverschluss und 0,75 l Inhalt

- 1/4 l Sliwowitz oder Zwetschenwasser
- 700 g große, ungeschwefelte Backpflaumen aus dem Reformhaus
- 200 g gestoßener brauner Kandiszucker
- 0,75 l Armagnac

1 Sliwowitz in einen Topf mit Wasser auf 1 Liter auffüllen, aufkochen und die Pflaumen darin über Nacht einweichen. Anschließend die Pflaumen abtropfen lassen und in die Gläser schichten.

2 Den Kandiszucker mit 100 Millilitern der Pflaumenflüssigkeit zu Sirup kochen und über die Pflaumen gießen. Abkühlen lassen, dann den Armagnac angießen und die Gläser gut verschließen.

3 Die Pflaumen mindestens 10 Tage an einem kühlen, dunklen Ort ziehen lassen. Sie sind mindestens 2 Monate haltbar.

Variante: Noch würziger schmecken die Pflaumen, wenn sie statt mit Kandiszucker mit Ursüße aus dem Reformhaus oder Naturkostgeschäft zubereitet werden. Sie machen sich übrigens zum Dessert sehr gut, beispielsweise leicht erhitzt zu Vanilleeis mit Sahne.

Blutorangen in Wodka

Feigen in Portwein

1 Stielansätze der Feigen abschneiden und die Früchte in einer Schüssel mit warmem Wasser 1/2 Stunde quellen lassen. Zucker, Zimt und Nelken in 1/2 Liter Wasser aufkochen.
2 Die Vanilleschote leicht aufschlitzen und halbieren, den Ingwer schälen und in Stücke schneiden. Beides zur Zucker-Gewürz-Flüssigkeit geben, kurz mit aufkochen und abkühlen lassen.
3 Eingeweichte Feigen gut abtropfen lassen, in eine Schüssel legen und mit dem Gewürzsud und 1/4 Liter Portwein übergießen. Über Nacht zugedeckt ziehen lassen.
4 Am nächsten Tag 1/4 Liter von der Flüssigkeit durch ein Sieb abgießen.
5 Die Feigen mit den Gewürzen in die Gläser schichten. Den restlichen Sud mit dem restlichen Portwein mischen und über die Feigen verteilen. Die Gläser luftdicht verschließen und die Früchte mindestens 1 Woche an einem kühlen, dunklen Ort ziehen lassen. Im Kühlschrank halten sich die Feigen in Portwein noch 2 bis 3 Wochen.

Tipp: Den abgegossenen Feigensaft kann man gut zum Kochen von Kompott verwenden.

Zutaten
für etwa 2 Gläser mit Bügelverschluss und 1 l Inhalt

- 750 g getrocknete ganze Feigen von bester Qualität
- 300 g Zucker
- 2 Zimtstangen
- 3 Gewürznelken
- 1 Vanilleschote
- 30 g frische Ingwerwurzel
- 1 unbehandelte Zitrone
- 1 Flasche möglichst trockener roter Portwein

Blutorangen in Wodka

1 Die Blutorangen mit einem scharfen Messer schälen. Dabei darauf achten, dass auch die weiße Haut der Früchte mit entfernt wird. Dabei den Saft auffangen. Die Früchte in 1/2 Zentimeter dünne Scheiben schneiden, dabei gründlich die Kerne herauslösen.
Die Scheiben in die gut gereinigten Gläser schichten, aufgefangenen Saft dazugeben.
2 Den Marsalawein erwärmen und die Kardamomkapseln leicht andrücken. Die Vanilleschote vorsichtig längs aufschlitzen und in 3 gleich große Stücke schneiden. Den Zucker in Wein auflösen und alle Gewürze dazugeben, anschließend abkühlen lassen.
3 Die Marsalamischung mit dem Wodka vermischen und über die Orangenscheiben verteilen. Die Gläser verschließen und die Orangen mindestens 3 Wochen an einem kühlen, dunklen Ort durchziehen lassen.

Zutaten
für 2–3 Gläser mit Bügelverschluss und je 1 l Inhalt

- 1 1/2 kg Blutorangen
- 1/4 l Marsalawein
- 6 Kardamomkapseln
- 1 Vanilleschote
- 500 g Zucker
- 1 l Wodka

Frucht- und Traubenwein

Aus allen Anbaugebieten der Welt können wir heute Wein auswählen, probieren und genießen. Doch umgibt das Weinmachen noch immer etwas Geheimnisvolles. Gerade deshalb reizt es, selbst einmal auszuprobieren, ob ein guter Wein gelingt.

Das Ausgangsprodukt können Früchte, Äpfel oder Beeren, sogar Gemüse, Kräuter oder Getreide sein. Am besten sind Früchte aus dem eigenen Garten. Trauben zu keltern wie ein richtiger Winzer lohnt sich nur bei einem eigenen kleinen Weinberg oder wenn man die Trauben direkt vom Winzer beziehen und sofort verarbeiten, d. h. vergären kann.

Während der Gärung wird der im Trauben- oder Fruchtsaft vorhandene Zucker etwa zu gleichen Teilen in Alkohol und Kohlendioxid umgewandelt. Dafür verantwortlich sind die Hefen, die in der Natur in großen Mengen auf Blättern und Früchten leben. Doch diese frei lebenden Hefen sind beim Weinmachen nicht gefragt. Für die Gärung verwendet man speziell dafür entwickelte Reinzuchthefen, auch Weinhefen genannt. Sie sind reine Naturprodukte, die eine bessere Alkoholbildung ermöglichen. Neben Alkohol und Kohlendioxid entstehen bei der Gärung eine Vielzahl anderer Substanzen: Glyzerin, Fuselöle, Weinsäure, Apfelsäure, Bernsteinsäure, Milchsäure, Gerb- und Farbstoffe und andere. Sie sind für Geschmack und Qualität des Weins von Bedeutung.

Weinmachen ist schon eine Wissenschaft für sich, und so stellt sich die Frage, ob ein Hobbywinzer überhaupt Wein herstellen kann. Selbstverständlich – vorausgesetzt, er bringt Neugierde, Freude am Experimentieren und Geduld mit. Wichtig ist außerdem peinliche Sauberkeit der Behälter und Geräte, die beim Weinmachen eingesetzt werden, weil Bakterien und andere Mikroorganismen die Mühe zunichte machen können. Verdorbener Wein ist nicht mehr zu retten. Beim zweiten Versuch klappt es dann besser!

Die Gesundheitsexperten streiten immer wieder über das Für und Wider des Schwefelns. Schwefel dient der Konservierung des Weins. Es gibt noch keinen vollwertigen Ersatz dafür.

WAS DAS GESETZ SAGT

Solange der Wein nicht vermarktet wird, darf man ihn nach Lust und Laune selbst herstellen. Das Weingesetz oder das Lebensmittelrecht gilt dafür nicht.

Frucht- und Traubenwein

Arbeitsgeräte

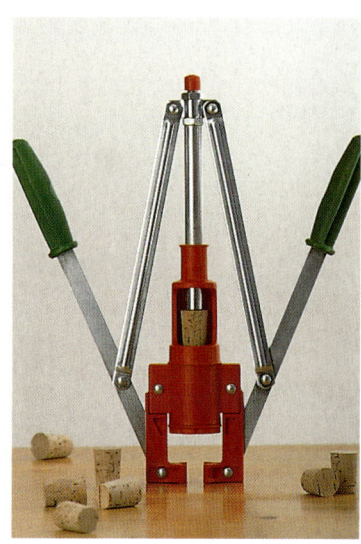

Einige Arbeitsgeräte, wie Garaufsätze und eine Korkmaschine, sollten Sie sich zum Weinkeltern beschaffen.

Grundausstattung und Materialien

Diese Geräte und Hilfsartikel reichen für einen ersten Versuch:
- Zwei Fünfliterglasballons (je um 10 DM) oder auch Plastikcontainer, wie sie in manchen Ländern für Trinkwasser verwendet werden
- Zwei Gäraufsätze (Nessler'sche Röhre, Hobby- oder Duplexaufsatz) mit dazugehörigen Gummistopfen (mit Loch für Gäraufsatz) Gäraufsätze und Korken gibt es im Drogerie- oder Weinfachhandel; es können auch eine kräftige Alufolie und ein Gummiband genommen werden
- Plastiktrichter, für Lebensmittel geeignet; er darf nicht zum Essigumfüllen benutzt worden sein
- Ein 1 bis 1 1/2 Meter langer Plastikschlauch, im Weinfachhandel oder in einem Aquariengeschäft erhältlich
- Sieben Weinflaschen à 0,75 Liter oder fünf Weinflaschen à 1 Liter Inhalt
- Ein Beutel passende Korken für die Flaschen
- Eine einfache Korkmaschine für etwa 15 DM, erhältlich im Weinfachhandel; die Flaschen können auch mit einem Gummi- oder Holzhammer (etwas mühsam!) verkorkt werden

BEZUGSADRESSEN
Geräte und Behältnisse fürs Weinkeltern zu Hause bekommen Sie in gut sortierten Drogerien, im Weinfachhandel, manches sogar im Aquariengeschäft.

Apfelwein machen Schritt für Schritt – 1. Phase

1 Zu Beginn 500 g Zucker in ein Gefäß geben. Den Zucker mit heißem Wasser vollständig auflösen. Anschließend das Wasser erkalten lassen.

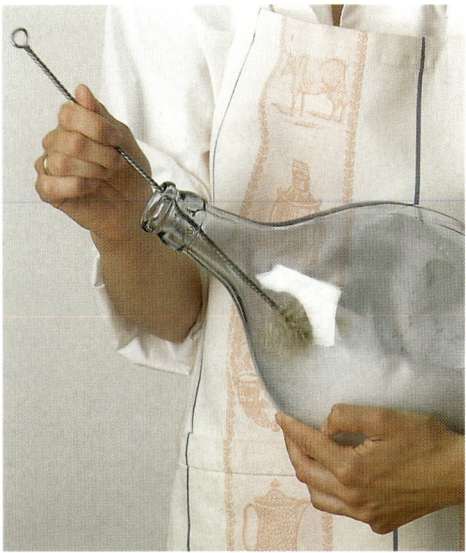

2 Die Ballonflasche oder den Plastikbehälter gründlich mit der Flaschenbürste reinigen. Flasche (bzw. Behälter), Trichter und Gärverschluss mit klarem Wasser ausspülen.

3 Die Trockenhefe in einer Tasse mit lauwarmem Wasser ansetzen. Das Wasser nicht über 30 °C erwärmen. Die Tasse ansetzen, abdecken und stehen lassen.

4 Die Hefenährsalztablette in einem Löffel zerdrücken. Dabei darauf achten, dass die Tablette zu gleichmäßig feinem Pulver zerrieben wird.

Frucht- und Traubenwein

5 Die Ballonflasche mit der 2%igen schwefligen Säure desinfizieren. Säure durch den Trichter in den Ballon gießen und seine Innenseite damit vollständig bespülen.

8a Das Zuckerwasser und den Apfelsaft durch den Trichter in den Ballon gießen. Die Flüssigkeit nur bis unter den Ballonhals füllen, da die Hefe Platz zum Arbeiten braucht.

8b Die restliche Zitronensäure (10 g), das pulverisierte Nährsalz, die aufgequollene Hefe und 0,5 g Kaliumdisulfit durch kräftiges Schütteln vermischen.

9 Flaschenhals des Ballons mit dem Gummistopfen verschließen und Gäraufsatz in das Loch stopfen. Diesen bis zur Hälfte mit Wasser auffüllen, damit Sauerstoff nicht eindringt.

Wein machen – 1. Phase

Vom Apfelsaft zum eigenen Wein in drei Phasen

1. Phase: Schritt 1 bis 10

1 Den Zucker in heißem Wasser auflösen und das Wasser erkalten lassen.

2 Die Ballonflasche oder den Plastikbehälter sorgfältig mit einer Flaschenbürste reinigen. Jedes noch so kleine Schmutzpartikelchen entfernen. Flasche oder Behälter mit klarem Wasser gründlich spülen. Trichter und Gärverschluss auf die gleiche Weise reinigen.

3 Trockenhefe in einer Tasse mit lauwarmem Wasser ansetzen, abdecken und stehen lassen.

4 Die Tablette Hefenährsalz in einem Esslöffel zerdrücken.

5 Die Ballonflasche oder den Plastikbehälter mit der 2%igen schwefligen Säure desinfizieren. Dafür 2 Gramm Zitronensäure zur schwefligen Säure geben. Die Säure mit Hilfe des Trichters in den Ballon oder in den Behälter gießen, umschwenken, so dass die Säure die gesamte Innenseite der Flasche oder des Behälters bespült. Vorsicht – beim Arbeiten keine Schwefeldämpfe einatmen! Danach die Säure in einen Plastikbehälter gießen und den Trichter, den Gärverschluss und den Gummistopfen sterilisieren. Die Ballonflasche oder den Plastik-behälter und den Trichter abtropfen lassen. Geringe Schwefelrückstände dienen gleichzeitig zur Behandlung des Weins.

6 Die Säure in einer Flasche, beschriftet mit »Vorsicht Gift«, aufbewahren. Solange die Säure nach Schwefel riecht, kann sie verwendet werden.

7 Wer gegen Schwefel allergisch ist, darf die Säure nicht verwenden und sollte ein für Flaschen geeignetes Desinfektionsmittel (aus der Apotheke) verwenden oder ohne Desinfektionsmittel arbeiten.

8a Nachdem alles sterilisiert ist, zügig die nächsten Arbeitsphasen vornehmen, damit sich unerwünschte Bakterien nicht in den gereinigten Geräten einnisten. Zuckerwasser und Apfelsaft durch den Trichter in den Ballon füllen. Flüssigkeit darf nicht höher reichen als bis zur Verengung des Ballons, da die Hefe Quellplatz braucht.

8b Restliche Zitronensäure (10 Gramm), pulverisiertes Nährsalz, aufgequollene Hefe und 0,5 Gramm pulverisiertes Kaliumdisulfit dazugeben. Alles gründlich durchschütteln.

ZUTATEN
für 5 l Apfelwein

- *4,2 l naturreiner Apfelsaft, möglichst frisch gepresst*
- *12 g Zitronensäure (aus der Apotheke oder dem Weinfachhandel)*
- *0,5 l Wasser*
- *500 g Zucker*
- *1 g Hefenährsalz (aus der Apotheke)*
- *1–2 g Trockenhefe (aus dem Weinfachhandel)*
- *0,5 l 2%ige schweflige Säure (aus der Apotheke)*
- *1,5 g Kaliumdisulfit (nicht unbedingt erforderlich, doch zu empfehlen)*

Frucht- und Traubenwein

9 Den Flaschenhals des Glasballons mit dem Gummistopfen verschließen und den Gäraufsatz in das Loch trotz des Wassers entweichen, der unerwünschte Sauerstoff dringt aber nicht ein.

10 Alle Arbeitsspuren von der Flasche entfernen. Sie wird nun an den vorbereiteten warmen und dunklen Standort gebracht. Hier gönnt man ihr 1 Monat Ruhe. Während dieser Zeit kann man sehen, hören und riechen, wie die Hefe arbeitet, indem sie langsam den Zucker in Kohlendioxid und Alkohol umwandelt.

DER WEINKELLER
Bauen Sie einfach Ihren Keller zum Weinkeller um: Mit einem elektrischen Radiator sorgen Sie für eine gleichbleibende Gärtemperatur.

> ### Räume fürs Gären und Aufbewahren
> Der Gärraum dient zur Vorbereitung der Früchte und als Gärraum für die erste, die stürmische Gärung. Er muss gut belüftbar sein, ausreichend Platz für das Mahlen, Entsaften und Einmaischen der Früchte sowie Stellfläche für mehrere Ballons bieten. In diesem Raum muss eine Temperatur zwischen 15 und 25 °C gehalten werden können.
> Im Lagerraum soll der Wein reifen und lagern. Dazu sollte die Temperatur konstant zwischen 8 und 12 °C sein und die Luftfeuchtigkeit 60 bis 70 Prozent betragen. Und natürlich muss genügend Platz zum Lagern von Gärballons, Weinflaschen und sonstigen Materialien sowie zum Abziehen der Weine und für sämtliche Kelterarbeiten sein.

2. Phase: Schritt 11 bis 20

11 Nach 2 bis 3 Wochen ist zu sehen, dass sich auf dem Boden der Ballonflasche ein heller Belag abgesetzt hat. Die abgestorbene Hefe und die Schwebstoffe haben sich abgelagert und sinken nach unten, während die Flüssigkeit darüber, d.h. der werdende Wein, klarer geworden ist. Schon um den Gärungsprozess gut beobachten zu können, empfiehlt es sich, Ballonflaschen für die Weinherstellung zu verwenden.

12 Nach 4 bis 5 Wochen ist die Gärung im Wesentlichen zur Ruhe gekommen. Jetzt muss der Jungwein von der abgestorbenen Hefe und den anderen Trübstoffen getrennt werden. Zunächst 1 Liter Wasser abkochen. Während das Wasser abkühlt, die volle Ballonflasche oder den Plastik-behälter vorsichtig auf einen Tisch setzen, damit die abgelagerte Schicht nicht aufgewirbelt wird, denn es soll ein klarer Wein entstehen.

Apfelwein machen – 2. Phase

13 Mit der gleichen Sorgfalt wie am Anfang die zweite Ballonflasche oder den zweiten Plastikbehälter reinigen. Den zweiten Gäraufsatz, den Gummistopfen und den Plastikschlauch reinigen. Anschließend mit der 2%igen schwefligen Säure sterilisieren.

14 Den gereinigten Behälter auf den Boden stellen. Den Boden vorher mit Zeitungspapier abdecken, damit ihn Weinspritzer nicht verschmutzen.

15a Den Plastikschlauch mit dem Ende vorsichtig in den vollen Ballon einführen, bis er kurz über dem Belag schwebt. Mit einer Hand den Schlauch in dieser Position halten. Am einfachsten geht das mit Hilfe einer zweiten Person, die diese Arbeit abnimmt.

15b Dann sich über den leeren Ballon beugen, das andere Ende des Schlauchs in den Mund nehmen und so lange daran saugen, bis der Wein hochsteigt. Beim Ansaugen des Weins sehr sorgfältig vorgehen: Am besten spülen Sie vorher den Mund gründlich mit Wodka oder einem anderen Schnaps aus.

16 Sobald der Wein hochkommt, den Schlauch schnell in den leeren Ballon stecken und den Wein hineinrinnen lassen. Sorgen Sie dafür, dass er nicht aus halber Höhe hinunterspritzt, sondern an der Balloninnenwand entlang nach unten läuft. Der Wein wird, auch wenn die Schlauchöffnung vom Wein bereits überdeckt ist, so lange weiterfließen, wie das Schlauchende in dem oberen Ballon keine Luft ansaugt. Darauf achten, dass beim Umfüllen nichts von dem abgesetzten Belag, den Schwebstoffen, in den neuen Ballon gelangt. Der Wein schmeckt jetzt etwas »kratzig«, doch wird sich der Geschmack mit der Zeit verbessern. Ist der ganze Wein umgefüllt, den Schlauch herausnehmen.

17 Den Jungwein jetzt noch einmal mit 0,5 Gramm Kaliumdisulfit schwefeln.

18 Den Ballon mit dem Jungwein nur bis zum Beginn des Ballonhalses füllen, damit noch Gärgase, die Platz zum Ausdehnen benötigen, entweichen können.

19 Den vollen Ballon mit einem neuen Gärverschluss verschließen und diesen bis zur Hälfte mit sauberem Wasser befüllen.

20 Den neuen Ballon an einen dunklen, 10 bis 15 °C warmen Ort stellen. Er hat jetzt 2 bis 2 1/2 Monate Zeit, um ganz durchzugären und zu reifen.

SCHWEFEL IM WEIN

Manche Menschen reagieren allergisch auf Schwefel. Größere Mengen Schwefel stören den Vitaminhaushalt. Auf das Schwefeln kann verzichtet werden, falls Sie klinisch sauber arbeiten und den Wein nicht länger als zwei Jahre lagern.

 Frucht- und Traubenwein

11 Nach 2 bis 3 Wochen haben sich die abgestorbene Hefe und andere Schwebstoffe gut sichtbar auf dem Boden des Glasballons abgelagert.

12 Den vollen Ballon vorsichtig auf einen Tisch setzen, damit die abgelagerte Schicht nicht aufgewirbelt wird. Den leeren etwas niedriger darunter stellen.

15a Den Schlauch vorsichtig in das volle Gefäß tauchen, ohne den Hefebelag am Boden zu berühren. Mit einer Hand den Schlauch in dieser Position halten.

15b Sich über den leeren Ballon beugen. Das andere Ende des Schlauchs in den Mund nehmen und vorsichtig saugen, bis der Wein hochsteigt.

Apfelwein machen Schritt für Schritt – 2. Phase

16 Sobald der Wein kommt, den Schlauch rasch in den leeren Ballon stecken und den Wein an der Innenwand hineinlaufen lassen. Keine Schwebstoffe hineingelangen lassen.

17 Dem Jungwein jetzt nochmals etwas Schwefel (0,5 g Kaliumdisulfit) zusetzen. Achtung: Manche Menschen reagieren allergisch auf Schwefel!

18 Den Ballon mit dem Jungwein nur bis zum Beginn des Gefäßhalses füllen, damit noch Gärgase entweichen können, die Platz zum Ausdehnen benötigen.

20 Den neuen Ballon an einen dunklen, 10 bis 15 °C warmen Ort stellen. Er hat jetzt 2 bis 3 Monate Zeit, ganz durchzugären und zu reifen.

Frucht- und Traubenwein

3. Phase: Schritt 21 bis Schritt 28

21 Nach 2 Monaten prüfen, ob die Gärung beendet ist. Dazu leicht gegen die Flasche klopfen. Steigen Bläschen auf, läuft der Gärungsprozess noch. Dann weiter abwarten und den Wein ruhen lassen, bis keine Bläschen mehr aufsteigen und damit der Gärungsprozess abgeschlossen ist. Der erste eigene Wein ist fertig! Jetzt kann man ihn trinken.

22 Besser ist es jedoch, den Apfelwein auf Flaschen abzuziehen und noch einmal 3 bis 4 Monate zu lagern. Dazu 3 bis 4 Korken mehr nehmen, als Flaschen benötigt werden. Die Korken 24 Stunden vor der Abfüllung in Wasser legen und einweichen. Dabei einen Teller auf die Korken legen, der sie unter Wasser hält.

23 Die Korken vor der Benutzung sterilisieren.

24 Auch Flaschen und benötigte Kunststoffteile vor der Benutzung sterilisieren.

25a Ballon mit Wein, Flaschen, Korken, Abfüllschlauch und Korkpresse griffbereit halten und eine Hilfsperson organisieren.

25b Den Wein mit dem restlichen pulverisierten Kaliumdisulfit schwefeln und mit dem Abfüllen beginnen.

26 Den Weinballon vorsichtig auf den Tisch stellen, damit kein Bodenbelag aufgewirbelt wird. Zeitungen vor den Tisch legen, davor einen Stuhl stellen und vor diesen einen zweiten. Stellen Sie die zu füllenden Weinflaschen auf den ersten Stuhl, und setzen Sie sich auf den zweiten Stuhl. Die Hilfsperson führt den Schlauch in den Weinballon und achtet darauf, dass er sicher über dem Bodenbelag schwebt. Beim Abfüllen unbedingt 6 bis 7 Zentimeter im Flaschenhals frei lassen. Der Korken braucht ausreichend Platz und sollte auf keinen Fall permanent mit dem Wein in Kontakt sein.

27 Ist der Wein abgefüllt, die Flaschen auf den Tisch stellen und mit der Korkmaschine verkorken.

28 Sind die Flaschen verschlossen, werden sie von übergelaufenem Wein gereinigt und mit einem Etikett versehen und beschriftet – Beispiel: Apfelwein September 1998, abgefüllt März 1999 –, damit man weiß, was die Flaschen enthalten. Diese liegend lagern und auf den Korken schreiben A3/99, das bedeutet: Apfelwein, abgefüllt im März 1999. Die Flaschen an einem kühlen, dunklen Ort lagern.

VERKORKEN LERNEN

Das Verkorken mit der Korkmaschine sollte vorher einige Male an leeren Flaschen geübt werden.

Apfelwein machen Schritt für Schritt – 3. Phase

23+24 Sterilisieren Sie die Flaschen, die Korken und den Kunststoffschlauch sorgfältig, bevor Sie den selbst gemachten Wein in die Flaschen abfüllen.

26 Den Weinballon vorsichtig auf den Tisch stellen und den jungen Wein wie links im Text beschrieben auf die bereitgestellten Flaschen abziehen.

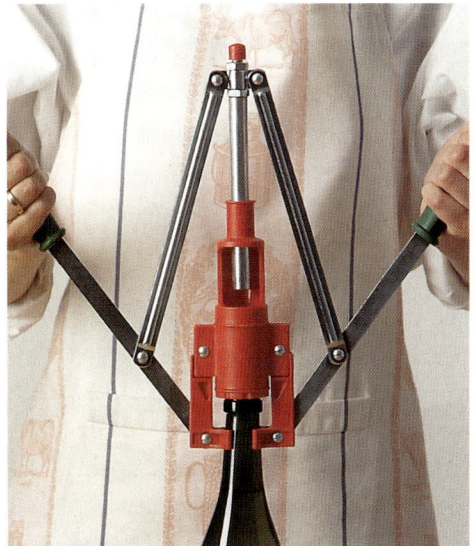

27 Die Flaschen mit Hilfe einer Korkpresse verkorken. Üben Sie das Verkorken am besten vorher mehrere Male, damit es wirklich klappt, wenn es drauf ankommt.

28 Die verschlossenen Flaschen von übergelaufenem Wein reinigen, das Etikett genau beschriften und die Weinflaschen an einem kühlen, dunklen Ort lagern.

Frucht- und Traubenwein

Köstliche Beeren- und Fruchtweine aus eigener Herstellung

Bringt der eigene Garten reichlich Früchte hervor, dann lohnt es sich, so herrlich schmeckende Fruchtweine wie einst die Großeltern selbst zu keltern. In unserem Buch werden auch moderne kellertechnische Erkenntnisse berücksichtigt, soweit sie für den Erfolg des Hobbywinzers sinnvoll und notwendig sind. Die einzelnen Arbeitsschritte und Herstellungsverfahren gelten grundsätzlich auch für die klassische Weinzubereitung aus Trauben, ebenso wie für Weine aus Trockenobst und Honig. Weine aus Dosenfrüchten, Gemüse, Kräutern, Blüten und Getreide finden hier keine Berücksichtigung (dazu Literaturhinweis Seite 314–315).

Bevor begonnen wird

FRUCHTWEINE
Verfügen Sie über einen Garten oder über Obst und gemüse, so biete es sich an, einmal herrlich schmeckende Fruchtweine wie in alten Zeiten zu keltern.

Setzen Sie keine zu große Mengen von einer Obstart an, sondern keltern Sie mehrere kleine Mengen unterschiedlicher Früchte. Diese Grundregel gilt ganz besonders für Hobbywinzer, die ihren ersten eigenen Wein machen wollen. Sollte ein Ballon mit fünf Liter Wein verderben, gibt es noch genügend andere Weine, die gelingen.

Beim Weinmachen wird unterschieden nach Most- und Maischevergärung. Bei der Mostvergärung wird der Saft zu Wein gemacht. Bei der Maischevergärung werden die zerkleinerten Früchte, die Maische, angesetzt und alle Teile ausgelaugt und ausgepresst. Dadurch erhält der spätere Wein ein stärkeres Aroma, mehr »Couleur« oder »Körper«, wie der Winzer sagt. Als Behälter für die Maische muss immer ein Gefäß verwendet werden, das doppelt so viel fasst, wie vergärt werden soll, weil sich beim Vergären reichlich Schaum bildet. Und die Öffnung des Behälters soll so groß sein, dass die Maische gut umgerührt werden kann.

Für die Mostvergärung

Entsaften Sie die Früchte, und verfahren Sie für die Mostvergärung weiter, wie im Grundrezept »Vom Apfelsaft zum eige-

Wichtige Hilfsstoffe

nen Wein« Schritt für Schritt beschrieben (Seite 113 bis 118). Die Vergärung ist beendet, wenn sich der Schaum zurückbildet und das Blubbern im Gäraufsatz aufhört.

Für die Maischevergärung

- Die Früchte waschen, schlechte aussortieren, faulige Stellen ausschneiden.
- Die Früchte entstielen und mahlen (maischen).
- Die Maische schwefeln, Hefe zugeben und vergären.
- Den Most von der Maische abziehen und endvergären.
- Den Wein verbessern, schönen (falls nötig), schwefeln und auf Flaschen abziehen.

Zutaten für Frucht- und Traubenweine

Wasser: gewöhnliches Leitungswasser für Obst mit zu hohem Säuregehalt. Stark kalkhaltiges Wasser zuvor abkochen.

Zucker: Haushalts- oder Rohrzucker für nicht ausreichend süße Fruchtarten.

Säuren: für ein ausgewogenes Säure-Zucker-Verhältnis. Einige Früchte besitzen zu viel, andere zu wenig Säure. Bei diesen wird mit Zitronen-, Milch- oder Weinsäure (aus der Apotheke) nachgesäuert.

Antigeliermittel: Da viele Obstarten einen hohen Pektingehalt besitzen, der die Saftabgabe verhindert, werden mit Antigeliermitteln die Pektine aufgespalten. Dadurch erhöhen sich Saft-, Farb- und Aromaausbeute.

Hefe: Sie ist für die Umwandlung von Zucker in Alkohol erforderlich.

Hefenährsalz: hilft der Hefe bei ihrer Entfaltung.

Schwefel: macht den Wein lagerfähig. Verwendet wird Kaliumpyrosulfit oder Kaliumdisulfit, auch Kalifit genannt.

Schönungsmittel: Normalerweise führt der Wein die Klärung selbst durch. Falls er jedoch trüb bleibt, wird ein Schönungsmittel angewendet, wie Gelatine, Agar-Agar, Bentonit (aus Ton), Kieselsol, eine wässrige, milchige Flüssigkeit in Verbindung mit Gelatine, oder Tannin, ein Gerbstoffprodukt (dazu Literaturhinweis und Bezugsquelle Seite 314–315).

DAS SCHÖNEN

Die Anwendung eines Schönungsmittels bei trübem Wein ist kompliziert, doch in Probeversuchen erlernbar. Wen eine leichte Weintrübung nicht stört, verzichtet darauf.

 Frucht- und Traubenwein

Die Vorbereitung

1. Schritt: Das Obst zerkleinern

Manche Früchte können mit der Hand oder mit einem Holz- oder Edelstahlstampfer zu Maische zerdrückt werden, wie Beerenfrüchte, Kirschen oder Pflaumen, die zuvor entsteint wurden. Kern- und Steinobst lässt sich ohne Steine auch durch den Fleischwolf drehen. Bei häufigem Keltern leistet eine Universalmühle, wie beispielsweise eine Obstmühle für 10 Liter Obst (Bezugsquelle siehe Seite 314–315) gute Dienste

2. Schritt: Die Maische auspressen

METALLTEILE

Stellen Sie sicher, dass das Obst, der Most oder die Maische nicht mit blanken Metallteilen in Berührung kommen! Dort wo es sich nicht vermeiden lässt (Fleischwolf, Mahlwerke), streichen Sie die in Frage kommenden Teile vorher gründlich mit Kelterlack ein.

Für das Auspressen der Maische können die folgenden Möglichkeiten gewählt werden. Die zu bearbeitende Obstmenge ist wichtigstes Kriterium für die Wahl des richtigen Geräts.

- Auspressen mit Hilfe eines Presssacks aus Nylon- oder Perlongewebe: Obst in einen Nylon- oder Perlonsack füllen und von Hand wie ein nasses Handtuch langsam auspressen. Das erfordert relativ viel Kraft.
- Kleine Mengen Obst lassen sich gut mit einem Fleischwolf und einem Pressvorsatz auspressen.
- Obst mit dem elektrischen Entsafter auspressen. Lohnenswert bei kleineren Mengen.
- Eine ebenfalls effektive Methode ist das Frostentsaften. Hierzu werden die Früchte in Kiloportionen in Plastikbeuteln eingefroren. Die sich dabei bildenden Eiskristalle zerreißen das Fruchtfleisch. Wenn in den unteren Teil der Beutel mit den gefrorenen Früchten mehrere kleine Löcher eingestochen werden und die Beutel in einem Sieb über einer Schüssel auftauen, läuft der Saft automatisch durch die Löcher in die Schüssel. Zuletzt müssen die Früchte noch vollständig von Hand ausgepresst werden.
- Der Kauf einer Pack-, Spindel- oder Hydropresse (erhältlich im Fachhandel für Kellereibedarfsartikel, Bezugsquellen siehe Seite 314–315). Die Anschaffung dieser Geräte ist besonders dann empfehlenswert, wenn wiederholt größere Mengen Obst entsaftet werden sollen.

Zubehör für den Profi

Nützliches Profizubehör – auch für den Hobbyweinmacher

Die Oechslewaage: Damit wird der Zuckergehalt (Oechsle) im Most gemessen. Die Oechslewaage besteht aus einer Glasröhre mit einer Skala von 0 bis 130 im oberen schmalen Teil. Im unteren Teil ähnelt sie einem Thermometer. Am Boden befindet sich ein Gewicht, mit dem die Glasröhre geeicht ist. Aus den Oechslewerten kann der Alkoholgehalt des späteren Weins berechnet werden.

Der Messzylinder: Er hilft beim Messen der Oechslewerte. Der Glasmesszylinder fasst 250 Milliliter und wird mit einer Probe des zu messenden, 20 °C warmen Mosts gefüllt. Die Probe soll keine Schwebstoffe enthalten, sonst muss vor dem Messen gefiltert werden. Der Messzylinder wird auf eine waagerechte Fläche gestellt. Dann wird die Oechslewaage vorsichtig in die Probe getaucht, ohne die Wände des Zylinders zu berühren. Steht die Spindel ruhig, lässt sich auf der Skala der Waage der Oechslewert ablesen. Eine Umrechnungstabelle gibt anhand des Oechslegrads den zu erwartenden Alkohol in Gramm und Prozent pro Liter an (siehe Literaturverzeichnis Seite 314–315).

Azidometer oder Säuremesszylinder: Mit ihm wird der Säuregehalt des Mostes gemessen. Dies ist wichtig, weil die Säure in Verbindung mit dem Alkohol die Qualität des Weins bestimmt. Der Säuremesszylinder besteht aus einer Glasröhre mit einer Skala von 0 bis 20. Jeder Teilstrich gibt ein Gramm Säure pro Liter an.

Titrovingerät: Damit kann ebenfalls die Gesamtsäure wie auch die schweflige Säure des Mosts bestimmt werden. Das Gerät besteht aus einem Messzylinder mit drei verschiedenen Messskalen.

Vinometer: Das Vinometer dient zur Bestimmung des Alkoholgehalts im Wein. Es besteht aus einem breiten gläsernen Trichter und einer schlanken Röhre. Der Wein wird in den Trichter gefüllt, bis er unten aus dem Loch herausläuft. Das Loch mit dem Finger verschließen und das Vinometer umdrehen, damit der Wein auslaufen kann. Finger vom Loch nehmen, Messgerät senkrecht halten und den Alkoholgehalt an der Skala ablesen.

ZUCKERUMWANDLUNG

Mit der Umwandlung des Zuckergehaltes in Alkohol geht das Mostgewicht von Woche zu Woche zurück. Das ist ein gutes Zeichen für fortschreitende Gärung.

Frucht- und Traubenwein

PFIRSICHDESSERTWEIN

ZUTATEN
für etwa 5 l

- 4 kg besonders reife, aber nicht überreife Pfirsiche
- 1,5 l Wasser
- 0,75 l Apfelsaft
- 1,2 kg Zucker
- 13 g 80%ige Milchsäure
- 2 g Hefenährsalz
- 1 g Tannin
- 1,5 g Kaliumdisulfit
- 1 g Trockenreinzuchthefe
- etwa 5 ml Antigeliermittel

1 Früchte waschen, entsteinen, nicht häuten und im Maischegärbehälter zerquetschen.

2 Mostgewicht und Säuregehalt messen. Für Fruchtdessertwein sollten sie um 120° Oechsle und 8 bis 10 Gramm pro Liter Gesamtsäure liegen. Falls erforderlich, die Zucker- und/oder Säurezugabe erhöhen oder die Werte senken.

3 Zucker im Wasser auflösen, mit Apfelsaft über die Maische gießen. Der Behälter darf nur bis zur Hälfte gefüllt sein.

4 Hefenährsalz, die zuvor angesetzte Hefe, Milchsäure, Tannin und Antigeliermittel zufügen.

5 Den Ansatz gründlich verrühren. Das Gärgefäß mit einem Gärverschluss schließen und die Maische vorgären lassen. Täglich die Maische einmal kräftig durchrühren.

6 Nach gut 1 Woche den Vorwein von der Maische abziehen und die Maische auspressen. Vorwein in einen neuen Glasballon geben. 1/10 des Raumes als Steigraum frei lassen.

7 Ist das Mostgewicht auf ca. 30° Oechsle abgesunken, den Jungwein in ein neues Gefäß abziehen.

8 Nach 2 bis 4 Monaten den Wein auf Flaschen abziehen und noch einige Zeit reifen lassen.

Kenner schätzen das runde und harmonische Bouquet des Pfirsichdessertweins.

Roter Johannisbeerwein

ROTER JOHANNISBEERWEIN

1 Die roten Johannisbeeren waschen, mit einer Gabel von den Stielen streifen und mit den gewaschenen Händen oder mit einem Holz- oder Edelstahlstampfer im Gärbehälter zerquetschen.

2 Das Mostgewicht und den Säuregehalt messen. Diese sollten um 120° Oechsle und 8 bis 10 Gramm pro Liter Gesamtsäure liegen. Falls erforderlich, die Zucker- und/oder Säurezugaben erhöhen oder die Werte senken.

3 bis **5** Die nächsten Schritte weiterführen, wie im Rezept »Pfirsichdessertwein« (siehe Seite 124) beschrieben.

6 Nach 1 Woche den Vorwein von der Maische abziehen und die Maische auspressen. Den Vorwein in einen Glasballon geben, 1/10 des Raumes frei lassen. Die Gärtemperatur auf etwa 17 °C absenken. Der Wein wird dadurch voller im Geschmack.

7 Ist das Mostgewicht nach etwa 3 Monaten bis auf ca. 30° Oechsle gesunken, den Jungwein in ein neues Gefäß abziehen.

8 Nach weiteren 2 bis 3 Monaten den Johannisbeerwein auf Flaschen abziehen und noch 5 bis 6 Monate reifen lassen.

ZUTATEN
für etwa 5 l

- 2,5 kg rote Johannisbeeren
- 2,5 l Wasser
- 1,3 kg Zucker
- 2 g Hefenährsalz
- 1,5 g Kaliumdisulfit
- 1 g Trockenreinzuchthefe
- etwa 5 ml Antigeliermittel

Fruchtweine mit Charakter lassen sich auch aus schwarzen Johannisbeeren oder Brombeeren gewinnen.

 Frucht- und Traubenwein

HONIGWEIN (MET)

ZUTATEN
für etwa 5 l

- 1,5 kg reiner Imkerhonig, je nach Geschmack Thymian-, Rosmarin-, Lindenblüten-, Wald- oder Akazienhonig
- etwa 4,5 l kalkfreies Wasser (um den Ansatz auf 5 l aufzufüllen)
- Saft von 1 ausgepressten Apfel
- 20 g 80%ige Milchsäure
- 2 g Hefenährsalz
- 1,5 g Kaliumdisulfit
- 1 g Trockenreinzuchthefe

1 Honig und Wasser im heißen Wasserbad miteinander vermischen. Einen Glasballon vorher anwärmen und die Mischung langsam einfüllen, damit der Ballon nicht springt. Dabei 1/10 des Innenraums als Steigraum frei lassen.

2 Nachdem der Ansatz auf unter 30 °C abgekühlt ist, die anderen Zutaten zufügen und den Ballon mit einem Gäraufsatz verschließen. Während der Gärung – optimal bei 25 °C – den Ansatz täglich einmal durchschwenken.

3 Nach etwa 3 Monaten ist die Gärung beendet. Den Jungwein von der Hefe in einen neuen Ballon abziehen, nachsüßen und würzen.

4 Wenn sich der Wein nach weiteren 3 bis 4 Monaten geklärt hat, auf Flaschen abziehen und mindestens 1 Jahr reifen lassen. Manche lassen ihn sogar 5 Jahre reifen.

TIPP Der Geschmack des Honigweins lässt sich mit verschiedenen Gewürzen vielseitig und nach individueller Vorliebe abwandeln. Met kann man mit Salbeiblättern, Gewürznelke, Muskatnuss oder Thymian würzen.

Man muss kein Germane sein, um sich für Honigwein zu begeistern.

Wein aus Trauben keltern

Traubenwein keltern

Die echten Weine – das sind die aus Trauben – verdanken wir den alten Römern. Sie brachten die Rebe in unsere Regionen und kultivierten den Weinanbau. Damit befasst sich heute der Önologe, der Fachmann auf dem Gebiet der Weinkunde. Wer eigene Reben erntet oder direkt beim Winzer Reben oder frisch gepressten Most kauft, kann Taubenwein nach dem gleichen Prinzip wie Fruchtwein herstellen. Der Werdegang des echten Weins wird hier nur in Grundzügen beschrieben (mehr dazu im Literaturhinweis Seite 314–315).

Was Sie als Hobbywinzer sicher auch immer interessiert hat: Das deutsche Weingesetz von 1994 und seine Vorgänger, die in Teilen noch gültigen Weingesetze von 1971 und 1930, schreiben die Weinherstellung bis in die kleinste Einzelheit vor. Sogar Inhalt und Schriftgröße der Informationen auf dem Etikett der Weinflasche werden durch sie genau festgelegt. Alle Weinbauern, die ihren Wein gewerblich vermarkten wollen, haben sich buchstabengetreu an jede einzelne Bestimmung zu halten. Ungeachtet der Weingesetze ist es jedoch auch für den Hobbywinzer selbstverständlich, einen möglichst naturreinen Wein zu keltern.

SÄURE IM WEIN

Sie setzt sich fast ausschließlich aus Apfel- und Weinsäure zusammen. Bei über zehn Gramm pro Liter muss der Wein entsäuert werden.

Die Traubenlese

Die Haupterntezeit liegt in Deutschland zwischen Mitte September und Ende Oktober und fällt teilweise mit den Herbstferien – auch Kartoffelferien genannt – der Schüler zusammen, die auf dem Land bei der Weinlese helfen. Je nach Wetterlage reicht die Erntezeit manchmal bis in den November hinein. Die Herbstsonne bringt den Trauben besondere Süße. Für den Laien ist es vielleicht schwer vorstellbar, dass jede Sonnenstunde den Zuckergehalt und damit die Qualität des späteren Weins messbar verbessert. Glücklich ist der Weinbauer, der die Lese möglichst lang hinausschieben kann: Wenn schließlich bei den Trauben 80° Oechsle gemessen werden, kann der Winzer auf sein gutes Ergebnis stolz sein – und ein einträgliches Geschäft erwarten. Für Spät- oder Auslesweine sind höhere Oechslewerte bis 130° wünschenswert.

Frucht- und Traubenwein

Während der Lese sollten die Trauben so trocken wie möglich eingebracht werden. Krankhafte, von Insekten angefressene und faule Trauben müssen aussortiert werden. Nur die Trauben pflücken, die sofort verarbeitet werden können.

Entrappen, Mahlen und Maischen

Unter Entrappen versteht man das Abstreifen der einzelnen Beeren von dem Stielgerüst der Trauben, den Rappen. Damit soll verhindert werden, dass bei der Maischegärung zu viel Gerbstoff von den Stielen gelöst und der Wein bitter wird. Durch das Mahlen in einer Traubenmühle werden bei den entrappten Beeren die Beerenhaut sowie Saft, Fleisch und Kerne getrennt und jene Enzyme freigesetzt, die die Pektine (Kohlenhydrat in Beeren) abbauen. Das Pektin behindert die Saft-, Farb- und Aromaausbeute bei der Maischegärung.

Wichtig ist, dass beim Mahlen die Walzen so eingestellt sind, dass sie die Kerne nicht zerquetschen und dadurch giftige Blausäure in die Maische abgeben. Um die Maische vor schädlichen Mikroorganismen zu schützen, kann sie mit zwei bis drei Gramm Kaliumdisulfit auf zehn Liter geschwefelt werden. Zwei Drittel der Dosis werden zur Maische gegeben, ein Drittel nach dem späteren Pressen zum Most. Die Maische wird zugedeckt über Nacht an einem warmen Ort stehen gelassen, damit sich Aroma- und Farbstoffe entwickeln.

ZUCKER
Durch Zuckerzugabe wird der Wein nicht süßer, sondern alkoholreicher. Wein, der auf ein Mostgewicht von 80° Oechsle eingestellt wurde, hat etwa zehn Prozent Vol. Alkohol.

Weitere Schritte zum Wein

- Mostgewicht und Säuregehalt der Maische prüfen und die Werte in einem eigenen »Weinbuch« festhalten. Nach dem deutschen Weingesetz darf kein Wein mit einem geringeren Mostgewicht als 44° Oechsle gekeltert werden, daran sollte sich auch der Hobbywinzer halten. Wein unter 44° müsste so stark aufgebessert werden, dass er nicht mehr naturrein genannt werden kann.
- Bevor die Maischegärung beginnt, setzt man ihr aufgelöste Trockenhefe zu. Dann den Gärbehälter mit dem Gäraufsatz schließen und das Wasser auffüllen. Die Maische dreimal täglich umrühren.

Weinkunde

- Abziehen des Mosts und das Pressen der Maische erfolgen nach fünf bis sieben Tagen.
- Ob Süßen erforderlich ist oder ob der Most unbehandelt weitergären soll, entscheidet sich jetzt. Grundsätzlich sollte man den Most bzw. Wein so naturrein wie möglich belassen. Liegen die Werte über 75° Oechsle und zehn Gramm pro Liter Gesamtsäure oder niedriger, kann auf eine Verbesserung verzichtet werden.
- Entsäuert wird der Wein bei nicht ausgereiften Trauben, etwa nach einem verregneten Herbst. Ein Gesamtsäuregehalt von 15 Gramm pro Liter und mehr ist dann schnell erreicht und würde den Wein fast ungenießbar sauer schmecken lassen. Entsäuert wird mit Hilfe von kohlensaurem Kalk (Kalziumkarbonat).

SCHWEFEL
Je gesünder und reifer die Trauben, desto besser wird der Wein, und desto weniger muss geschwefelt werden.

Die Herstellung von Weiß- und Roséwein

Die Herstellung von Weißwein aus weißen Trauben und von Rosé- und Weißherbstwein aus Rotweintrauben verläuft ähnlich wie beim Rotwein. Folgende Ausnahmen gilt es zu beachten:

- Die Trauben werden nicht entrappt, weil die Stielchen verhindern, dass die Maische zu einer festen Masse zusammengepresst wird und den Saft nicht abfließen lässt.
- Die Maische für Weißwein wird sofort nach dem Mahlen gepresst und nicht geschwefelt, gesüßt, aufgesäuert oder entsäuert.
- Für Rosé- oder Weißherbstwein werden die Rotweintrauben nach dem Mahlen nicht sofort gepresst. Als Rotweintraube wird Spätburgunder bevorzugt. Um die zartrosa Farbe zu erhalten, lässt man die Maische zwölf Stunden stehen. In diesem Fall sollte die Maische aus Sicherheitsgründen geschwefelt werden.
- Die Probe für Mostgewicht und -säure wird aus dem frischen Saft entnommen, dann der Most geschwefelt und bei zu starker Trübung vorgeklärt. Dazu ruht er mehrere Stunden in einem geschlossenen Behälter.

Bier brauen

Seit mehr als 6000 Jahren kennen Menschen das Bier. Vermutlich war es in grauer Vorzeit eine rein zufällige Erfindung, nachdem jemand etwas nass gewordenes, bereits angegorenes Brot gekostet hatte und sich über die folgende, angenehm berauschende Wirkung wunderte. Aus diesem alkoholhaltigen Brotbrei hat sich wohl im Laufe der Zeit unser Bier entwickelt.
Zu Beginn des 9. Jahrhunderts waren es die Klöster, in denen der Braukunst ganz besondere Aufmerksamkeit geschenkt wurde. Die Mönche fanden heraus, dass ein nahrhaft gebrautes Bier auch satt machen konnte, was ihnen über so manche karge Fastenzeit hinweghalf. Das kräftig gebraute Klosterbier wurde schnell über die Klostermauern hinweg bekannt, weil es bedeutend besser schmeckte als die meisten anderen Biere. Denn die Klosterbrauereien legten großen Wert auf die Qualität des Braugetreides.
Im Mittelalter, im Jahr 1516, wurde das Reinheitsgebot von Herzog Wilhelm IV. von Bayern erlassen. Es gilt als die älteste lebensmittelrechtliche Bestimmung der Welt, wobei der Hintergrund dieser Regelung wohl eher die Sicherung des knappen Weizens ausschließlich für die Brotherstellung war, als dass sie dem Schutz des Biertrinkers vor verfälschtem Bier diente.
Obwohl oft umgangen, ist das Reinheitsgebot heute noch bindend. Und auch der Hobbybrauer benötigt keine weiteren Zutaten als die im Reinheitsgebot aufgeführten, nämlich Gerste, Hopfen und Wasser.
Bier, das zu Hause gebraut wird, ist von besonderer Art. Ungefiltert, reich an wertvollen Inhaltsstoffen und nur begrenzt haltbar, verspricht es von vorneherein eine hohe Qualität, die sich wohltuend von den stark filtrierten und pasteurisierten, extrem lange haltbaren Bieren der Großbrauereien abhebt. Ein weiterer Vorteil der eigenen Erzeugung von Bier besteht darin, dass man weiß, was drin ist. Anders als die meisten gewerblichen Brauereien kommt der Hobbybrauer beim biologischen Ablauf des Brauens völlig ohne Hilfs- und Zusatzstoffe aus. Die Herstellung eines naturbelassenen Bieres hängt damit nur noch von einer guten Qualität der Rohstoffe ab, die möglichst aus ökologischem Anbau stammen sollten.

NIEDERGANG DER KLOSTERBRAUEREIEN

Die Reformation und der Dreißigjährige Krieg bewirkten das Ende zahlreicher Klosterbrauereien. Heute gibt es nur noch elf dieser Einrichtungen in Deutschland.

Bier brauen

Das kommt ins Bier

Gerstenmalz

Prinzipiell lässt sich aus jedem Getreide Bier brauen. Gerste eignet sich zum Mälzen und Brauen am besten, weil das Gerstenmalz zahlreiche Enzyme enthält, durch die Stärke und Eiweiß abgebaut und in lösliche Form überführt werden. Blanke Gerste wird jedoch nicht zum Bierbrauen verwendet, sie enthält kaum vergärbaren Zucker, der für die Entstehung von Alkohol wichtig ist. Vor dem Brauen wird das Getreide zuerst gemälzt, um den Wachstumsvorgang des Gerstenkorns künstlich zu beschleunigen. Dazu wird die mälzungsfähige Braugerste nach der Keimruhe gereinigt, sortiert und durch Einweichen in Wasser (Quellen) zum Keimen gebracht. Das dauert vier bis zehn Tage bei einer Temperatur von 10 bis 18 °C, einer relativen Luftfeuchte von 95 Prozent und reichlich Sauerstoffzufuhr.

Anschließend darrt man die gemälzte Gerste, man trocknet und entwässert sie. Je nach Darrtemperatur und Dauer des Darrens wird auch die Farbe des Darrmalzes beeinflusst. In Europa erfolgt die Angabe der Malzfarbe in EBC-Einheiten (European Brewery-Convention). Die hellsten Malze, wie »Gerstenmalz hell« und »Gerstenmalzmittel« besitzen etwa 2,5 bis 8 EBC, Farb- oder Röstmalze dagegen bis zu 1500 EBC.

Neben dem Gerstenmalz werden für einige Biersorten oder Spezialbiere auch Malze aus anderen Getreidesorten verwendet. Diese werden jedoch fast nie ausschließlich eingesetzt, sondern immer nur in Verbindung mit Gerstenmalz. In Deutschland bekanntestes Beispiel: Obergäriges Weizenbier, auch Weißbier genannt.

Hobbybrauer brauchen sich ihr Braumalz nicht umständlich und zeitraubend selber herzustellen. Man kann es bereits gebrauchsfertig geschrotet oder im Ganzen über den Fachhandel beziehen (Adressen siehe Seite 314–315). Beim Fachhandel gibt es auch die so genannten »Bierkits«, fertig gehopfte Malzextrakte, die nur noch mit Wasser und Hefe vermischt werden, so dass das zeitaufwendige Maischen und Abläutern entfallen. Dieses Instantbier ist allerdings weniger vollmundig und aromatisch als herkömmlich gebrautes Bier.

MÄLZEN

Beim Mälzen, der beschleunigten Keimungsphase des Gerstenkorns, werden die für die Verzuckerung notwendigen Enzyme gebildet. Bis zum fertigen Malz sind viele Arbeitsschritte notwendig. Dazu gehören das Einweichen der Körner in Wasser, das Keimen und schließlich das Darren.

Hefegärung beim Bier

Hefe

In der Bierbrauerei ist die Wirkungsweise der Hefe erst seit Anfang des 17. Jahrhunderts bekannt, vorher war es mehr oder weniger Zufall, ob und wann die Bierwürze zu gären begann.
Die Hefe bewirkt, dass bei der Gärung des Biers Malzzucker als Stoffwechselprodukt zu gleichen Teilen in Alkohol und Kohlensäure umgewandelt wird. Bei ausreichendem Zuckergehalt vermehrt sich die Hefe durch Zellteilung so lange, bis ein Teil der Zellen bei einem Alkoholgehalt von über 6,5 Prozent abstirbt.
Die Qualität eines Biers bezieht sich auf Aroma, Vollmundigkeit, Schaum, Farbe und Bittere, die dem individuellen Geschmack unterliegen.. Darüber hinaus werden Bierqualitäten nicht unwesentlich auch von der Geschwindigkeit und dem Ausmaß der Vergärung sowie vom Säurebildungsvermögen der Hefe bestimmt. Weitere Faktoren, die die Güte des Biers beeinflussen, sind die unterschiedliche Bildung von Stoffwechsel- und Gärnebenprodukten sowie die Ausscheidung von Eiweiß-, Bitter- und Gerbstoffen.
Obergärige Hefe setzt sich während der Gärung in Form einer dicken Schaumkrone an der Oberfläche des Jungbiers ab, wodurch das Bier während der Gärung geschützt ist. Obergärige Hefe arbeitet bei einer Temperatur von 15 bis 23 °C und gestattet deshalb eine etwas kürzere Gärungsrphase.
Untergärige Bierhefe wird bei Temperaturen von 4 bis 12 °C aktiv und setzt sich während der Gärung am Boden ab. Sie vergärt wegen der niedrigen Temperatur langsamer und bildet eine dünnere Schaumkrone als obergärige Hefe. Untergäriges Bier kann wegen der niedrigen Gär- und Lagertemperaturen mehr Kohlensäure bilden. Es schmeckt deshalb etwas frischer und ist länger haltbar als obergäriges Bier.
Bierhefe wird in verschiedenen Handelsformen angeboten: Trockenhefe ist in der ungeöffneten Originalverpackung bis zu einem Jahr lagerfähig. Presshefe muss im Kühlschrank gelagert werden und ist zwei bis drei Wochen haltbar. Vom Fachhandel (siehe Seite 314–315) werden auch Flüssighefen für spezielle Biertypen in Brauereiqualität angeboten, die ebenfalls lange haltbar sind.

BIERHEFE

Wer sich in der Brauerei frische Hefe besorgt, sollte diese unbedingt in einem sterilisierten Behälter transportieren, zu Hause sofort in den Kühlschrank stellen und innerhalb weniger Tage verbrauchen. Den Deckel des Gefäßes beim Lagern leicht lösen, damit entstehende Kohlensäure entweichen kann.

 Bier brauen

Hopfen

Der Hopfen verleiht dem Bier sowohl seine herbwürzige Bitterkeit als auch seine relativ lange Haltbarkeit durch die in den Hopfendolden enthaltenen antibiotischen Bestandteile (Lupuline). Außerdem trägt der Hopfen, gemeinsam mit dem Eiweiß der Gerste, zur Festigkeit der Schaumkrone bei. Seine Gerbstoffe sorgen darüber hinaus zusammen mit den Gerbstoffen des Malzes für eine bessere Klärung und dauerhaftere Konservierung des Bieres, weil sie das Eiweiß aus der Bierwürze besonders gut ausfällen, d. h. trennen.

DIE WENDEN

Laut Überlieferung hat eine slawische Volksgruppe, die Wenden, den Hopfen im 7. Jahrhundert nach Deutschland gebracht und kultiviert.

Nur die weiblichen Hopfenpflanzen werden zu Hopfenmehl ausgedroschen.

Nach der Ernte der weiblichen Hopfenblüten im August und September wird der Hopfen getrocknet und meist zu Presstabletten, so genannten Pellets, oder zu einem Extrakt verarbeitet. Je nach Eigenschaft der einzelnen Hopfenarten unterscheidet man grundsätzlich zwei Sorten: Bitterhopfen und Aromahopfen. Der Bitterhopfen besitzt einen höheren, Aromahopfen einen niedrigeren Alphasäuregehalt, der für die Bitterkeit zuständig ist. Für die Brauerei zu Hause empfiehlt sich die Verwendung von Aromadoldenhopfen oder 90er Hopfenpellets aus Aromahopfen, beides möglichst aus kontrolliert ökologischem Anbau. Den Hopfenvorrat immer kühl bei 0 °C, dunkel, trocken und unter Luftabschluss lagern.

Das Brauwasser

Wasser

Die zum Bierbrauen notwendige Wassermenge nennt man Guss. Zum Brauen von zehn Liter Bier wird fast die doppelte Menge an Brauwasser benötigt. Brauwasser muss selbstverständlich genau wie unser Trinkwasser hygienisch einwandfrei, klar, farb- und geruchslos sowie geschmacklich ohne Mängel sein. Brauwasser soll darüber hinaus weich und frei von bierschädigenden Bestandteilen und Organismen sein. Die Brauereien verfügen in der Regel über eigenes Brunnenwasser, das diese Anforderungen erfüllt, oder sie bereiten das Wasser in speziellen Anlagen auf, weil besonders das Brauwasser bei der Bierbereitung traditionell eine entscheidende Rolle spielt. Bevor es mit dem Brauen in den eigenen vier Wänden losgeht, sollte man sich unbedingt beim Wasserwerk die wichtigsten Wasseranalysewerte besorgen.

Ist das heimische Wasser nicht zum Bierbrauen geeignet, kann man auf reines Brunnenwasser ausweichen oder aber das Leitungswasser abkochen und eventuell mit Ätzkalk enthärten. Durch das dreißigminütige Abkochen des Wassers erreicht man eine Verringerung der Wasserhärte um etwa 5 °dH (dH = deutsche Härtegrade). Nach dem Abkühlen setzt sich am Topfboden sichtbar Kalk ab. Das enthärtete Wasser kann jetzt vorsichtig mit dem Bierheber abgezogen werden, ohne den Bodensatz dabei aufzuwirbeln. Die letzten zwei Liter des milchigen Bodensatzes werden weggeschüttet.

Da beim Wasserkochen die freie Kohlensäure entweicht und sich der pH-Wert erhöht, muss das Wasser auf den leicht sauren pH-Wert 5 bis 7 mit dem ungiftigen Ätzkalk (Kalziumoxid) eingestellt werden. Dafür den Kalk kräftig in das zu enthärtende Wasser einrühren und eine Stunde wirken lassen. Weil eine exakte Dosierung des Ätzkalks häufig nicht möglich ist, kann diese Prozedur den pH-Wert des Wassers erhöhen und in den alkalischen Bereich verschieben. Der Enthärtungseffekt muss deshalb anschließend überprüft werden, da schon ein geringer Überschuss an freier Alkalität zu schweren Störungen beim Maischen führt. Für das Wasserenthärten mit Ätzkalk unbedingt die Packungsanweisungen oder Anleitungen zum Wasserabkochen und Enthärten in Bierbrau-Fachbüchern befolgen.

WERTE FÜR BRAUWASSER

Wasserhärte: gesamt <10 dH
Karbonathärte <1/3 der Nichtkarbonathärte
pH-Wert: 5,0 bis 7,0
Eisen (Fe) < 0,3 mg/l
Mangan (Mn) <1,0 mg/l
Nitrat (NO_3)< 25 mg/l

Bier brauen

Grundausstattung für den Hobbybrauer

Bevor es ans Brauen geht, sollten die folgenden Gerätschaften vorhanden sein und bereitliegen.

Die Geräteausstattung für das Bierbrauen ist etwas platzaufwändig, aber leicht zu beschaffen.

IINTERNATIONALES GESETZ

Das trotz EG-Richtlinien bei uns nach wie vor geltende Reinheitsgebot wird auch in Österreich, der Schweiz und in Norwegen angewendet.

- Malzschrotmühle oder Küchenmaschine mit Schlagwerk, falls Malz im ganzen Korn verwendet wird
- Eine Küchenwaage
- Ein Messbecher (1 Liter)
- Ein emaillierter oder Edelstahl-Kochtopf oder ein elektrischer Brautopf (Sudkessel) mit 20 bis 30 Liter Fassungsvermögen, möglichst mit Auslaufhahn und Thermostat
- Ein Stabthermometer mit Kunststoffgehäuse (ca. 0 bis 110 °C).
- Zwei Kochlöffel von mindestens 50 Zentimeter Länge
- 100 Milliliter Jodlösung
- Ein selbst gebauter Läuterbottich oder ein großes Gemüsesieb und ein Baumwollmulltuch
- Ein Eimer (10 Liter)
- Eine Schaumkelle

Handwerkszeug für den Hobbybrauer

- Ein Kochtopf (10 bis 20 Liter)
- Eine Schöpfkelle oder ein kleiner Stieltopf
- Ein Messzylinder (250 ml)
- Ein Bierwürzspindel (aus dem Hobbybrauer-Fachhandel)
- Ein Bierheber (aus dem Hobbybrauer-Fachhandel)
- Eine Briefwaage
- Ein Würzsiebbeutel (Maschenweite 0,2 Mikrometer) mit Trichter oder ein Sieb mit einem Baumwollmulltuch
- Ein Plastikwanne
- Ein Gärgefäß/Gärfass (ca. 30 Liter) mit großer Öffnung, Deckel, Gärglocke und -röhrchen und Abflusshahn
- Ein großer Löffel
- Ein Abfüllschlauch (Gummi oder Kunststoff), 1 bis 2 Meter lang, mit Schlauchklemme
- Ein Raumthermometer (ca. –10 bis + 50 °C)
- Eventuell ein zweiter Gärbehälter mit Gärglocke
- Mindestens 10 Bierflaschen à 1 Liter oder 20 Bierflaschen à 1/2 Liter mit Bügelverschluss
- Ersatzgummidichtungen für Bügelverschluss-Bierflaschen
- Ein Flaschenreinigungsbürste

BIERWÜRZSPINDEL
Eine gekaufte Spindel ist bereits auf die Würze- bzw. Zuckerprozente geeicht.

Die Ausrüstung für die Hobbybrauerei ist großenteils in jedem größeren Haushalt vorhanden. Zur Erleichterung des Brauens sollte man sich allerdings einige Spezialgeräte im Fachhandel für Hobbybrauer (Adressen siehe Seite 314–315) besorgen. Dazu zählt beispielsweise ein großer Kochtopf mit Auslaufhahn + Thermostat und ein Messzylinder aus Glas.

Tipp für den Hobbybrauer
Beim Maischen und Würzekochen muss gelegentlich geprüft werden, wie viel Bierwürze sich noch im Topf befindet und wie viel Wasser bereits verdampft ist. Die meisten Kochtöpfe besitzen jedoch keine Litereinteilung an der Innenwand. Eine Literskala lässt sich aber leicht auf einem langen Braulöffel markieren. Dafür einfach den Kochtopf Liter für Liter mit Wasser füllen und den jeweiligen Wasserstand auf dem Löffel mit einem wasserfesten Stift kennzeichnen. Nach 3 bis 4 Strichen lässt sich der Rest der Skala mit dem Millimeterstab ergänzen.

 Bier brauen

Bierkochlöffel
Die mindestens 50 Zentimeter langen Bierkochlöffel werden zum Maischen und Würzekochen benötigt. Sie sollten ausschließlich zum Bierbrauen Verwendung finden, damit nicht die kleinsten Fettreste oder andere Partikel ins Bier eingeschleppt werden können und das Brauresultat negativ beeinflussen.

Bierwürzspindel
Die Bierwürzspindel dient zur genauen Ermittlung des Extraktgehaltes, d. h. der Konzentration der Bierwürze nach dem Abläutern der Dickmaische in Phase 3 (siehe Seite 142). Je höher der gelöste Zuckergehalt der Würze ist, desto höher ist ihr spezifisches Gewicht. Der Wert kann auf der Spindelskala abgelesen werden. Dieses preiswerte Instrument gibt es im Hobbybrauer-Fachhandel (Adressen siehe Seite 314–315).

Würzsiebbeutel
Zum Ausschlagen (zweites Filtern) der Würze (siehe Seite 147) wird ein spezieller Würzsiebbeutel aus feinstem Gewebe

WÜRZEGEHALT PRÜFEN
Mit der Bierwürzspindel wird in den unterschiedlichen Brauphasen immer wieder der Würzegehalt gemessen.

Läuterbottich selbst bauen

- 2 gleiche lebensmittelechte Polyethylen-Plastikeimer von 15 oder 20 Liter Fassungsvermögen, oval oder rund
- 1 Kunststoff-Abflusshahn (Aquarienhandel oder Baumarkt)
- 2 Überwurfmuttern oder 1 kleine Packung Zweikomponenten-Kunststoffkleber

1. Den Boden des ersten Eimers mit einem Bohrer von 1 bis 1,5 Millimeter Durchmesser durchbohren. Dabei je Quadratzentimeter 1 bis 2 Löcher bohren.

2. In die seitliche Außenwand des zweiten Eimers 10 Millimeter über dem inneren Boden ein Loch bohren, wobei der Durchmesser exakt dem Stutzen des Abflusshahns entsprechen muss.

3. Den Abflusshahn entweder mit den Überwurfmuttern am Bohrloch befestigen und abdichten oder mit Kunststoffkleber einkleben und gut trocknen lassen.

4. Zum Schluss den ersten, als Filter dienenden Eimer in den zweiten Eimer schieben.

Läuterbottich und Maischefilter

(0,2 Mikrometer Maschenweite) benötigt, um die Heißtrubpartikel zurückzuhalten. Der Würzsiebbeutel lässt sich zusammen mit einem passenden Trichter direkt auf den Gärbehälter stellen. Als Alternative kann man ein herkömmliches Gemüsesieb benutzen, das auf die Öffnung des Gärbehälters passt. Zusätzlich ein gefaltetes, sauberes Baumwollmulltuch in das Sieb legen, das als Filter dient.

Läuterbottich und Maischefilter

Für das Abläutern der Maische wird ein Läuterbottich mit einem Filtereinsatz benötigt. Beim Abläutern kommt es darauf an, dass die Würze klar und nicht zu langsam durch den Filter abläuft. Für Hobbybrauer bietet der Fachhandel bisher leider keinen geeigneten Bottich an. Ein Läuterbottich lässt sich aber ohne großen Aufwand leicht selbst bauen. Wurde das Braumalz korrekt, also nicht zu fein geschrotet, reicht dieser Läuterbottich völlig aus.

Maischefilter

Als Maischefilter kann aber auch ein umgedrehter Stuhl oder Hocker dienen, an dem ein Baumwollmulltuch befestigt ist. Die Stuhlbeine etwa drei Zentimeter unterhalb der Stuhlbeinenden mit Schnur umwickeln, so dass ein Schnurviereck um die Stuhlbeine entsteht. Darauf zwei Baumwollmulltücher legen, die an den Stuhlbeinen mit Schnur und an den Seiten des Schnurvierecks mit Wäscheklammern befestigt werden. Unter diesen Filter einen zehn Liter fassenden Eimer stellen, dessen Durchmesser den Innenabstand der Stuhlbeine nicht überschreiten darf.

Gärgefäß

Gärgefäße aus Glas oder Edelstahl sind am besten fürs Bierbrauen geeignet, aber leider auch recht teuer. Gärfässer aus Kunststoff sind dagegen erheblich preiswerter und werden vom Hobbybrauer-Fachhandel angeboten (Adressen siehe Seite 314–315). Diese Fässer sollten für 10 bis 20 Liter Bier ein Fassungsvermögen von etwa 30 Litern besitzen, zudem eine große, mit einem Deckel verschließbare Öffnung zum bequemen Reinigen, stabile Tragegriffe und einen Ablaufhahn. Wem die Fässer zu kostspielig sind, der kann sie sich auch selbst bauen.

HERKUNFT DES WASSERS

Wie hart ein Wasser ist, richtet sich vor allem nach seiner Herkunft. Oberflächenwasser sind meist weicher als Wasser aus tiefen Brunnen und Gebirgsquellen.

Bier brauen

Helles untergäriges Starkbier brauen

Nachfolgend wird ein exemplarisches Rezept zum Brauen von untergärigem Starkbier vorgestellt. Bei allen anderen Rezepten ändern sich Zutaten, Zeiten und Temperaturen, doch die Arbeitsschritte, die acht Phasen des Bierbrauens, bleiben durchweg gleich.

Phase 1: Vorbereitungen

1 Ein bis zwei Tage vor Braubeginn nach Bedarf mindestens 20 Liter Wasser enthärten (siehe Seite 314–315).
2 Alle Geräte sorgfältig mit kochend heißem Wasser ohne Spülmittel reinigen.
3 Trockenhefe ansetzen.
Die Trockenhefe wird durch das Aktivieren gelöst, sie kann quellen und sich bereits vermehren, damit die spätere Angärung beschleunigt wird.
Zum Aktivieren sieben Gramm untergärige Trockenhefe in einer großen, sterilisierten Tasse mit abgekochtem, etwa 20 °C heißem Wasser mit einem Teelöffel Zucker verrühren. Abgedeckt bei Zimmertemperatur stehen lassen. Nach ein bis drei Stunden lässt sich anhand der Bläschen- und Schaumbildung erkennen, dass die Hefezellen arbeiten. Sollte dies einmal nicht der Fall sein, muss ein neuer Hefeansatz hergestellt werden.

FÜR DEN ANFANG

Die in diesem Buch vorgeschlagenen Rezepte beziehen sich auf eine fertige Biermenge von rund zehn Litern. Beim ersten Brauversuch sollte unbedingt erst einmal mit dieser Menge angefangen werden, um beispielsweise Erfahrungen mit der Hitzezufuhr, der Trebermenge und dem Abläutern zu sammeln.

Phase 2: Das Maischen

Das Malzschrot wird beim Einmaischen und bei den weiteren Schritten des Maischens in Wasser erwärmt und angeteigt, um möglichst viel von seinen wirksamen, schwer löslichen Bestandteilen als Extrakt in die Würze zu überführen.
Nach dem Einmaischen durchläuft die Maische drei wichtige Schritte: die Eiweißrast, die Maltoserast sowie die erste und nach Durchführung der Jodprobe die zweite Verzuckerungsrast. Bei diesen Schritten geht es darum, die gewünschte Zusammensetzung des späteren Bierextraktes zu erreichen. Dies geschieht durch exakt einzuhaltende Rasttemperaturen und

Untergäriges Starkbier brauen – das Grundrezept

-zeiten, die für die optimale Wirkung der Hauptenzymgruppen von großer Bedeutung sind. Unter »Rast« ist deshalb beim Maischen auch keine Ruhezeit, sondern ein biochemischer Prozess zu verstehen.

1 Einmaischen

Zum Einmaischen werden die acht Liter Wasser für den Hauptguss im großen Kochtopf oder Sudkessel auf 55 °C erhitzt. Dann werden drei Kilogramm geschrotetes Gerstenmalzmittel und 250 Gramm geschrotetes Karamellmalz mit dem großen Kochlöffel eingerührt und 20 Minuten lang beständig weitergerührt, damit nichts ansetzt. Die Temperatur beträgt hierbei konstant 50 °C. Während des Maischens sollte stets etwas heißes und kaltes Brauwasser zur Hand sein, um Temperaturschwankungen der Maische ausgleichen zu können.

2 Eiweißrast

Bei der Eiweißrast werden die großen Eiweißmoleküle des Malzes in kleine Bausteine aufgespalten. Dieser Prozess ist wichtig für die Klärung und Vollmundigkeit, besonders aber für die Schaumstabilität und das Kohlensäurebildungsvermögen. Für die Eiweißrast wird die Maische pro Minute unter häufigem Rühren kontinuierlich um 1 °C erwärmt und die Temperatur anschließend für 30 Minuten auf 55 °C gehalten. Vorsicht: Häufig rühren und immer wieder die Temperatur kontrollieren! Steigt die Temperatur auf 60 °C an, besteht die Gefahr der Zerstörung der Enzyme.

3 Maltoserast

Die Maltoserast ist ein für die spätere Vergärbarkeit des Biers und damit für die Alkoholbildung wichtiger Abschnitt des Brauvorgangs, weil im Bereich zwischen 60 und 65 °C die höchste Zuckermenge während des Maischens gebildet wird. Bei der Maltoserast wird die Temperatur schrittweise um 1 °C pro Minute auf 64 °C erhöht, wobei die Maische ständig gerührt werden muss. Danach soll sie 60 Minuten konstant bei dieser Temperatur gehalten und ab und zu umgerührt werden. Auch hier kommt es auf die genaue Kontrolle der Temperatur an, die immer wieder mit dem Thermometer überprüft werden muss.

FACHBEGRIFFE FÜRS BIERBRAUEN

Das Vermischen von Malzschrot und Wasser wird »Maischen« genannt, die für den Sud benötigte Malzschrotmenge »Schüttung« und das erforderliche Brauwasser »Guss«. Der Guss unterteilt sich in »Hauptguss« und »Nachguss«, die Verteilung zwischen den beiden wird als »Gussführung« bezeichnet. »Vorderwürze« nennt man schließlich die beim Maischen gewonnene Extraktlösung.

Bier brauen

4 Erste Verzuckerungsrast
Bei diesem Schritt bilden sich Dextrine, Maltose und Glukose. Das Verhältnis von Maltose und Dextrinen regelt die spätere Vergärbarkeit, die Alkoholbildung der Würze. Die Temperatur wird wieder von Minute zu Minute um 1 °C erhöht, bis die Maische 72 bis 74 °C heiß ist. Diese Temperatur soll nun konstant über eine Dauer von 30 bis 40 Minuten gehalten werden, dabei gelegentlich umrühren.

5 Jodprobe
Nach der ersten Verzuckerungsrast sollen in der Würze keine Stärken und keine komplexen Dextrine mehr vorhanden sein, die später die Gärung stören sowie im Bier zu Trübungen führen würden. Zur Kontrolle des Verzuckerungsgrades wird deshalb die Jodprobe durchgeführt. Dafür einen Teelöffel der Würze (Maische) auf eine weiße Untertasse geben und nach kurzer Abkühlung ein bis drei Tropfen Jodlösung zufügen. Färbt sich die Probe blau oder rot, muss noch mehr Stärke in Zucker umgewandelt und die Verzuckerungsrast um zehn Minuten bei 73 °C verlängert werden. Danach wird eine zweite Probe genommen. Erst wenn sich die Probe braunrot oder im günstigsten Fall gelb färbt, ist die Verzuckerung ausreichend.

6 Zweite Verzuckerungsrast
Jetzt wird die Temperatur schrittweise auf 75 bis 78 °C erhöht und unter Rühren 15 bis 30 Minuten gehalten, damit sich noch mehr unvergärbare Extrakte bilden können und das Bier vollmundiger wird.

Phase 3: Abläutern (erstes Filtern)

1a Vorbereitungen
Bereits während der letzten Maischphase werden zehn Liter Brauwasser für den Nachguss auf 78 °C erhitzt und der Läuterbottich bzw. der Maischefilter bereitgestellt.

1b Abläutern
Entweder werden nun zuerst die festen Bestandteile der Maische mit einer Schaumkelle in den Läuterbottich oder Filter

GLEICHMÄSSIGES ERHITZEN

Vor allem während des Erhitzens ist es wichtig, ständig umzurühren, damit der Temperaturanstieg in der Maische gleichmäßig verläuft.

Untergäriges Starkbier brauen – das Grundrezept

gegeben und dann die Bierwürze aus dem Brautopf hinterhergegossen oder umgekehrt.

Wer einen Maischefilter aus Baumwollmulltüchern besitzt, sollte zuerst den »Treber«, – so der Fachbegriff für die festen Malzschrotbestandteile – durch ein Gemüse- oder Nudelsieb geben, damit das Tuch später nicht durch die groben Bestandteile verklebt.

Wichtig ist auf jeden Fall, dass die »Würze«, die Flüssigkeit ohne Malzschrot, die jetzt auch »Vorderwürze« genannt wird, klar und nicht zu langsam durch den Läuterbottich bzw. den Maischefilter abläuft. Sie wird nun wieder in den zuvor gereinigten Brautopf zurückgegeben. Damit die Vorderwürze nicht weiter abkühlt, wird sie bereits jetzt auf Kochtemperatur erhitzt.

2 Der Nachguss

Nun wird das 78 °C heiße Nachgusswasser mit einer Schöpfkelle oder mit dem Messbecher langsam über den Treber durch den Läuterbottich bzw. den Maischefilter gegeben. Dabei den Treber ab und zu umrühren bzw. »umgraben«, damit der Filter nicht verstopft wird und sich möglichst alle Zuckerrückstände herauslösen können.

Die Nachgüsse werden normalerweise in drei oder mehr Teilmengen aufgebracht. Dies geschieht, damit die Temperatur des Trebers während des gesamten »Anschwänzens« – so wird das Aufgießen des Trebers genannt – möglichst immer zwischen 65 °C und höchstens 78 °C bleibt.

3 Besonders gehaltvolle Extraktausbeute

Eine optimale Extraktausbeute erhält man, wenn man das Nachgusswasser nicht einfach auf den Treber gießt, sondern mit einer kleinen Gießkanne mit Brauseaufsatz über den Treber sprüht. Auch sollte das Wasser immer erst ablaufen, bevor die nächste Portion auf den Treber gegeben wird. So wird der Treber nicht überschwemmt, und die Filtermulde bleibt stets mit Treber ausgekleidet.

Der Nachguss sollte übrigens auf keinen Fall heißer als 78 °C sein, weil sonst unverzuckerte, verkleisterte Stärke ausgewaschen wird, die später im Bier Trübungen hervorruft.

ZEITAUFWAND

Der Vorgang des Abläuterns und Anschwänzens, bei dem die Bierwürze vom Malzschrot getrennt wird, dauert insgesamt eineinhalb bis zwei Stunden.

 Bier brauen

Ein großer Teil des Trebers besteht aus den Spelzen. Wurde das Malz in der richtigen Körnung geschrotet, ohne die Spelzen zu zerstören, sorgen sie jetzt dafür, dass der Treber nicht ständig zusammenklebt und infolgedessen undurchlässig wird.

Auch zu feines Schroten ist nachteilig: Dann entsteht durch den hohen Mehlanteil reichlich Teig, der die Treber verdichtet und die Poren des Filters verstopft, so dass das Nachgusswasser nur langsam laufen kann. Dabei kühlt es zu sehr ab, was eine Verschlechterung der Maltoselöslichkeit zur Folge hat.

In dieser Phase des Abläuterns nach oder auch während des Überschwänzens die verdünnte Vorderwürze ebenfalls in den zum Kochen aufgesetzten Brautopf gießen.

Der zurückbleibende Treber kann, sofern biologisch angebautes Getreide verwendet wurde, bedenkenlos kompostiert oder an Hühner, Schweine, Rinder oder Schafe verfüttert werden. Allerdings ist zu bedenken, dass besonders bei konventionell angebauter Gerste oder Weizen Schwermetalle wie Blei und Kadmium über diesen Umweg in die menschliche Nahrungskette gelangen können.

4 Würzegehalt prüfen

Als nächster Schritt wird die Vorderwürze jetzt mit der Bierspindel auf ihren Würzegehalt überprüft. Dazu wird der Messzylinder (mit einem Volumen von 250 Millilitern) zu etwa drei Vierteln mit Vorderwürze gefüllt und im kalten Wasserbad auf genau 20 °C abgekühlt.

Danach die Bierspindel langsam und vorsichtig in den Zylinder stellen. Wenn zu früh losgelassen wird, kann eine gläserne Spindel bis auf den Boden des Messzylinders gleiten und zerspringen! Sobald die Spindel frei schwimmt, kann der Würzegehalt anhand der Skala auf der Bierspindel abgelesen werden.

Der Würzegehalt gibt in Gewichtsprozenten an, wie viel Gramm Zucker und andere Substanzen pro Kilogramm Flüssigkeit gelöst sind. Ist der Würzegehalt z. B. bei unserem untergärigen Starkbier höher als 16 bis 17 Prozent, sollte noch etwas Brauwasser zum Verdünnen nachgegossen werden. Liegt der Wert darunter, war der Nachguss zu reichlich, und man kann beim anschließenden Würzekochen einfach etwas mehr Wasser verkochen lassen.

OPTIMALE AUSBEUTE
Alle hier beschriebenen Vorkehrungen sollen dafür sorgen, dass möglichst viele wichtige Inhaltsstoffe aus dem Treber herausgelöst werden.

Bier brauen Schritt für Schritt: Das Abläutern

1b Beim ersten Filtern, auch »Abläutern« genannt, wird die Würze mit einer Schaumkelle in den Läuterbottich oder durch den Maischefilter gegossen.

2 Das 78 °C heiße Nachgusswasser wird mit einer Schöpfkelle langsam über den Treber, die festen Überreste des Gerstenmalzes, gegeben.

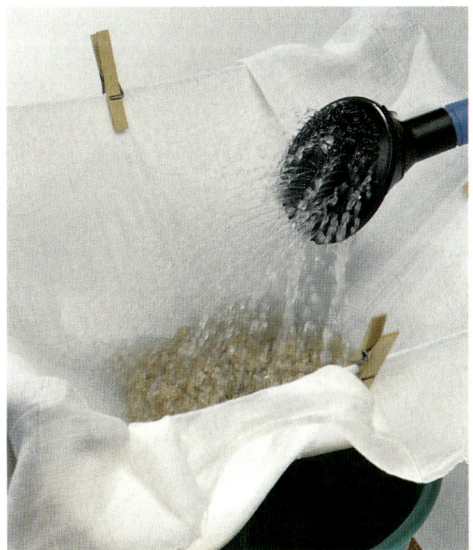

3 Optimal ist die Ausbeute, wenn man den Nachguss mit einer Gießkanne mit Brausekopf über den Treber sprüht. Wasser vor jeder neuen Portion erst ablaufen lassen.

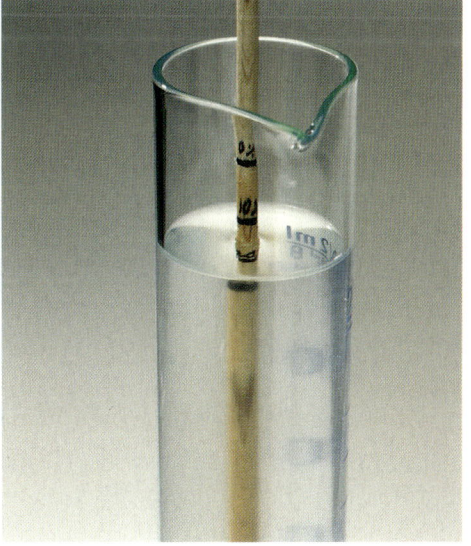

4 Zum Schluss die Vorderwürze mit der Bierwürzspindel auf ihren Würzegehalt überprüfen. Die Bierspindel vorsichtig in den Zylinder stellen und halten!

 Bier brauen

Phase 4: Würze kochen und Hopfenzugabe

1 Würze kochen

Durch das Kochen wird die Wirksamkeit sämtlicher Enzyme unterbunden, damit sie das Gleichgewicht der in der Würze bestehenden Zuckerbestandteile (Maltose und Dextrin) nicht mehr beeinträchtigen können. Außerdem werden beim Kochen die gerinnbaren Eiweißstoffe – »der Bruch« – ausgeschieden und können nach dem Kochen abgefiltert werden. Die Würze wird zudem durch das Kochen sterilisiert, d. h., es werden alle Bakterien zerstört, die sonst das Bier während der Gärung verderben könnten.

Schließlich führt das Kochen zur Verdampfung von überschüssigem Wasser, und die Würze erhält die vorgesehene Konzentration, den so genannten »Stammwürzegehalt«.

Die Menge der Würze wird nach dem Abläutern anhand der Markierung am Braulöffel gemessen, zum Kochen gebracht und offen 90 Minuten sprudelnd gekocht.

Wichtig: Vor allem zu Beginn des Kochens sollte man die Würze immer im Auge behalten, da sie stark aufschäumt und zum Überkochen neigt.

Kurz vor Ende der Kochzeit wird die Menge der Würze nochmals nachgemessen und eventuell ein Teil des verdampften Wassers mit kochendem Brauwasser ergänzt. Während sie auf die bei Kochbeginn vorhandene Menge verdünnt wird, misst man mit der Bierspindel den Stammwürzegehalt (siehe Seite 144, Würzegehalt prüfen). Dafür muss die Probe im Wasserbad wieder auf 20 °C abgekühlt werden. Sie sollte einen Extraktgehalt von 16 bis 17 Prozent aufweisen.

2 Zugabe von Hopfen

Bereits vor Kochbeginn werden etwa 24 Gramm Hopfenpellets Type 90 der Vorwürze zugegeben, die restlichen acht Gramm zehn Minuten vor Ende der Kochzeit. Der Hopfen muss mindestens 60 Minuten mitgekocht werden, da seine Substanzen erst nach längerer Kochzeit die vorgesehene Hopfenbittere an das Bier abgeben. Dabei werden auch die im Hopfen enthaltenen Harze und Öle gelöst, die schließlich die Würze zusammen

ZEITAUFWAND

Das Kochen der Würze dauert je nach Rezept in der Regel etwa ein bis eineinhalb Stunden. Der Hopfen wird entweder vorher oder 15 Minuten nach Kochbeginn zugefügt.

Untergäriges Starkbier brauen – Fortsetzung

mit dem Malzaroma vollenden. Der Topf sollte während des Kochens auf jeden Fall geöffnet sein, damit die Dämpfe gut abziehen können. Würden sie am Deckel kondensieren und in die Würze zurückfließen, bekäme das Bier einen unangenehm bitteren Geschmack.

Die Dosierung des Hopfens schwankt je nach Sorte, Erntejahr und Lagerung. Die in den Rezepten angegebenen Mengen sind daher nur Richtmengen. Wer seine Leidenschaft fürs Bierbrauen entdeckt hat, sollte sich unbedingt anhand weiterführender Literatur intensiver mit der Dosierung des Hopfens auseinander setzen (weiterführende Literatur siehe Seite 314–315).

RASCH FILTERN

Damit keine Fremdpartikel in die sterile Würze gelangen können, ist es wichtig, dass das Filtern möglichst rasch geschieht.

Phase 5: Das Ausschlagen (zweites Filtern)

Ab dieser Phase muss unbedingt steril gearbeitet werden, weil in der Luft befindliche Bakterien oder verunreinigte Geräte das gesamte Brauergebnis zunichte machen können.

Der Kochtopf wird nun vom Herd genommen und in ein kaltes Wasserbad – z. B. in die Badewanne – gestellt. Den elektrischen Brautopf natürlich nicht ins Wasser stellen, sondern abgeschaltet etwas abkühlen lassen. Nach einigen Minuten hat sich der sogenannte »Heißtrub« oder »Kochtrub« am Boden abgesetzt, der aus Eiweißstoffen, Hopfenbestandteilen und anderen organischen Stoffen besteht. Man nennt die Würze jetzt »Ausschlagwürze«, da sie als Nächstes vollständig von dem sehr feinen Bruch bzw. dem Trub getrennt (»ausgeschlagen«) werden muss.

Den sterilisierten Gärbehälter bereitstellen, in dessen Öffnung den Trichter mit dem ebenfalls sterilisierten Würzsiebbeutel stellen. Die noch heiße Würze wird jetzt mit einer großen Schöpfkelle oder einem Stieltopf vorsichtig abgeschöpft und durch den Filter bzw. den Würzsiebbeutel gegeben. Sehr wichtig ist dabei, dass die Ausschlagwürze wirklich klar und schnell abläuft.

Zum Schluss den Trub durch den Filter gießen, so dass der Hopfentreber als grüne Masse zurückbleibt. Dieser Treber enthält auch noch Würze, die man mit ein oder zwei Kellen siedendem Wasser ausschwemmt. Dieses sollte möglichst zügig geschehen, denn die abkühlende Würze verliert schnell an Sterilität.

 Bier brauen

Phase 6: Das Abkühlen

Das Gärgefäß wird nun zum Kühlen in eine kaltes Wasserbad gestellt (Plastikwanne). Unbedingt die Öffnung des Gärgefäßes mit einem sauberen Küchentuch abdecken, damit in dieser empfindlichen Phase keine fremden Keime eindringen können. Um eine ausreichende Sauerstoffzufuhr zu gewährleisten, die Würze während der letzten Abkühlphase (von 40 auf 20 °C) gelegentlich mit einem sterilisierten Löffel gründlich umrühren.

Um die Kühlung zu beschleunigen, wird das kalte Wasser immer wieder erneuert, denn die Würze soll möglichst schnell, spätestens nach zwei Stunden auf die für das Zugeben der Hefe notwendige Temperatur abkühlen. Eine schnelle Kühlung ist vor allem in der letzten Phase zwischen 40 und 20 °C wichtig, weil in diesem Bereich die Gefahr einer Infektion besonders groß ist und sich Bierschädlinge schnell entwickeln können. Die Kühlwirkung des Wasserbades kann mit reichlich Eiswürfeln, Kühlakkus oder mit Salzwasser gefüllten Plastikflaschen aus der Gefriertruhe unterstützt werden.

AUSFÄLLEN

Durch die abrupte Kühlung werden die Eiweißstoffe von der Würze abgeschieden. Dieser der Klärung des Biers dienende Prozess wird »Ausfällen« genannt.

Phase 7: Die Hauptgärung

Die alkoholische Gärung des Biers wird durch die Aktivität der Bierhefeorganismen in Gang gesetzt, bei der sich die vergärbaren Kohlenhydrate in Alkohol und Kohlensäure umwandeln.

1a Hefezugabe

Sobald die Würze die Gärtemperatur von 6 °C erreicht hat – sie heißt jetzt »Anstellwürze« – wird die in Phase 1 (siehe Seite 140) vorbereitete Hefelösung zugegeben, »angestellt«, und durch gründliches Rühren mit dem Braulöffel belüftet. Danach das Gärfass sofort mit dem Deckel fast luftdicht abdecken, aber nicht fest verschließen. Für obergäriges Bier reicht ein sauberes Küchenhandtuch, so dass die obergärige Hefe genügend Sauerstoff bekommt, den sie zu Beginn der Hauptgärung unbedingt benötigt. Die Würze sollte generell in den ersten vier bis acht Stunden der Gärung möglichst häufig durch intensives Rühren mit einem sterilen Löffel belüftet werden, damit sich die Angärung nicht verzögert.

Bier brauen Schritt für Schritt: Die Hauptgärung

1a Die in Phase 1 hergestellte Hefelösung wird der auf 6 °C abgekühlten Würze beigegeben und durch gründliches Rühren mit dem Braulöffel belüftet.

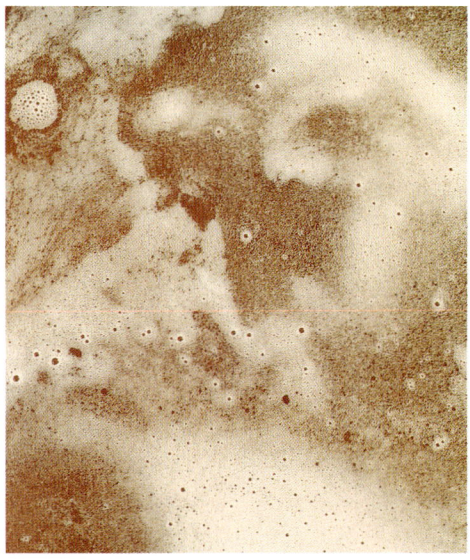

2 Nach 12 bis 48 Stunden sind Ausscheidungen aus der Würze als cremigweiße Schaumschicht sichtbar. Sie werden durch die aufsteigende Kohlensäure nach oben transportiert.

3 Nach 2 bis 3 Tagen bilden sich dicke Schaumgebirge (Kräusen) mit braunen Hefeflecken, die während der Gärung täglich mit einem sterilen Löffel entfernt werden.

4 Die Kräusen auf dem Jungbier fallen am Ende der Hauptgärung in sich zusammen. Die Bierspindel zeigt jetzt einen Extraktgehalt von 4 bis 5 Prozent.

 Bier brauen

1b Gärtemperatur

Nach dem Anstellen der Hefe wird das Gärfass an einen ungestörten Platz mit möglichst konstanter Temperatur gestellt. Für untergäriges Bier, das bei 4 bis 10 °C gärt, wird ein kühler Keller oder ein großer Kühlschrank benötigt. Bei der Herstellung von obergärigem Bier reicht Zimmertemperatur, weil die Hefe bei 15 bis 23 °C arbeitet. Sehr wichtig ist, dass größere Temperaturschwankungen während der Hauptgärung vermieden werden.

2 Gärstadien

Die Dauer der Gärung ist abhängig von der Bierart und davon, welche Hefe verwendet wurde. Im ersten Stadium der Gärung, das vier bis acht Stunden dauert, absorbiert die Hefe den gesamten verfügbaren Sauerstoff und speichert somit Energie für später. Dabei wächst die Zahl der Hefezellen ständig, bis sie sich gegen Ende der Gärung um das Drei- bis Achtfache der Anstellmenge vermehrt haben. Sobald kein Sauerstoff mehr vorhanden ist, wandelt die Hefe den Malzzucker in Alkohol und Kohlensäure um. Dabei transportiert die aufsteigende Kohlensäure Ausscheidungen aus der Würze an die Oberfläche, die sich je nach Temperatur und Hefesorte nach 12 bis 48 Stunden als cremigweiße Schaumschicht auf der Würze absetzt.

3 Hefeflecken entfernen

Nach zwei bis drei Tagen bilden sich immer dickere Schaumgebirge, die Kräusen, die das Jungbier vor Verunreinigungen aus der Luft schützen. Darauf zeigen sich bald braune Flecken, die von Ausscheidungen aus der Würze stammen und vom aufsteigenden Kohlendioxid nach oben transportiert werden. Die dunklen Hefeflecken sollten während der Gärung täglich mit einem sterilen Löffel entfernt werden.

4 Das Ende der Hauptgärung

Die Kräusen auf dem Jungbier fallen bald darauf in sich zusammen, und bei untergärigem Bier setzt sich die Hefe nach und nach am Boden des Gärfasses ab. Das Zusammenfallen der Kräusen ist ein Zeichen dafür, dass die Hauptgärung beendet ist. Die Bierspindel zeigt jetzt einen Extraktgehalt von vier bis fünf Prozent an.

GÄRTEMPERATUREN

Während der Hauptgärung müssen größere Temperaturschwankungen vermieden werden. Für die Herstellung von untergärigem Bier braucht man einen kühlen Keller oder Kühlschrank, bei obergärigem Bier reicht Zimmertemperatur.

Bier brauen Schritt für Schritt: Die Klärung

5 Bestimmung des Abfüllzeitpunkts

Vor dem Abfüllen muss der restliche Schaum abgeschöpft werden. Im Prinzip kann man die Bestimmung des Abfüllzeitpunkts anhand einer Geschmacksprobe durchführen. Ein guter Biergeschmack zeigt an, dass die Hauptgärung beendet ist. Schmeckt das Jungbier süß, kann es noch etwas gären. Es kann aber auch eine auf 20 °C temperierte Probe auf den Extraktgehalt untersucht werden. Vor dem Messen mit der Bierspindel unbedingt die Kohlensäure entfernen; das geht am besten, wenn man die Bierprobe durch einen Kaffeefilterbeutel gießt.

Phase 8: Nachgärung und Klärung

Ist die Hauptgärung abgeschlossen, kann das Jungbier in Flaschen nachgären. Es wird über einen passenden Abfüllschlauch in die im Backofen bei 110 bis 150 °C sterilisierten Flaschen abgefüllt. Die Flaschen nur zu 90 bis 95 Prozent füllen und sofort sorgfältig verschließen. Danach das Bier noch drei bis fünf Tage bei gleicher Temperatur wie während der Hauptgärung abgedunkelt stehen lassen, danach in dunkler Umgebung bei 0 bis 2 °C 8 bis 16 Wochen reifen lassen. Diese Temperaturen sollten möglichst nicht überschritten werden, weil sich eine zu warme Lagerung nachteilig sowohl auf den Biergeschmack als auch auf die Schaumbildung auswirkt.

Wichtig: Bei der Nachgärung in Bierflaschen müssen die Flaschen unbedingt spätestens nach 12 bis 18 Stunden sowie in den ersten zwei bis drei Tagen täglich mindestens einmal ganz kurz entlüftet werden, damit der hohe Kohlendioxiddruck entweichen kann.

HEFEFLECKEN

Hefeflecken nennt man die braunen Stellen, die sich während des Gärungsprozesses auf den Kräusen des Jungbiers bilden.

Gesetzliche Verordnungen zum Bier

Brauen und Vermarkten von Bier unterliegen dem Biersteuergesetz von 21.12.1992/1993, der Biersteuer-Durchführungsverordnung vom 24.8.1994, der Bekanntmachung der Neufassung des Vorläufigen Biergesetzes vom 29.7.1993, der Bekanntmachung der Neufassung der Verordnung zur Durchführung des Vorläufigen Biergesetzes vom 29.7.1993 und der Bierverordnung vom 2.7.1990.

 Bier brauen

Weizenbier hell/obergärig

Zutaten:

- 1 kg geschrotete helle Gerste
- 1,5 kg geschroteter heller Weizen
- 20–25 g Hopfenpellets Type 90
- 7 g obergärige Trockenhefe
- weiches bis mittelhartes Wasser

Brauvorgang:

Hauptguss	8 l, 45 °C	Würzekochen	90 Min.
Einmaischen	20 Min., 35–40 °C	Hopfenzugabe	3/4 vor Kochbeginn,
Eiweißrast	20 Min., 50–55 °C		1/4 ca. 15 Min. vor
Maltoserast	30–40 Min., 65 °C		Kochende
1. Verzuckerung	30 Min., 71 °C	Abkühlen	15 °C
2. Verzuckerung	30 Min., 76 °C	Hauptgärung	obergärig, 3–5 Tage,
Abkühlen	15 °C		15–20 °C
Nachguss	8–9 l	Lagerzeit bis zur	
Würzegehalt	11–12%	Trinkreife	3–4 Wochen

Dunkles Starkbier Typ Landbier/obergärig

Zutaten

- 1,5 kg dunkle Gerste und 1,5 kg helle Gerste
- 500 g Malzextrakt
- 250 g Röstgerste (ungemälzte Rohgerste)
- 40 g Pellets, Typ 90 (bei 3 % Alphasäure)
- 7 g obergärige Trockenhefe
- weiches bis mittelhartes Wasser

Brauvorgang

Hauptguss	7–8 l, 60 °C	Würze kochen	60–90 Min., Malzextrakt vor dem Kochen zugeben
Einmaischen	20 Min., 50 °C		
Eiweißrast	20–30 Min., 47–55 °C	Hopfenzugabe	vor Kochbeginn
Maltoserast	40 Min., 65 °C	Abkühlen	15 °C
Verzuckerungsrast	40 Min., 74 °C	Hauptgärung	obergärig, 3–5 Tage, 15–20 °C
Nachguss	9–10 l	Lagerzeit bis zur	
Würzegehalt	16–17 %	Trinkreife	3–4 Wochen

Biertypen

Helles Vollbier Typ Pils/untergärig

Zutaten:

- 2 kg geschrotete helle Gerste
- 40 g Hopfenpellets Type 90
- 20–25 ml untergärige Pilsener Flüssighefe
- sehr weiches Wasser

Brauvorgang:

Hauptguss	8 l, 40 °C	Würzekochen	90 Min.
Einmaischen	20 Min., 35 °C	Hopfenzugabe	3/4 vor Kochbeginn, 1/4 ca. 15 Min. vor Kochende
Eiweißrast	15–20 Min., 50–52 °C		
Maltoserast	30–40 Min., 64 °C	Abkühlen	6 °C
1. Verzuckerung	30–40 Min., 72–75 °C	Hauptgärung	untergärig, 6–10 Tage, 4–10 °C
2. Verzuckerung	15–30 Min., 75–76 °C		
Nachguss	6–7 l	Lagerzeit bis zur Trinkreife	4–12 Wochen
Würzegehalt	11–13%		

Helles Vollbier Typ Export/untergärig

Zutaten:

- 2 kg geschrotete helle oder mittlere Gerste
- 250 g geschroteter Karamellmalz
- 35–40 g Hopfenpellets Type 90
- 20–25 ml untergärige Pilsener Flüssighefe
- sehr weiches bis weiches Wasser

Brauvorgang:

Hauptguss	9–10 l, 55 °C	Würzekochen	90 Min.
Einmaischen	20 Min., 50 °C	Hopfenzugabe	3/4 vor Kochbeginn, 1/4 ca. 15 Min. vor Kochende
Eiweißrast	15–20 Min., 50–52 °C		
Maltoserast	40–60 Min., 64 °C	Abkühlen	6 °C
1. Verzuckerung	40–60 Min., 72–75 °C	Hauptgärung	untergärig, 6–10 Tage, 4–10 °C
2. Verzuckerung	15 Min., 75–76 °C		
Nachguss	7–8 l	Lagerzeit bis zur Trinkreife	4–12 Wochen
Würzegehalt	11–13%		

Essig ansetzen, Essig und Öl aromatisieren

Wein, oder der darin vorkommende Alkohol, und Essig haben eine enge Beziehung. Beide mussten die Menschen nicht erfinden, sondern nur in der Natur entdecken. Wenn süße Früchte oder Fruchtsaft gären, entsteht Alkohol als ein Stoffwechselprodukt. Alkohol dient den im gärenden Saft oder in der Maische lebenden Mikroorganismen, wie Essigbakterien, als Nahrung. Man braucht also nur einige Essigbakterien mit Wein zusammenzubringen, um Essig zu erhalten. Der Umwandlungsprozess von Alkohol in Essig funktioniert aber nur, wenn Sauerstoff und Wärme vorhanden sind. So erklärt sich auch, warum sich Wein in Essig verwandeln kann, wenn er an einem warmen Platz einige Tage offen steht.

Das hatten auch schon die alten Babylonier, Assyrer und Ägypter erkannt. Sie nutzten Essig auf zweierlei Weise, wie wir heute noch: als Heil- und als Genussmittel. Äußerlich angewendet bei Entzündungen, eingenommen gegen Darmerkrankungen und Husten, nahm der Essig in der Heilkunde des Altertums eine wichtige Stellung ein. In den warmen Ländern wurde er, mit Wasser verdünnt, zu einem beliebten durststillenden und erfrischenden Getränk.

Sauerstoff und Wärme sind sowohl bei der industriellen Herstellung als auch beim hausgemachten Essig wichtig. Essigbakterien gibt es praktisch überall: in der Luft, auf und im Obst und besonders in Wein- und Obstregionen. Hier können auch die so genannten Essigfliegen die Bakterien übertragen. Sie sind sehr schnell zur Stelle, wenn irgendwo Wein länger offen steht. Wird dann das Gefäß mit einem luftdurchlässigen Baumwolltuch verschlossen, dauert es zwei bis vier Wochen, bis Essig entstanden ist. Dieser natürliche Entwicklungsprozess wird Orleans-Verfahren genannt nach jener französischen Stadt, in der die Essigfabrikation seit dem Mittelalter Tradition hat. Essig lässt sich leicht selber machen aus Wein oder Früchten und wird wegen seines feinen Aromas geschätzt. Als Würzessig, mit zugesetzten Kräutern und Gewürzen, wird er zur Delikatesse. Wie Kräuteröl ist er leicht herzustellen und ideal zum Verschenken.

ESSIG UND ÖL

In der Küche, auf der Tafel nehmen sie einen wichtigen Platz ein, würzen und stärken die Gesundheit.

Essig ansetzen, Essig und Öl aromatisieren

Arbeitsgeräte

Für ein erstes Essigexperiment braucht man nur ein Gefäß für Wein und Essigbakterien und ein Stück Stoff zum Zubinden. Für eine fachgerechtere Essigproduktion reicht das allerdings nicht mehr aus.

Fürs Essigmachen benötigen Sie einige spezielle Geräte, die aber leicht erhältlich sind.

Grundausstattung

Spezielle Helfer und Geräte, die beim Essigmachen benötigt werden, sind:

- Gärbehälter mit weiter Öffnung aus säurebeständigem Edelstahl, lebensmittelechtem Kunststoff oder Glas
- Fliegennetz oder Gazetuch zum Verschließen; für kleinere Essigmengen Krüge, Literflaschen oder ähnliche Gefäße
- Eventuell Pumpe, unbedingt Filter und Einfülltrichter
- Thermometer mit Fühler
- Plastikkugeln zum Ansiedeln von Essigbakterien
- Schöpfkelle oder Sieb zum Abheben der Kunststoffkugeln
- Siebe und Filter zum Abtrennen der Schleimhaut
- Plastikfolie, lebensmittelecht, zum Abdecken der Essigoberfläche

Essigzubereitung

- Messgeräte zum Bestimmen von Säure und Alkohol
- Naturbürsten zum Reinigen der Behälter

So entsteht Essig

Man unterscheidet zwischen industrieller und häuslicher Essigzubereitung. Die kommerzielle Herstellung erreicht zwar einen gleich bleibenden Qualitätsstandard, doch lässt sich zu Hause eine größere Geschmacksvielfalt erzielen.

Bei kleineren Essigmengen wendet man die Methode der Oberflächengärung an. Die Oberfläche des Essigansatzes wird dabei der Luft ausgesetzt, und frei lebende Essigbakterien siedeln sich an. Dem Ansatz kann eine so genannte Essigmutter zugesetzt werden, oder er wird mit Essigbakterien beimpft. Bei diesem Verfahren spricht man von Ansetzen. Aus den Bakterien bildet sich kurze Zeit danach eine Essigmutter, auch Kahmhaut genannt. Ist sie kräftig genug, wird alle acht Tage ein Teil des Rohessigs durch Wein ersetzt, bis die gewünschte Essigmenge hergestellt ist. Der Essig muss anschließend mehrere Monate lang reifen.

Als Rohstoff eignen sich bei der Hobbyessigherstellung am besten Trauben- oder Obstweine. Um sich die Arbeit des Weinkelterns zu ersparen, kann einfach ein handelsüblicher Rot- oder Weißwein oder ein Fruchtwein gekauft werden, der allerdings nicht zu stark geschwefelt sein darf. Besonders empfehlen sich Weine aus biologischem Anbau. Je hochwertiger die Güte des Weins, desto stärker entfaltet der Essig sein sortentypisches Aroma.

KEIN METALL

Essig verträgt sich nicht mit Metallen wie Zink, Kupfer oder Eisen. Für die Zubereitung und Aufbewahrung Gefäße aus Glas, Porzellan, Edelstahl oder Emaille verwenden.

Die Essigmutter

So nennt man die klebrige Masse, die sich bei der Essiggärung an der Oberfläche des Ansatzes bildet. Sie entsteht durch die Bakterien, die den Gärungsprozess einleiten. Schöpft man diese Schicht ab und gibt sie in eine andere Flüssigkeit, setzt sie den Gärungsprozess in Gang und beschleunigt ihn. Daher auch der Name »Essigmutter«. Ein anderer Begriff für sie ist »Kahmhaut«. Essighersteller hüten sie wie einen Schatz, denn sie garantiert einen Essig von gleich bleibender Qualität.

 Essig ansetzen Schritt für Schritt

1 1 Liter Wein in ein großes Gärgefäß füllen. Dieses darf mit dem gesamten Ansatz nur bis zu zwei Dritteln gefüllt sein. Wein auf 26 bis 28 °C erwärmen.

2 Die im Handel erhältliche Essigkultur (1/4 l) zum Wein geben. Öffnung des Gärbehälters mit feinmaschigem, luftdurchlässigem Stoff verschließen.

3 Nach 1 bis 2 Wochen bildet sich eine dünne Kahmhaut (Essigmutter). 1 Liter Wein zugeben, Temperatur konstant zwischen 22 und 26 °C halten.

4 Nach 2 Wochen den Essig auf 5 Liter verlängern. Nach wiederum 2 Wochen kann der Ansatz auf 10 Liter aufgefüllt werden. Alle 2 Wochen verdoppelbar.

Gäransatz

Ansetzen eines zweiten Gärgefäßes

1 Wird ein zweiter Gäransatz vorbereitet, braucht man spezielle Kunststoffkugeln zum Ansiedeln von Essigbakterien. Zuerst muss der Alkoholgehalt des Essigs genau gemessen werden. Er soll zu diesem Zeitpunkt noch 20 bis 40 Gramm pro Liter Ansatz betragen.

2 Ist der errechnete Alkoholgehalt zufrieden stellend, können die Essigbakterien auf das neue Gärgefäß überimpft werden. Dazu je einen Teil Wein und einen Teil Rohessig in den neuen Gärbehälter geben und auf 26 °C erwärmen.

3 Mit einer Schaumkelle die Plastikkugeln abschöpfen und in den neuen Gärbehälter geben. Danach wie bereits beschrieben verfahren.

4 Das Fortschreiten der Gärung erkennt man daran, dass sich verstärkt Kondenswasser und eine Kahmhaut bilden. Von Zeit zu Zeit eine Probe entnehmen, in ein Weinglas gießen und riechen. Am Ende der Gärung ist der Geruch nach Wein oder Klebstoff verschwunden und einem aromatischen, feinwürzigen, frischen Bukett gewichen.

5 Soll der Essig auf einen bestimmten Säuregehalt eingestellt werden, wird erst der tatsächliche Gehalt bestimmt. Dazu wird der Titierzylinder benötigt.

6 Aus dem fertigen Essig werden die Kunststoffkugeln entfernt, der Essig wird gefiltert und eventuell der Säuregehalt mit Wasser reduziert. Dann wird der Essig auf sterilisierte Flaschen gefüllt, verkorkt und kühl, dunkel und aufrecht stehend gelagert.

GESUNDE SÄURE

Essig sorgt für schöne, glatte Haut, glänzendes Haar, hilft dem Magen und hält die Herzmuskelzellen bis ins hohe Alter leistungsfähig.

Essig – das Heilmittel aus der Natur

Eines der wirksamsten Naturheilmittel ist der Essig. Die Essigsäure desinfiziert Mundhöhle und Schleimhäute, wirkt vorbeugend gegen Nieren- und Blasenbeschwerden und kann den Blutdruck senken. Essig hilft bei Schlafstörungen und beruhigt die Nerven. Bei Ekzemen und Insektenstichen wirkt er entzündungshemmend. Er stärkt den Aufbau von Knochen und Zähnen. Als Badezusatz wirkt Essig wohltuend und fördert die Durchblutung von Haut und Bindegewebe.

Essig ansetzen, Essig und Öl aromatisieren

WALNUSSESSIG

ZUTATEN
für 2 Flaschen mit je 0,5 l Inhalt

- 250 g Walnusskerne
- 1 kleine Zimtstange
- 5 ganze Gewürznelken
- 1 l Apfelessig

1 Die Walnusskerne mit einem schweren Messer grob zerhacken. Mit dem Apfelessig in einem Topf auf 40 °C erhitzen.
2 Nach dem Abkühlen die Zimtstange und 5 ganze Gewürznelken zugeben und den Essig verschlossen an einem dunklen, kühlen Ort etwa 3 Wochen ziehen lassen. Zwischendurch immer wieder umrühren und den Geschmack prüfen.
3 Zum Schluss den Walnussessig durch einen Kaffeefilter gießen und in Flaschen füllen. Die Zimtstange kann zur Dekoration in der Flasche bleiben.

TIPPS: Der Walnussessig empfiehlt sich zum raffinierten Würzen von Süßspeisen, die eine leicht säuerliche Note erhalten sollen.
Er schmeckt auch köstlich zu Salat mit Roten Beten. Mit Walnussessig lassen sich auch frische Blattsalate wie Feldsalat oder Rucola harmonisch abschmecken. Probieren Sie ihn in den Wintermonaten zu Möhren-Apfel-Salat. Verwenden Sie Walnussessig zusammen mit geschmacksneutralen, wertvollen Pflanzenölen, um das eigene Aroma des Essigs nicht zu überdecken.

GEWÜRZESSIG

ZUTATEN
für 2 Flaschen mit je 0,25 l Inhalt

- 1 Zimtstange
- 3 Gewürznelken
- 1 TL Anissamen
- 1 TL Honig
- 1/2 l Apfel- oder Weißweinessig

1 Die Zimtstange in etwa 1 Zentimeter lange Stücke schneiden. 3 Nelken zusammen mit 1 Teelöffel Anissamen im Mörser grob zerstoßen.
2 Den Essig zusammen mit den Gewürzen und 1 Teelöffel Honig in einem Topf leicht erwärmen. Dann verschlossen mindestens 4 Wochen kühl und dunkel stellen.
3 Den Essig durch das Filterpapier gießen und in 2 Flaschen füllen.

TIPP: Dieser Gewürzessig gibt vielen Süßspeisen und Kompotten einen feinwürzigen Geschmack.
In den kalten Wintermonaten findet Gewürzessig eine besondere Verwendung in Punsch, dem er eine adventliche Note verleiht.
Er schmeckt auch zu Lammgerichten und gekochtem Fisch. Versuchen Sie ihn, sparsam dosiert, auch zu exotischen Gemüsegerichten.

Himbeeressig auf Großmutters Art

HIMBEERESSIG AUF GROSSMUTTERS ART

1 Die Himbeeren abbrausen und gut abtropfen lassen, in ein Gefäß geben und grob zerdrücken. Den Essig darüber gießen. Das Gefäß mit einem Gazetuch zubinden.
2 Den Ansatz 4 Tage bei Raumtemperatur stehen lassen, täglich umrühren.
3 Den Ansatz durch ein Tuch filtrieren. Den Essig mit dem Zucker 10 Minuten kochen, noch heiß in Flaschen füllen und sofort verschließen. Den Essig kühl und dunkel lagern. Vor dem Verschließen der Flaschen kann man noch einige frische, gewaschene Himbeeren in den Essig geben.

TIPP: Der Himbeeressig wird erhitzt, um ihn haltbar zu machen. Einmal geöffnet, sollte er innerhalb von 6 bis 8 Monaten aufgebraucht werden.

VARIANTE: Heute wird aromatischer Himbeeressig meist ohne Zucker zubereitet, z. B. nach folgendem Rezept: 250 g frische, vorbereitete, zerdrückte Himbeeren mit 1 l Weißweinessig übergießen und langsam auf 40 °C erhitzen. Den Ansatz zugebunden 10 bis 14 Tage ziehen lassen. Den Ansatz filtrieren und in Halbliterflaschen abfüllen. Den Essig kühl und dunkel lagern.

ZUTATEN
für 4 Flaschen mit je 0,75 l Inhalt

- *1 kg Himbeeren*
- *3/4 l Weißweinessig*
- *1 kg Zucker*

Den Essig in formschöne Flaschen oder kleine Krüge füllen, so ist er ein ideales und attraktives Geschenk für Freunde.

Essig ansetzen, Essig und Öl aromatisieren

Provenzalisches Kräuteröl

Zutaten
für 1 Flasche mit 0,5 l Inhalt

- 2 Knoblauchzehen
- 1 Zweig Estragon
- 1 Zweig Thymian
- 1 Zweig Rosmarin
- 1/2 l kaltgepresstes Olivenöl

1 Estragon, Thymian und Rosmarin abbrausen und mit Küchenpapier gründlich trockentupfen.

2 Die Knoblauchzehen auf ein Brettchen legen und mit der breiten Seite eines Fleischmessers quetschen, damit das Knoblauchöl besser austreten kann.

3 Die Kräuter und den Knoblauch in die Flasche geben, das Knoblauchöl aufgießen und 1 Woche durchziehen lassen.

Tipp: Besonders apart wird der Geschmack, wenn man noch einen kleinen Zweig Lavendel mit in das Öl gibt. Fläschchen dieses Öls lassen sich als nettes Mitbringsel verwenden! Das provenzalische Kräuteröl eignet sich gut zum Würzen von Gemüse- und Kartoffelsalat oder kurz gebratenem Fleisch. Verfeinern Sie auch gegrilltes Fleisch mit diesem Würzöl. Oder träufeln Sie es auf Ihre hausgemachte Pizza.

Trüffelöl

Zutaten
für 1 Flasche mit 0,5 l Inhalt

- 1 frischer Trüffel von etwa 5 g oder 1 Trüffel aus der Dose
- 5 schwarze Pfefferkörner
- 1/2 l kaltgepresstes Sonnenblumen- oder Olivenöl

1 Den frischen Trüffel mit einem Tuch abreiben und sehr fein raspeln. Oder den Trüffel aus der Dose gründlich abtrocknen und fein raspeln.

2 Den geraspelten Trüffel mit den Pfefferkörnern in die Flasche geben.

3 Das Öl aufgießen und die Flasche verschließen. An einem dunklen Platz 1 Woche ruhen lassen. Gelegentlich die Flasche durchschütteln.

Tipp: Al dente (bissfest) gekochte Pasta in etwas Trüffelöl wenden und mit Parmesankäse bestreuen. Dosieren Sie aber den Käse vorsichtig, damit er den Geschmack des Trüffelöls nicht überdeckt.
Oder Carpaccio (hauchdünne Rinderfiletscheiben) mit dem duftenden Öl beträufeln. Sie können auch einfaches geröstetes Weizenbrot mit dem duftenden Trüffelöl zu einer edlen Beilage verbessern. Haben Sie den Inhalt der Flasche verbraucht, füllen Sie sie wieder mit frischem Öl auf. Verwenden Sie bei der Herstellung von Trüffelöl am besten nur das im Aroma fast neutrale Sonnenblumenöl oder aber ein sanftes, mildes Olivenöl, dessen eigener Charakter sich mit dem Trüffel harmonisch verbindet.

Knoblauchöl

KNOBLAUCHÖL

1 Die beiden Knoblauchzehen schälen und mit der breiten Messerseite anquetschen, damit das natürliche Knoblauchöl freigesetzt wird. Den Knoblauch in eine Flasche geben.

2 Thymian und Rosmarin abbrausen, trockenschütteln oder besser in der Salatschleuder trockenschleudern und mit der Chilischote zum Knoblauch geben.

3 Das Öl zugießen. Die Flasche verschließen und 1 Woche dunkel und nicht zu warm durchziehen lassen. Wird der Knoblauchgeschmack zu stark, entfernt man die Zehen.

TIPP: Achten Sie darauf, dass Sie für dieses Rezept wirklich frische Knoblauchzehen verwenden. Sie enthalten viel mehr ätherisches Öl als getrockneter Knoblauch und bringen deshalb das unverwechselbare Aroma in das Olivenöl. Knoblauchöl eignet sich vorzüglich zum Einlegen und Konservieren von Schafskäse (Feta).

VARIANTE: Die angegebenen Kräuter mit 1 Zweig Salbei und 2 Lorbeerblättern ergänzen. Wer es noch intensiver mag, kann die Knoblauchmenge getrost verdoppeln.

ZUTATEN
für 1 Flasche mit 0,5 l Inhalt

- 2 frische Knoblauchzehen
- je 1 Zweig Thymian und Rosmarin
- 1 kleine, getrocknete, rote Chilischote
- 1/2 l kaltgepresstes Olivenöl

Knoblauchöl schmeckt nicht nur gut, sondern stellt in vielen Flaschenformen auch einen dekorativen Küchenschmuck dar.

Brot und Brötchen

Seit Urzeiten dient Brot den Menschen als Grundnahrungsmittel, und sein Ursprung liegt wahrscheinlich im alten Ägypten. Während bei uns andere Nahrungsmittel, z. B. Kartoffeln und Nudeln, das Brot etwas zurückdrängten, gehört es in Ländern des Mittelmeerraumes wie auch in Afrika, in Vorder- und Mittelasien zu jeder Mahlzeit. Die Automatisierung hat heute weitgehend die Brotherstellung übernommen. Backmischungen und Zusatzstoffe, die für ein besseres Volumen, für Beschleunigung der Gärung, raschere Bräunung und eine krossere Kruste eingesetzt werden, erleichtern dem Bäcker die Arbeit, doch zu einem wirklich besseren Brot führen sie nicht. So wundert es nicht, dass viele Hausfrauen und Hobbyköche einmal gerne selbst zur Teigschüssel greifen und ein eigenes Brot aus natürlichen und gesunden Zutaten, ein Vollwertbrot ohne Zusatzstoffe, herstellen möchten. Ein herzhaftes Brot, das duftend aus dem Ofen kommt, ist eine Delikatesse, ebenso wie selbst gebackene, ofenfrische Brötchen oder Hörnchen für den Frühstückstisch.

Schwierig ist Brotbacken nicht, obwohl dies viele meinen. Wer in diesem Handwerk etwas Übung gewinnt, kann die Teigbereitung und das Backen ganz selbstverständlich in seinen Tagesrhythmus einplanen.

Während beim Teig für Weizenbrot Hefe verwendet wird, übernimmt beim Teig für Misch- oder Roggenbrot zusätzlich oder allein Sauerteig die Funktion des Lockerungsmittels. Gebräuchlich ist die Presshefe, die in Würfeln mit 42 Gramm verkauft wird. Aber auch die länger haltbare Trockenhefe in Tütchen mit elf Gramm findet zunehmend ihre Anhänger. Wichtig ist, sowohl beim Roggen- oder Roggenmischteig als auch beim Weizenteig eine gleich bleibende Temperatur von 30 °C einzuhalten sowie den Teig gründlich zu kneten und abzuschlagen, damit genügend Sauerstoff an den Teig gelangen kann. Nur so können bei ausreichender Ruhezeit die Stärketeilchen und der Kleber im Mehl quellen. Aufgrund seines hohen Klebergehaltes ist Weizenteig sehr elastisch, während Roggenteig eher an eine zähe, klebrige Masse erinnert, den der Sauerteig in die Höhe treibt und bekömmlich macht.

BROT BACKEN

Diese Kunst lässt sich leicht lernen. Etwas Experimentierfreude gehört allerdings dazu. Doch auf das erste selbst gebackene Brot kann man mit Recht richtig stolz sein!

Brot und Brötchen

Grundausstattung

Zu den wichtigsten Gerätschaften für das Brotbacken gehören Messbecher, Küchenwaage, Mehlsieb, Rührlöffel und Rührschüssel, Mörser und Backpinsel sowie ein bis zwei große Backbleche und Backpapier. Nicht unbedingt erforderlich, doch eine große Hilfe ist eine Universalküchenmaschine oder ein elektrischer Handmixer mit Knethaken.

Zu den traditionellen Backgeräten sind heute die Universalküchenmaschine und der Brotbackautomat hinzugekommen.

Frisch gemahlenes Mehl ist besonders gesund und hat zweifellos das beste Aroma, das sich allerdings schon nach wenigen Stunden verflüchtigt. Für das Selbstmahlen benötigt man eine eigene Getreidemühle. Sie mahlt feines oder grobes Mehl nicht nur für Brot, sondern auch für Kuchen, Plätzchen oder Pfannkuchen. Die Anschaffung eines solchen Geräts lohnt sich für diejenigen, die häufig oder regelmäßig Brot backen bzw. mit Getreide kochen. Im Handel werden Handmühlen und drei Typen an elektrischen Getreidemühlen angeboten: mit Stein-, mit Stahl- oder mit Keramikmahlwerk. Wählen Sie vorzugsweise eine mit Steinmahlwerk. Zum Mahlen kleiner Getreidemengen genügt eine Handmühle.

NÜTZLICHE GERÄTE

Getreidemühlen und neuerdings Brotbackautomaten sind nützliche Geräte für diejenigen, die viel und regelmäßig backen.

Eine neue technische Errungenschaft ist der Brotbackautomat. Der Automat übernimmt die Teigherstellung und das Backen. Teigart und Backtermin werden per Knopfdruck gewählt.

Zutaten für Brotteig

Wichtige Zutaten für den Teig

Für Brotteig sind drei Grundzutaten erforderlich: Mehl oder Schrot, Flüssigkeit wie Wasser, Milch oder Buttermilch, damit die Stärke im Mehl quellen kann, Hefe oder Sauerteig, oder auch beides zum Gären und Säuern, damit der Teig locker wird und an Volumen gewinnt. Ideal für die Gärung ist ein feuchtwarmes Küchenklima. Ist der Raum nicht warm genug, heizt man am besten den Backofen auf 50 °C vor, schaltet ihn ab und lässt den Teig im Ofen aufgehen.

Getreide für Brotmehl

Weizen ist nach wie vor das meistgeschätzte und -verwendete Brotgetreide. Man unterscheidet grundsätzlich zwei Weizenarten: den Hart- oder Durumweizen, eine besonders proteinreiche, empfindliche Sorte, die im Mittelmeerraum zum Backen und zur Herstellung von Teigwaren sehr geschätzt wird, und den Weichweizen, der weniger kälteempfindlich ist und meist unser Brotmehl liefert.

Dinkel ist eine uralte Weizenart aus dem Orient, die auch seit alters vor allem in Schwaben und in der Schweiz angebaut wird. Er unterscheidet sich grundsätzlich nicht von den beiden anderen Weizenarten, besitzt jedoch mehr Kleber. Teig aus Dinkelmehl ist elastischer und geht besser auf als Teig aus Weizenmehl.

Roggen ist beim Anbau unempfindlich gegen Kälte und Nässe, besitzt jedoch schlechtere Backeigenschaften als Weizen. Deshalb wird Roggenmehl mit Sauerteig, manchmal zusätzlich mit Hefe angesetzt.

SAUERTEIG

Er entsteht, wenn ein Brei aus Mehl und Wasser mehrere Stunden im Warmen steht. Dann gärt er und wird in mehreren Stufen weiterentwickelt. Die Herstellung ist einfach, braucht aber Geduld. Die Alternative ist ein Fertigsauerteig aus dem Reformhaus.

Fein oder grob gemahlen – die Mehltypen

Weizen- und Roggenmehl kommt in verschiedenen Ausmahlungsgraden, grob oder fein gemahlen, auf den Markt. Man spricht von Mehltypen. Je höher die Typenzahl, desto dunkler und gehaltvoller ist das Mehl; d. h., je mehr Schalenanteile und damit Mineralstoffe in ihm enthalten sind, desto wertvoller ist es für unsere Ernährung.

Brot und Brötchen

1 Die im Rezept (siehe Seite 170) angegebene Menge Mehl für Brot oder Brötchen in eine Schüssel sieben und mit dem Löffelrücken in die Mitte eine Mulde drücken.

2 Den angerührten und in 30 Minuten aufgegangenen Vorteig in die Mulde geben, anschließend das Wasser mit dem aufgelösten Salz dazugießen.

3 Den Teig entweder mit den Knethaken des elektrischen Handrührgeräts, in der Küchenmaschine oder von Hand mit einem Holzlöffel kräftig abschlagen.

4 Den Hefeteig mit den Händen zu einer Kugel formen, diese mit etwas Mehl bestreuen und noch einmal im Warmen gehen lassen, bis sich das Volumen deutlich vergrößert hat.

Brötchen backen Schritt für Schritt

5 Zum Formen der Brötchen aus dem Teig die glatte Arbeitsfläche und die Hände dünn mit Mehl bestäuben. Den Teig aus der Schüssel nehmen und darauf legen.

6 Den Teig mit den bemehlten Händen zu einer Rolle formen und entsprechend der benötigten Größe und Stückzahl der Teiglinge portionieren.

7 Die fertigen Teiglinge auf das bemehlte Backblech legen, in der Mitte über Kreuz einschneiden und in der Mitte des Backofens nach Rezeptangabe backen.

8 Damit die Brötchen eine schöne glänzende Kruste erhalten, sollten Sie die Teiglinge kurz vor Ende der Backzeit mit etwas Wasser bestreichen.

Brot und Brötchen

KASTENWEISSBROT ODER BRÖTCHEN

Z U T A T E N
für 1 Form von
11 x 7 x 31 cm
oder für ca. 8 Brötchen

- *360 g Weizenmehl Type 405*
- *200 ml lauwarmes Wasser*
- *25 g Hefe*
- *1 Prise Zucker*
- *5 g (1,5 TL) Salz*
- *Mehl zum Arbeiten*
- *20 g Butter für die Form*

1 In eine Schüssel 75 Milliliter lauwarmes Wasser gießen und die Hefe mit dem Zucker darin auflösen. 80 Gramm gesiebtes Mehl unterrühren. Den Vorteig bedeckt an einem warmen Ort in etwa 30 Minuten um das Doppelte aufgehen lassen.

2 Das übrige Mehl in eine Schüssel sieben und in der Mitte eine Mulde eindrücken. Das Salz im restlichen lauwarmen Wasser auflösen. Den Vorteig in die Mulde geben, das Salzwasser dazugießen.

3 Den Teig von der Mitte her verrühren und mit der Hand oder mit den Knethaken der Küchenmaschine bearbeiten, bis er Blasen bildet.

4 Den Teig zur Kugel formen, mit Mehl bestreut zugedeckt an einem warmen Platz 30 bis 40 Minuten gehen lassen.

5 Auf einer bemehlten Arbeitsfläche den Teig mit Mehl bestreuen und kurz durchkneten. 1 Minute ruhen lassen und weitere 5 Minuten durchkneten.

6 Für ein Brot die Kastenform einfetten, Teig hineinlegen, mit lauwarmem Wasser einpinseln und zugedeckt 15 Minuten ruhen lassen. Den Backofen auf 200 °C aufheizen.

7 Das Brot in der Mitte des Ofens 10 Minuten anbacken, bei 180 °C in etwa 35 Minuten fertig backen und auf ein Brett stürzen.

8 Für Brötchen den Teig auf einer bemehlten Fläche zu einer Rolle formen.

9 In 12 gleich große Portionen teilen, diese zu Kugeln rollen.

10 Die Teiglinge auf einem bemehlten Blech 10 bis 15 Minuten gehen lassen, über Kreuz einschneiden.

11 Die Brötchen in der Mitte des Ofens bei 200 °C 5 Minuten backen, mit warmem Wasser einpinseln, bei 180 °C in 7 bis 10 Minuten fertig backen.

TIPPS: Durch das Backen in der Kastenform geht das Brot schön hoch. Soll es besonders feinporig sein, wird statt Wasser Milch verwendet.

Das schlichte Weizenbrot oder die einfachen Brötchen schmecken frisch gebacken und noch lauwarm am allerbesten.

Sie können den Teig nach Belieben beispielsweise mit gehackten oder ganzen Sonnenblumenkernen anreichern oder auch die Hälfte des hellen Mehls durch eine höhere Weizenmehltype ersetzen. Das Brot bzw. die Brötchen werden dann etwas herzhafter im Geschmack und fester in der Struktur.

Weizensauerteigbrot

VOLLWERTIGES WEIZENSAUERTEIGBROT

1 Das Mehl in eine Schüssel sieben und in der Mitte eine Mulde eindrücken. Sauerteig und Wasser verrühren, das Salz auf den Mehlrand streuen. Nach und nach die Sauerteigmischung in die Mulde gießen und mit Mehl verrühren. Alles etwa 10 Minuten durchkneten, mit Mehl bestreuen und 4 bis 5 Stunden zugedeckt an einem warmen Platz gären und gehen lassen, bis der Teig an Volumen gewonnen hat.

2 Auf der bemehlten Arbeitsfläche den Teig in 2 Portionen teilen, durchkneten und zu länglichen Broten formen. Diese auf ein bemehltes Blech legen, mit lauwarmem Wasser bestreichen und 30 Minuten gehen lassen.

3 Den Backofen auf 250 °C vorheizen. Jedes Brot auf der unteren Schiene 10 Minuten anbacken. Dann bei 200 °C in 45 Minuten fertig backen.

TIPP: Man kann aus dem Brotteig auch 2 bis 3 ovale Fladen formen. Diese mit Olivenöl einpinseln und mit Thymian bestreuen und etwa 30 Minuten backen. Die würzigen Fladen schmecken zu Schinken und Käse.

ZUTATEN
für 2 längliche Brote

- 200 g Restteig oder fertiger Weizenvollsauerteig (aus dem Reformhaus)
- 2 gestrichene TL Salz
- 800 g Weizenmehl Type 1050
- etwa 450 ml lauwarmes Wasser
- Mehl zum Arbeiten

Vor dem Anschneiden das Brot vollkommen auskühlen lassen, sonst löst sich die Kruste beim Anschneiden, oder die Krume zerbröckelt.

Brot und Brötchen

CHIEMGAUER BUTTERMILCHBROT

ZUTATEN
für 2 runde Laibe

- *125 g angewärmte Buttermilch*
- *40 g Hefe*
- *1 TL Zucker*
- *660 g Roggenmehl Type 815*
- *330 g Weizenmehl Type 550*
- *2 EL Kümmelsaat*
- *2 EL Korianderkörner*
- *etwa 3/4 l lauwarmes Wasser*
- *6 gestrichene TL Salz*
- *Mehl zum Arbeiten*
- *1 kleines Ei*

1 Am Vorabend des Backtages aus Buttermilch, zerbröckelter Hefe, Zucker und 125 Gramm Roggenmehl einen Vorteig zubereiten. Diesen über Nacht stehen lassen. Der Raum braucht nicht warm zu sein.

2 Am nächsten Tag die Mehle in einer Schüssel mischen, eine Mulde eindrücken. Gewürze aufstreuen. Salz im Wasser auflösen. Mit dem Vorteig nach und nach in die Mulde gießen, mit dem Mehl verarbeiten. Den Brotteig etwa 10 Minuten durchkneten.

3 Den Teig mit Mehl bestreuen und zugedeckt warm stellen, bis er etwa um die Hälfte seines Volumens zugenommen hat.

4 Den Teig auf eine bemehlte Fläche heben, nochmals kurz durchkenten und 2 runde Laibe formen.

5 2 Backbleche mit Mehl bestreuen. Auf jedes einen Teigling legen. Ei verquirlen, Teiglinge damit bestreichen, schräge Kerben in die Ränder schneiden und die Teiglinge etwa 20 Minuten gehen lassen.

6 Inzwischen den Backofen auf 250 °C vorheizen. Ein Brot auf die untere Leiste schieben. Nach 5 Minuten die Hitze auf 220 °C herunterschalten. Das Brot noch 50 Minuten backen. Sollte die Kruste zu dunkel werden, mit Alufolie abdecken. Das zweite Brot ebenso backen.

Eine intensive braune Färbung der Oberfläche und eine herzhafte Kruste ergibt das Einpinseln des Teiglings mit aufgebrühtem Kaffee.

Nussbrot

ROGGENSCHROTBROT

1 Am Abend des 1. Tages Roggenbackschrot mit dem kochenden Wasser übergießen und zugedeckt im Warmen (nicht unter 25 °C) über Nacht stehen lassen. Der Brei riecht dann säuerlich.

2 Am Abend des 2. Tages den Roggenschrot, das Weizenmehl, den Sauerteig und den Kümmel dazurühren. Diesen Teig mit Mehl bestreut zugedeckt wiederum über Nacht im Warmen stehen lassen.

3 Am nächsten Tag den deutlich sauren Teig, der sein Volumen fast verdoppelt hat, mit weiteren 100 Gramm Roggenschrot und Salz vermengen. Auf eine bemehlte Arbeitsfläche heben, kurz durchkneten, einen runden Laib daraus formen und in einen reichlich mit Mehl oder Schrot ausgestreuten Gärkorb legen. Noch 30 Minuten im Warmen gehen lassen.

4 Backofen auf 270 °C vorheizen, Teigling auf das bemehlte Blech stürzen, auf die unterste Schiene im Ofen setzen. Nach 10 Minuten auf 230 °C herunterschalten, das Brot noch 60 bis 70 Minuten backen. Auf einem Backgitter erkalten lassen.

ZUTATEN
für 1 ovales oder rundes Brot

- 200 g Roggenbackschrot
- 1/2 l kochendes Wasser
- 400 g Roggenvollkornschrot, mittelfein gemahlen
- 100 g Weizenmehl Type 550
- 100 g Sauerteig
- 2 EL gemahlener Kümmel
- 100 g Roggenschrot, mittelfein
- 4 gestrichene TL Salz
- ca. 50 g Mehl zum Arbeiten (Roggenschrot)

NUSSBROT

1 4 Tage vor dem Backen den Restteig oder Sauerteig mit dem lauwarmen Wasser und dem Roggenmehl vermengen und über Nacht zugedeckt warm stellen. Am nächsten und übernächsten Tag die Prozedur wiederholen.

2 Am 4. Tag das restliche Roggenmehl und das Weizenmehl in eine Schüssel sieben, Salz und Nüsse hinzufügen und alles gut vermengen. In der Mitte eine Mulde eindrücken, den Sauerteig und das lauwarme Wasser hineingeben und alles von der Mitte her gut vermengen. So lange bearbeiten, bis der Teig nicht mehr klebt.

3 Den Teig auf einer bemehlten Arbeitsfläche zu einem länglichen Wecken formen und auf das bemehlte Backblech legen. Mit Mehl bestreuen und 30 Minuten im Warmen stehen lassen.

4 Den Backofen auf 220 °C vorheizen, den Teigling mit warmem Wasser bestreichen und im Backofen auf der unteren Schiene 15 Minuten backen. Dann bei 200 °C in 50 Minuten fertig backen.

ZUTATEN
für 1 ovales oder rundes Brot

- 100 g Sauerteig (Restteig oder Sauerteig aus dem Reformhaus)
- 60 ml lauwarmes Wasser
- 40 g Roggenmehl Type 1370
- 400 g Roggenmehl Type 815
- 200 g Weizenmehl Type 550
- etwa 460 ml lauwarmes Wasser
- 3 gestrichene TL Salz
- 200 g gehackte Walnusskerne
- Mehl zum Arbeiten

Brot und Brötchen

Schwiebuser Hausbrot

Zutaten
für 1 rundes Brot

- 200 g Restteig oder Sauerteig (aus dem Reformhaus)
- etwa 1 l lauwarmes Wasser
- 800 g Roggenmehl Type 1370
- 200 g Roggenbackschrot
- 4 gestrichene TL Salz
- Mehl zum Arbeiten

1 Den Sauerteig mit einem Drittel des Wassers glatt rühren, dann zugedeckt 3 Stunden im Warmen stehen lassen.

2 Das zweite Drittel des Wassers dazugießen und so viel Roggenmehl untermengen, dass ein knetbarer Teig entsteht. Den Teig mit etwas Mehl bestreut zugedeckt 4 bis 5 Stunden oder auch über Nacht warm stellen.

3 Den Rest des Wassers und des Mehls sowie Backschrot und Salz dazugeben und einige Minuten lang alle Zutaten sorgfältig vermengen. Den Teig wieder mit Mehl bestreuen und 1 Stunde warm stellen.

4 Ein Backblech leicht mit Mehl bestreuen. Aus dem Teig ein ovales Brot formen und auf das Blech legen. Weitere 30 Minuten im Warmen gehen lassen. Den Backofen auf 270 °C vorheizen.

5 Das Blech auf die untere Backofenleiste setzen. Eine Tasse heißes Wasser auf den Boden des Backofens gießen, die Tür sofort schließen. Das Brot 10 Minuten anbacken. Dann die Hitze auf 200 °C herunterschalten und das Brot in 70 Minuten fertig backen.

Anmerkung: In Schwiebus, einem Ort, der im heutigen Polen liegt, wurden aus dem Teig auch Fladen gebacken. Ein Teil des Teigs wurde dafür flach gedrückt, im Herbst mit Pflaumen belegt und im Winter mit Kümmel bestreut und anschließend gebacken.

Varianten: Für Roggen-Kürbiskern-Stangen 100 Gramm geschälte Kürbiskerne unter den Teig kneten. Diesen zu einer Rolle formen und halbieren. Aus jeder Hälfte auf einer bemehlten Arbeitsfläche eine Rolle von 20 bis 25 Zentimeter Länge formen. Diese auf ein bemehltes Blech legen und an einem warmen Platz zugedeckt 30 Minuten gehen lassen. Mit einem scharfen Messer mehrere schräge Schnitte anbringen und die Brote auf der unteren Einschiebeleiste bei 250 °C 10 Minuten anbacken. Bei 200 °C in 45 bis 50 Minuten fertig backen.

Tipp: Der Natursauerteig aus dem Reformhaus bleibt im Kühlschrank bis zu einem Jahr genießbar. Unbedingt einige Stunden vor der Zubereitung des Teigs das Sauerteigpäckchen aus dem Kühlschrank nehmen. Denn alle Zutaten für das Brot sollten Raumtemperatur annehmen können, damit sich der Teig gut entwickeln kann.

Hessisches Korbbrot

Mehrkornbrot

1 Die Hälfte des Wassers zum Sauerteig gießen, die Hefe darin auflösen, 100 Gramm des Dinkelmehls dazugeben und alles verrühren. Vorteig 20 bis 30 Minuten warm stellen.
2 Danach das restliche Mehl mit dem Salz, den Gewürzen und den Sonnenblumenkernen in einer Schüssel mischen. Den Vorteig und das restliche lauwarme Wasser dazugießen und alles gut verrühren. Den Teig 5 Minuten bearbeiten, mit etwas Mehl bestreuen und zugedeckt etwa 1 Stunde warm stellen.
3 Den Teig auf die bemehlte Arbeitsfläche heben, kurz mit den Händen durchkneten und zu einem langen Wecken formen. Diesen mit dem Schluss nach oben auf das bemehlte Backblech legen.
4 Inzwischen den Backofen auf 250 °C vorheizen. Danach das Backblech auf die untere Schiebeleiste setzen und das Brot 10 Minuten anbacken. Die Hitze auf 220 °C reduzieren und das Brot etwa weitere 50 Minuten backen, bis es sich langsam bräunlich färbt.

Zutaten
für 1 Brot à 1 kg

- ca. 460 ml lauwarmes Wasser
- 250 g Vollsauer (aus Roggen- oder Weizenvollkornmehl)
- 1 Würfel Hefe
- 200 g Vollkorndinkelmehl
- 200 g Vollkornroggenmehl
- 200 g Weizenmehl Type 1050
- 4 gestrichene TL Salz
- 2 EL Kümmel oder Koriander oder Fenchel
- 4 EL Sonnenblumenkerne
- *Mehl zum Arbeiten*

Hessisches Korbbrot

1 Am Vorabend die Hälfte des Mehls in eine Schüssel sieben, mit dem lauwarmen Wasser vermengen, den Sauerteig darunter mischen und zu einem sämigen Brei verrühren. Über Nacht zugedeckt warm stellen.
2 Am nächsten Tag Hefe dazugeben und mit dem Teig verrühren. Nach 30 Minuten das restliche Mehl, das Salz und den Kümmel dazuschütten, zum glatten Teig verarbeiten. Mit Mehl bestreuen und 2 1/2 Stunden zugedeckt warm stellen.
3 2 Gärkörbchen mit Mehl ausstreuen, den Teig auf die bemehlte Arbeitsfläche legen, in 2 Portionen teilen, je 1 runden Laib formen und mit dem Schluss nach unten in die Gärkörbe legen. Noch 1 Stunde im Warmen gehen lassen.
4 Den Backofen auf 250 °C vorheizen, Teiglinge auf ein bemehltes Backblech stürzen und noch 30 Minuten gehen lassen. Auf der unteren Schiene bei 180 °C etwa 90 Minuten backen.
5 Die beiden Brote mit Wasser bestreichen und anschließend noch 5 bis 10 Minuten im ausgeschalteten Backofen lassen.

Zutaten
für 2 Brote à 500 g

- 1 kg Roggenmehl Type 1370
- ca. 900 ml lauwarmes Wasser
- 100 g Sauerteig
- 40 g Hefe
- 5–6 gestrichene TL Salz
- 2 EL Kümmel
- *Mehl zum Arbeiten*

Brot und Brötchen

ZYPRIOTISCHES KÄSE-ZWIEBEL-BROT

ZUTATEN
für 2 runde Laibe

- etwa 700 ml lauwarmes Wasser
- 40 g Hefe
- 10 g Zucker
- 1 kg Weizenmehl Type 550
- 3 gestrichene TL Salz
- Mehl zum Arbeiten
- 200 g gewürfelter Schafskäse oder ein anderer, aromatischer Schnittkäse (z.B. Allgäuer Bergkäse)
- 1 große Zwiebel
- Kleie zum Bestreuen des Backblechs

1 Etwa 100 Milliliter vom Wasser abnehmen. Hefe und Zucker darin verrühren. Das Mehl in eine Schüssel sieben, eine Mulde eindrücken, das Hefewasser hineingießen und mit ein wenig Mehl verrühren.
2 Die Schüssel zugedeckt etwa 30 Minuten warm stellen.
3 Das Salz im restlichen Wasser auflösen und zum Vorteig gießen. Alles gut vermengen und den Teig 10 Minuten kräftig kneten. Mit Mehl bestreuen und zugedeckt etwa 40 Minuten warm stellen.
4 Wenn der Teig gut aufgegangen ist, den gewürfelten Käse zugeben. Die Zwiebel schälen und klein würfen, ebenfalls zugeben und mit dem Käse unter den Teig mengen.
5 Den Teig in 2 Portionen teilen, 2 runde Laibe formen. 2 Bleche mit Kleie oder Schrot bestreuen und die Laibe darauf legen. Diese noch 20 Minuten an einem warmen Platz gehen lassen.
6 Den Backofen auf 250 °C aufheizen. Den ersten Teigling leicht flach drücken und mit lauwarmem Wasser bestreichen. Das Blech auf die unterste Schiebeleiste setzen. Die Hitze auf 220 °C herunterschalten. Das Brot 10 Minuten anbacken, dann bei 200 °C weitere 40 Minuten backen. Das zweite Brot genauso backen.

Eine Spezialität aus dem türkischen Teil Zyperns: ein Flachbrot, in das Schafskäse und Zwiebelwürfel eingebacken sind.

Sauerkrautbrötchen

SAUERKRAUTBRÖTCHEN

1 Den Schinkenspeck sehr fein würfeln und in der Butter kross anbraten. Die Butter jedoch nicht braun werden lassen. Das Sauerkraut hacken und unter Rühren 2 Minuten mitbraten. Den Kümmel unterrühren, alles in eine kleine Schüssel geben und beiseite stellen.

2 Das dunkle Weizenmehl in eine zweite Schüssel sieben und eine Mulde hineindrücken. Die Hefe in 100 Milliliter lauwarmem Wasser glatt rühren und in die Mulde gießen. Die Hefe mit etwas Mehl vom Rand verrühren und zugedeckt gehen lassen.

3 Das Salz im restlichen Wasser verrühren, mit dem Vorteig nach und nach unter das Mehl mischen und alles zu einem zähen, elastischen Teig verarbeiten. Die Speck-Sauerkraut-Mischung darauf geben und gründlich unterarbeiten. Den Teig zugedeckt an einem zugfreien Ort etwa 30 Minuten gehen lassen.

4 Ein großes Backblech mit Öl einpinseln. Den Teig halbieren, jede Hälfte zu einer Rolle formen und diese in je 6 gleich große Stücke schneiden. Diese Teigportionen zu ovalen oder runden Brötchen formen und auf dem gefetteten Backblech 20 Minuten gehen lassen.

5 Den Backofen auf 220 °C aufheizen. Die Brötchen in die Mitte des Backofens schieben. 1/2 Tasse Wasser auf den Boden des Backofens gießen und die Ofentür sofort schließen. Die Sauerkrautbrötchen in 20 bis 25 Minuten goldgelb backen und auf einem Backgitter auskühlen lassen. Noch am selben Tag servieren.

VARIANTEN: Statt Schinkenspeck und Sauerkraut können Sie auch gehackte Haselnusskerne oder Sonnenblumenkerne unter den Brötchenteig mischen. Backen Sie diesen pikanten Teig doch einmal zur Abwechslung statt in Brötchenform als Brot, und reichen Sie dieses zu einer deftigen Hausmacher-Wurstvesper.

TIPP: Sauerkrautbrötchen sind eine Spezialität aus Köln. Der Teig kann auch in Stangenform gebacken werden. Auf einem Partybüffet zählen Sauerkrautbrötchen oder -brot neben den Schusterjungen – das sind zu einem runden Fladen zusammengefügte dunkle Brötchen – zu den beliebtesten Brotvarianten. Jeder Partygast bricht sich dann ein Brötchen aus dem großen Fladen.

ZUTATEN

für 12 kleine Brötchen

- 30 g Schinkenspeck
- 20 g Butter
- 150 g ausgedrücktes Sauerkraut
- 1/2 TL Kümmelsaat
- 600 g dunkles Weizenmehl Type 1050
- 1 Würfel Hefe (42 g)
- etwa 450 ml lauwarmes Wasser
- 2 gestrichene TL Salz
- 2 EL Sonnenblumenöl für das Backblech
- Mehl zum Arbeiten

Brot und Brötchen

ROSINENBRÖTCHEN

ZUTATEN
für 24 Brötchen

- 100 g Rosinen
- 100 g Walnusskerne
- 400 g Dinkel
- 1 Würfel Hefe (42 g)
- 200 ml lauwarme Milch und Milch zum Einpinseln
- 2 Eier
- 1 TL Salz
- 1 EL Honig
- 1/4 TL gemahlener Koriander oder Anis
- 100 g Maismehl
- Butter für die Backbleche

1 Die Rosinen abspülen und abtropfen lassen. Die Haselnusskerne in der Pfanne ohne Fett kurz anrösten. Die Nüsse in ein Tuch einschlagen und die Häutchen abreiben. Die Nüsse im Blitzhacker grob hacken. Den Dinkel mehlfein mahlen.

2 Die Hefe in 3 Esslöffeln lauwarmem Wasser auflösen und in einer Schüssel mit Milch, Eiern, Salz, Honig, Koriander oder Anis vermischen. Dinkel, Maismehl, Nüsse und Rosinen unterrühren und alles verkneten. Den Teig zugedeckt bei Raumtemperatur 1 Stunde gehen lassen.

3 Den Teig erneut durchkneten und zu einer Rolle formen. Diese in 24 gleich große Stücke schneiden. Daraus runde Brötchen formen.

4 2 große Backbleche einfetten und die Brötchen darauf legen. Die Brötchen kreuzweise einschneiden und zugedeckt nochmals etwa 15 Minuten gehen lassen. Den Backofen auf 225 °C vorheizen.

5 Ein Schälchen mit kochendem Wasser auf den Ofenboden stellen. Die Brötchen mit Milch einpinseln und nacheinander in der Mitte des Ofens in etwa 20 Minuten goldgelb backen.

Wer die Rosinenbrötchen frisch für das Sonntagsfrühstück backen möchte, bereitet den Teig am Vorabend zu und lässt ihn in Folie über Nacht im Kühlschrank gehen.

ENGADINER BIRNBROT

1 Am Vorabend die Dörrbirnen weich kochen und klein schneiden. Birnen, Nüsse, Rosinen und Pinienkerne mit Nelkenpulver und Zimt vermischen, mit dem Schnaps oder dem Apfelsaft übergießen und zugedeckt über Nacht ziehen lassen.
2 Am nächsten Tag Mehle und Zucker vermischen. Hefe im warmen Wasser glatt rühren, 45 Gramm Mehl untermischen. Den Vorteig 20 bis 30 Minuten warm stellen, bis sich sein Volumen verdoppelt hat.
3 In das Mehl eine Mulde drücken. Vorteig, Butter, restliches Wasser und 1 Prise Salz hineingeben, alles gut miteinander vermischen. Den Teig kräftig kneten, bis er Blasen wirft. Die Früchte unter den Teig mengen. Diesen mit Mehl bestäuben, zudecken, warm stellen und 1 Stunde gehen lassen.
4 Ein Blech einfetten. Den Backofen auf 250 °C aufheizen. Den Teig auf die bemehlte Arbeitsfläche heben, mit Mehl bestreuen, kurz durchkneten, einen länglichen Wecken formen, auf das Blech legen. Mit lauwarmem Wasser bestreichen.
5 Teig noch 15 Minuten gehen lassen. Ei verquirlen und den Teig damit einpinseln, auf die untere Schiebeleiste schieben und die Hitze auf 225 °C schalten. Teig 10 Minuten backen, dann die Hitze auf 200 °C reduzieren und das Brot noch 40 Minuten backen. Bräunt das Früchtebrot zu stark, wird es mit Alufolie abgedeckt.

ZUTATEN
für 1 Brot

- *125 g Roggenmehl Type 815*
- *125 g Weizenmehl Type 405*
- *15 g Hefe*
- *50 g Zucker*
- *20 g weiche Butter*
- *1 Prise Salz*
- *ca. 180 g lauwarmes Wasser*
- *150 g Dörrbirnen*
- *100 g Rosinen*
- *150 g grob gehackte oder gemahlene Haselnusskerne*
- *20 g Pinienkerne*
- *ca. 50 ml Obstler, ersatzweise Apfelsaft*
- *1/2 TL gemahlene Gewürznelken*
- *1 TL gemahlener Zimt*
- *1 Ei*
- *Mehl zum Arbeiten*

MÜSLIBROT

1 Das Mehl in eine Schüssel geben und eine Mulde bilden. Die Hefe hineinbröckeln, mit 5 bis 6 Esslöffeln lauwarmem Wasser, etwas Mehl und Honig vermengen und zugedeckt etwa 20 Minuten gehen lassen.
2 Saure Sahne, Ei, Salz und Müsli zum Vorteig geben, alles verrühren und verkneten, zugedeckt 30 Minuten gehen lassen.
3 Das Blech fetten und den Backofen auf 200 °C vorheizen. Den Teig zu einem länglichen Brot formen. Auf das Backblech legen, mit Eigelb einpinseln und nach Belieben mit gehackten Nüssen bestreuen.
4 Das Müslibrot nochmals 10 Minuten gehen lassen, dann in 30 bis 35 Minuten knusprig backen.

ZUTATEN
für 1 Brot

- *400 g Dinkelvollkornmehl*
- *1 Würfel Hefe*
- *2 EL Honig*
- *250 g lauwarme saure Sahne*
- *1 Ei*
- *1 TL Salz*
- *100 g Müsli-Nuss-Mischung*
- *1 Eigelb*

Brot und Brötchen

Teig und Brot aus dem Brotbackautomaten

DIE ANSCHAFFUNG eines Brotbackautomaten lohnt sich für alle, die selbst gebackenes frisches Brot in relativ kleiner Menge mögen, und für diejenigen, die aus gesundheitlichen Gründen Spezialbrote essen müssen.

Brotbackautomaten, auch Brotbackmaschinen genannt, sind eine Erfindung aus Japan. Bei uns haben sie sich inzwischen eingebürgert, weil man mit ihrer Hilfe einfach und zeitsparend Brot in Kastenbrotform backen kann. Sie haben sich für solche Haushalte als praktisch erwiesen, in denen Spezialbrote, wie beispielsweise im Rahmen einer glutenfreien Ernährung, erforderlich sind. Natürlich finden die kompakten, praktischen Backmaschinen auch ihren Einsatz in kleinen Familien, die gerne frisches Brot und anderes Gebäck essen.

Alle angegebenen Backzutaten werden in den Behälter des Automaten gegeben, von der Maschine zu Teig verarbeitet und anschließend gebacken. Brotbackautomaten, die von verschiedenen Herstellern in unterschiedlichen Preisklassen angeboten werden, liegt ein genaues Bedienungsprogramm bei. Deshalb sind in diesem Fall die üblichen Rezeptschritte überflüssig. Lediglich die Zutatenangaben sind wichtig, die in den folgenden Rezepten genannt werden. Besonders praktisch: Die Automaten besitzen eine Zeitschaltuhr. Wer abends die Zutaten einfüllt, kann sich morgens pünktlich frisches Frühstücksbrot beim Automaten abholen.

VANILLEFRÜHSTÜCKSHÖRNCHEN

ZUTATEN
für 500 g

Brot/Teigtyp: Normal
Programm: Teig

- 1 1/2 TL Trockenhefe
- 500 g Weizenmehl Type 550
- 250 g Magermilchjoghurt
- 2 Päckchen Vanillezucker
- 1 TL Zucker,
- 1/2 TL Salz
- 100 ml lauwarme Milch
- 1 Eigelb

1 Alle Teigzutaten bis auf das Eigelb in den Brotbackautomaten geben und zusammenmischen. Aus der Maschine nehmen und kneten.

2 Den Teig zu einer Rolle formen und diese in 6 gleich große Stücke teilen. 2 Backbleche mit Backpapier auslegen.

3 Jedes Teigstück zu einem 15 x 15 Zentimeter großen Quadrat ausrollen, jedes Quadrat in 2 Dreiecke schneiden.

4 Die Dreiecke von der breiten Seite her aufrollen, zu Hörnchen biegen, auf das Backblech legen und 10 bis 15 Minuten gehen lassen.

5 Den Backofen auf 220 °C aufheizen. Die Hörnchen mit verquirltem Eigelb einpinseln und in der Mitte des Ofens 20 Minuten goldbraun backen.

TIPP: Die Vanillehörnchen können Sie auch zum Tee reichen.

Laugenbrezen

LAUGENBREZEN

1 Den Teig aus der Maschine nehmen und auf einer bemehlten Arbeitsfläche sehr gut durchkneten.

2 Den Backofen auf 220 °C vorheizen und ein Backblech ausfetten. Aus dem Brezenteig etwa 15 dünne, gleich lange Stränge rollen. Diese möglichst kunstvoll in schnellen Bewegungen zu Brezen formen und die Enden festdrücken.

3 In einem Topf 1/2 Liter Wasser mit Natron aufkochen. Den Topf vom Herd ziehen und die Brezen vollständig in die Lauge tauchen. Die Brezen mit grobem Salz bestreuen.

4 Abschließend die Brezen 25 Minuten im Ofen backen und auf dem Backblech auskühlen lassen.

VARIANTE: Wenn Sie das Knoten von Brezen zu mühsam finden, formen Sie doch einfach Brötchen (oder Semmeln, wie man in Süddeutschland sagt) aus dem Laugenteig. Auf das Büffet Ihrer Gartenparty passen auch Laugenzöpfe oder -semmeln.

TIPP: Brezen sind weltberühmt mit Weißwurst und süßem bayerischen Senf. Sie schmecken immer mit Butter.

ZUTATEN
für 15 Stück

Brot/Teigtyp: Normal
Programm: Teig

- 1 TL Trockenhefe
- 200 g Weizenmehl Type 550
- 200 g Weizenvollkornmehl
- 1 TL Jodsalz
- 1 TL Zucker
- 30 g Butter
- 225 g Buttermilch
- 5 g Natron
- grobes Salz

Laugenbrezen, eine bayerische Spezialität, bekommen ihren besonderen Geschmack durch die Lauge, das Natron.

Brot und Brötchen

Rezepte für den Backautomaten

Brote aus dem Brotbackautomaten sind schnell gemacht und lassen sich auch ohne Erfahrung nach dem jeweiligen Rezept backen. Wichtig ist, sich genau an die Angaben des Herstellers zu Backfunktionen und Programmen zu halten. Wenn Sie etwas mehr Erfahrung im Backen mit dem Automaten besitzen, können Sie Backzeiten und Rezepte variieren.

KAFFEEHAUSBROT

ZUTATEN
für 500 g Brot
Brot/Teigtyp: Normal
Programm: Brot

• 1 TL Trockenhefe • 450 g Weizenmehl • 1 EL Honig • 1 TL Salz • 2 EL Butter • 1 Ei • 30 g gehackte, geröstete Pistazienkerne • 30 g Sonnenblumenkerne • 150 ml Wasser • 100 ml Milch

Zum Kaffeehausbrot passen österreichische Teebutter, Konfitüren, süße und pikante Brotaufstriche, Spiegel- oder Rühreier. Auch verschiedene Honigarten, wie beispielsweise ein würziger Waldhonig, munden zu diesem Brot. Ausgefallen und sehr lecker ist ein Nussaufstrich mit geraspelten Möhren.
Nicht mehr ganz frisches Kaffeehausbrot kann getoastet oder zu Brotcroûtons verarbeitet werden. Dafür die Brotscheiben würfeln, mit Butter in der Pfanne knusprig braun braten und als Knabberspaß reichen.

PINIENKERNBROT

ZUTATEN
für 500 g Brot
Brot/Teigtyp: Normal
Programm: Brot

• 1 1/2 TL Trockenhefe • 500 g Weizenmehl Type 550 • 2 TL Salz • 1 EL Zucker • 70 g gehackte Pinienkerne • 1 EL Butter • 300 ml Wasser

Genießen Sie Pinienkernbrot mit würzigem gekochten Schinken, der sehr dünn aufgeschnitten wird. Besonders gut schmeckt auch angemachter Mozzarella zu diesem Brot: Bestreichen Sie die Brotscheiben mit Butter, und streuen Sie einige geschnittene Rucolablätter darauf. Das Pinienkernbrot mit Mozzarella- und Tomatenscheiben belegen, mit Salz und Pfeffer würzen und mit Öl überträufeln.

Knoblauchbrot

ANISBROT FÜR GOURMETS

• 1 1/2 TL Trockenhefe • 500 g Weizenmehl Type 550 • 1 EL Zucker • 1 1/2 TL Salz • 30 g Sonnenblumenkerne • 1 EL Walnusskernöl • 1/2 EL gestoßener Anissamen • 1/2 gestoßener Kümmel • 1/2 EL gestoßener Koriander • 1 TL gestoßener Fenchelsamen (oder anstelle der Gewürze 2 EL fertige Brotgewürzmischung) • 320 ml Wasser

ZUTATEN
für 500 g Brot

Brot/Teigtyp: Normal
Programm: Brot

Zum Anisbrot für Gourmets passen Wurst- und Schinkenaufschnitt, aber auch Quark, angemacht mit Schnittlauch, Zwiebeln, saurer Sahne, Salz, Pfeffer und edelsüßem Paprikapulver.

SESAMBROT

• 1 TL Trockenhefe • 200 g Weizenmehl Type 550 • 250 g Weizenmehl Type 1050 • 40 g geschälte Sesamsamen • 1 EL Zucker • 1 TL Salz • 1 TL Sonnenblumenöl • 1/2 TL Natron • 1 TL Butter • 280 ml Wasser

ZUTATEN
für 500 g Brot

Brot/Teigtyp: Normal
Programm: Brot

Sesambrot passt zu Frankfurter Würstchen, Aufschnittplatten, Gemüsesalaten oder würzigen Brotaufstrichen.

TIPP: Beim letzten Backvorgang 1 Esslöffel Sesamsamen auf das Brot geben.

KNOBLAUCHBROT

• 1 1/2 TL Trockenhefe • 500 g Weizenmehl Type 405 • 1 TL Zucker • 1 EL frisch gehacktes Basilikum • 1 EL frisch gehackter Knoblauch • 1 TL Knoblauchpulver • 2 EL frisch geriebener Parmesankäse • 2 TL Salz • 1 TL Olivenöl • 2 EL getrockneter Weißwein • 310 ml Wasser

ZUTATEN
für 500 g Brot

Brot/Teigtyp: Normal
Programm: Brot

Knoblauchbrot mundet zu einem Gläschen Rotwein und zu gemischten Vorspeisen aus dem reichhaltigen Mittelmeerbüffet. Für Weißwein besitzt das Brot ein zu starkes Eigenaroma.

Pasta und andere Teigwaren

Trotz der unzähligen Nudelarten in den Regalen der Supermärkte – frisch und vor allem selbst gemacht sind sie immer noch am besten. Da lohnt es sich, eine Mehltüte aufzumachen und mit Wasser, Salz und Öl einen Teig herzustellen. Mit freudiger Erwartung werden vor allem die Kinder den Herstellungsvorgang beobachten und beim Nudelmachen sicher gern mithelfen.

Freunde, zum Nudelessen aus eigener Fabrikation eingeladen, fühlen sich besonders geehrt. Was in Italien noch selbstverständlich ist, gewinnt bei uns wieder besondere Bedeutung. Nudeln müssen übrigens nicht unbedingt frisch verbraucht werden. Man kann sie auch, auf einem leicht bemehlten Tuch luftig ausgebreitet, trocknen und in einer Dose bis zum nächsten Nudelessen aufbewahren oder im Kälteschlaf, im Gefrierfach, frisch halten. Zum Auftauen gibt man sie dann einfach in kochendes, leicht gesalzenes Wasser und gart sie natürlich »al dente«, also mit Biss.

Wer häufig ans Nudelmachen denkt, legt sich vielleicht eine Nudelmaschine zu. Damit erspart man sich das Ausrollen. In der Nudelmaschine kann der Teig in der gewünschten Dicke gleichmäßig ausgewalzt und geschnitten werden, von einer breiten Lasagne bis zu dünnen Spaghetti. Und mit einer Spezialwalze lassen sich sogar kleine Teigtäschchen, Ravioli, formen. Vielleicht besitzt jemand im Freundeskreis bereits eine solche Maschine und leiht sie zum Ausprobieren einmal aus. Aber auch ohne diese mechanische Hilfe macht das Nudelmachen Spaß und viel weniger Arbeit, als manche vielleicht meinen. Ein bisschen Zeit sollte man dafür allerdings mitbringen.

Übrigens stimmt es nicht, dass Nudeln dick machen. Dafür sind nur die allzu üppigen, kalorienreichen Saucen und Beilagen verantwortlich. Um Nudeln ohne Reue genießen zu können, gibt es genügend kalorienarme Zubereitungsmöglichkeiten aus der italienischen und aus anderen Küchen. Die einfachste und auch eine der köstlichsten ist Spaghetti mit Pesto, Basilikumpaste, oder »alle vongole«, mit Muscheln.

BANDNUDELN

Sie sind die einfachsten Teigwaren und sollen bereits 1501 in Bologna erfunden worden sein. Die langen blonden Haare eines Edelfräuleins sollen den Koch zu der Nudelform inspiriert haben.

Pasta und andere Teigwaren

Arbeitsgeräte

Der Teigausroller, bezeichnenderweise auch Nudelholz genannt, ist das wichtigste Gerät für die Nudelproduktion. Die Nudelmaschine ist zwar nützlich, doch entbehrlich.

Das Nudelholz ist sprichwörtlich geworden für die Macht der Frauen in ihrem Haushalt.

Grundausstattung

Wer hin und wieder bäckt, wird für das Nudelmachen sicher alles in der Küche vorfinden, was man dafür benötigt.

- Teigschüssel
- Teigrührlöffel (mit Loch)
- Elektrischer Handmixer mit Knethaken oder Küchenmaschine mit Schüssel und Knethaken
- Teigausroller bzw. Nudelholz
- Langes Messer zum Nudelschneiden
- Zackenrädchen zum Nudelschneiden
- Nudelmaschine mechanisch oder elektrisch oder beide mit verschiedenen Walzen
- Formblech für Ravioli
- Großer Topf zum Nudelkochen
- Großes Sieb zum Abgießen

Übrigens: Um die Nudeln aus dem Salzwasser zu holen und sie bei Tisch zu servieren, empfiehlt sich eine Spaghettizange.

HARTWEIZENGRIESS

Nudeln aus Hartweizengrieß sind fester, haben Biss und sind für viele Feinschmecker die einzig wahren Nudeln. Der Teig wird ohne Ei hergestellt.

Nudeln selber machen

Nudelteig und Nudeltipps

Für ihren Nudelteig hat fast jede italienische Hausfrau, Fachfrau in Sachen Nudeln, ihr Geheimrezept. Manche stellen ihn nur mit Mehl, Salz und Wasser her, andere geben etwas kaltgepresstes Olivenöl hinzu. Wichtig ist, dem Teig eine halbstündige Ruhepause zu gönnen, damit die Stärke im Mehl quellen und sich der Kleber freisetzen kann. Er hält den Teig zusammen und macht ihn elastisch. Wer einmal einen chinesischen Nudelmeister bei seiner Arbeit beobachtet hat, wie er das Eigengewicht des Teigs ausnützt und durch Schleudern die Nudeln schier endlos dehnt, ahnt, was man dem Teig zumuten kann.

In unseren Breiten wird der Teig gleichmäßig mit dem Nudelholz ausgerollt, dabei immer wieder fein bemehlt, und sobald er nicht mehr klebt, mit einem langen und scharfen Küchenmesser in Platten oder in Streifen geschnitten. Um die Arbeit zu vereinfachen, kann eine bemehlte Teigplatte auch locker zusammengerollt und dann in Streifen geschnitten werden. So entstehen die bekannten Nudelnester, die man auch in der ostasiatischen Küche findet. Zum Kochen rollt man sie auseinander, damit sie schön locker im reichlich bemessenen Kochwasser liegen und nicht zusammenkleben.

EIERNUDELN

Sie sind feiner und werden meist mit normalem Weizenmehl und Ei hergestellt. Bei Kindern sind diese weicheren Nudeln besonders beliebt.

Teigwaren »al dente« kochen

Richtig gegart sind Nudeln, wenn sie »al dente« sind, d. h. noch »Biss« haben. Einige goldene Kochregeln sollte man sich für das Kochen merken: Der Nudeltopf muss groß genug sein, denn pro 100 Gramm Teigwaren rechnet man einen Liter Wasser, dazu zehn bis zwölf Gramm Salz. Wenn das Wasser stark kocht, die Nudeln hineingeben, gut umrühren, den Deckel auflegen und warten, bis das Wasser wieder kocht. Dann die Nudeln ohne Deckel bei mittlerer Hitze gar kochen. Dünne Nudeln brauchen vier bis zehn Minuten, dickere Sorten wie Makkaroni 10 bis 15 Minuten, ganz dicke Sorten wie Tagliatelle noch drei bis fünf Minuten länger. Auf jeden Fall einmal probieren. Wenn die Nudeln bissfest sind, sofort vom Herd nehmen, in ein Sieb geben, das Wasser gründlich abschütteln und in einer vorgewärmten Schüssel mit dem Sugo, der Sauce, übergießen.

 Pasta und andere Teigwaren

1 Für Eiernudelteig 500 g Mehl in eine Schüssel sieben. Mit dem Löffelrücken in die Mitte eine Mulde drücken. Denn dort hinein werden die weiteren Zutaten gegeben.

2 1/8 l handwarmes Wasser, 2 ganze Eier mit Raumtemperatur, 1 gestrichenen TL Salz und 2 EL Olivenöl oder ein geschmacksneutrales Öl in die Mulde geben.

3 Alle Zutaten mit den Händen rasch zu einem glatten Teig verarbeiten und zu einer Kugel formen. Nimmt der Teig das Mehl nicht vollständig auf, etwas Wasser zugeben.

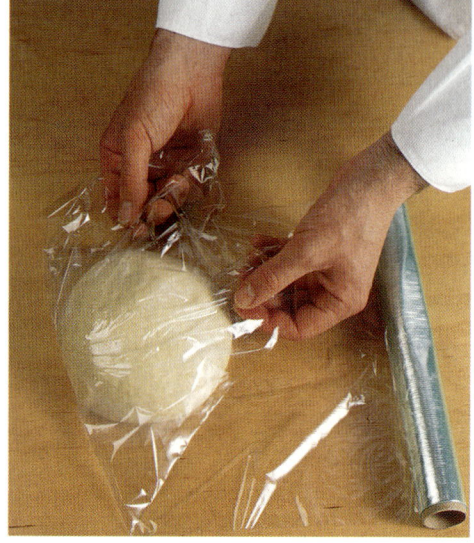

4 Wenn der Teig glatt und geschmeidig geworden ist, diesen zur Kugel formen, in Klarsichtfolie wickeln und bei Raumtemperatur 30 bis 40 Minuten ruhen lassen.

Bandnudeln Schritt für Schritt

5 Den Teig halbieren. Die eine Hälfte wieder in Folie wickeln. Die andere auf einer bemehlten Arbeitsfläche zu einem sehr dünnen Rechteck ausrollen.

6 Das Rechteck für Bandnudeln dünn mit Mehl einreiben und locker zusammenrollen oder zu einem mehrlagigen Streifen zusammenfalten.

7 Mit einem langen Messer die Rolle in 1/2 bis 2 cm breite Streifen schneiden. Diese auseinander falten, um ein Zusammenkleben zu verhindern.

8 Die Streifen in kochendem Salzwasser 5 Minuten bissfest garen. Tipp: Man kann die ungekochten Nudeln auch an der Luft trocknen und aufbewahren.

Pasta und andere Teigwaren

NUDELN MIT HARTWEIZENGRIESS FÜR ORECCHIETTE (ÖHRCHENNUDELN)

ZUTATEN
für 4–6 Personen

- 100 g Hartweizengrieß
- 200 g Mehl
- Mehl zum Arbeiten
- 2 EL Olivenöl
- Salz

1 Hartweizengrieß mit Mehl in einer Schüssel mischen. Olivenöl und 1 Teelöffel Salz zufügen. Mit knapp 1/8 Liter lauwarmem Wasser zu einem glatten, geschmeidigen Teig verarbeiten und gut durchkneten.

2 Den Teig zu einer Kugel formen, in die Schüssel legen und mit einem feuchten Tuch bedeckt 30 bis 40 Minuten ruhen lassen.

3 Kleine Teigportionen abnehmen und auf einer bemehlten Arbeitsfläche zu Rollen mit 2 Zentimeter Durchmesser formen, diese in 1/2 Zentimeter dicke Scheibchen schneiden.

4 Jedes Scheibchen mit dem Daumen eindrücken, so dass in der Mitte eine Mulde entsteht.

5 Die fertig geformten Nudeln auf einem bemehlten Tuch ausbreiten. Mit einem zweiten Tuch bedeckt über Nacht antrocknen lassen.

TIPP: Die Öhrchennudeln eignen sich gut für Gemüseeintopf oder eine Pasta mit Gemüse.

VARIANTE: Der Teig kann auch für andere Nudelformen verwendet werden. Wer eine Nudelmaschine besitzt, probiert vielleicht verschiedene Formen aus. Eiernudelteig (Rezept siehe Seite 188–189) kann ebenfalls mit der Nudelmaschine ausgewalzt und geschnitten werden, beispielsweise zu Lasagneblättern.

Öhrchennudeln, farbig mit Gemüse gemischt, regen besonders den Appetit von Kindern an.

Spinat-Lasagne

SPINAT-LASAGNE

1 Den Spinat putzen, waschen und tropfnass in einem Topf bei starker Hitze zusammenfallen lassen. Den Spinat abkühlen lassen und sehr fest ausdrücken. Das Gemüse zweimal durch die feine Scheibe des Fleischwolfes drehen oder mit dem Mixer sehr fein pürieren.

2 Hartweizengrieß mit Mehl in einer Schüssel vermischen, 1 Teelöffel Salz, Spinat und 2 Eier unterkneten. Den Teig mit einem feuchten Tuch bedeckt 30 bis 40 Minuten ruhen lassen.

3 In einem großen Topf 3 Liter Wasser mit 1 Esslöffel Salz aufkochen und beim Sieden halten.

4 Den Teig in Viertel teilen. Jedes Viertel auf einer bemehlten Arbeitsfläche millimeterdick ausrollen. Jede Platte in kochendem Wasser 3 Minuten garen, abschrecken und auf einem Tuch abtropfen lassen.

TIPP: Lasagneblätter abwechselnd mit einem vorbereiteten Fleischragout oder einer Gemüse- oder Pilzfüllung lagenweise in eine Form schichten, mit Bechamelsauce bedeckt und mit Käse bestreut im Ofen backen.

VARIANTE: Wer helle Lasagne herstellen möchte, bereitet dafür einen Teig wie für Ravioli (siehe Seite 192) vor und stellt sie auf die gleiche Weise her. Am besten gelingen die Teigblätter mit einer Nudelmaschine.

ZUTATEN
für 4–6 Personen

- *150 g Spinat*
- *2 Eier*
- *100 g Hartweizengrieß*
- *200 g Mehl*
- *Mehl zum Ausrollen*
- *Salz*

Färbt man die Hälfte eines Nudelteiges durch Zugabe von passiertem Spinat grün, nennt man das Gericht in Italien »paglia e fieno alla panna« – »Heu und Stroh«.

Pasta und andere Teigwaren

RAVIOLI MIT FLEISCHFÜLLUNG

ZUTATEN
für 6 Personen

FÜR DEN TEIG:
- *400 g Mehl*
- *Mehl zum Ausrollen*
- *4 Eier*
- *Salz*

FÜR DIE FÜLLUNG:
- *1 EL Butter*
- *200 g Hackfleisch*
- *75 g roher Schinken*
- *1 kleines Ei*
- *100 g geriebener Parmesankäse*
- *1 Prise geriebener Muskat*
- *Salz, Pfeffer aus der Mühle*

1 Das Mehl in eine Schüssel sieben und eine Vertiefung eindrücken. Die Eier aufschlagen und hineingeben, ebenso 1 Teelöffel Salz. Das Mehl vom Rand aus mit den Eiern vermischen und gut durchkneten, bis der Teig glatt und elastisch ist. Nach Bedarf dabei 2 bis 3 Esslöffel Wasser zufügen.

2 Den Teig zur Kugel formen und in Folie gewickelt ruhen lassen.

3 Für die Füllung Butter bei mittlerer Hitze in einer Pfanne zerlassen. Das Fleisch hineingeben und fein zerkleinern, dabei leicht anbraten. Den Schinken fein würfeln, zufügen und ebenfalls anbraten.

4 Die Masse erkalten lassen, Ei und Parmesankäse unterrühren und die Füllung mit Muskat, Salz und Pfeffer abschmecken.

5 Den Teig halbieren. Beide Stücke auf einer bemehlten Fläche 2 Millimeter dünn ausrollen. Mit einem Teigrädchen in 5 Zentimeter breite Streifen schneiden.

6 Auf der Hälfte der Streifen im Abstand von etwa 3 Zentimetern mit einem Mokkalöffel kleine Portionen der Füllung setzen.

7 Die andere Hälfte des Teigstreifens darüber legen und die Ravioli ausschneiden. Die Ränder leicht andrücken. Die Ravioli auf einem leicht bemehlten Tuch auslegen und kurz antrocknen lassen.

TIPP: Die Ravioli in reichlich gesalzenem Wasser aufkochen und danach bei schwacher Hitze 3 bis 4 Minuten ziehen lassen. Nach dem Abtropfen in Salbei- oder Thymianbutter wälzen und mit geriebenem Parmesan bestreuen.

VARIANTEN: Für Ravioli mit Käse-Kräuter-Füllung den gleichen Teig wie für Ravioli mit Fleischfüllung herstellen. Für die Füllung 200 Gramm Ricotta salata oder Schafskäse in einem Suppenteller fein zerdrücken. Je 1/2 Bund fein gehackte Petersilie und Dill und 1 kleines Ei untermischen. Die Füllung mit Salz und Pfeffer abschmecken. Wie beschrieben damit die Ravioli füllen. Nach dem Garen und Abtropfen die Ravioli mit geschmolzener Butter, die mit 1 Teelöffel edelsüßem Paprika vermischt wurde, übergießen und servieren.

Ravioli können als Dreiecke oder kleine Täschchen aus Quadraten geformt werden, die an den Ecken über der Füllung zusammengefasst werden.

Ravioli mit Käse und Minze

RAVIOLI MIT KÄSE UND MINZE

1 Mehl mit 1/2 Teelöffel Salz in eine Schüssel sieben. Eier und Wasser zufügen und alles zu einem elastischen, weichen Teig verkneten. Diesen zu einer Kugel formen und in Frischhaltefolie gewickelt 30 Minuten bei Raumtemperatur ruhen lassen.

2 150 g Halloumi-Käse auf der feinen Gemüsereibe in eine Schüssel raspeln. Eier hinzufügen. Die Minze abspülen, trockenschütteln und die Hälfte der Blättchen fein hacken. Diese mit 1 Teelöffel getrockneter Minze zu Käse und Eiern geben und alles vermischen.

3 Den Teig in 2 Portionen teilen. Jeden Teil dünn ausrollen und Kreise von 7 bis 8 Zentimeter Durchmesser ausstechen. Auf jeden Kreis 1 Teelöffel Käsemasse geben. Die Ränder mit etwas kaltem Wasser einpinseln, den Teig über die Füllung zu Halbmonden falten. Die Ränder mit den Zinken einer Gabel zusammendrücken.

4 In einem großen Topf reichlich Wasser mit 1 Teelöffel Salz aufkochen, die Hitze herunterschalten. Die Ravioli nacheinander in 2 oder 3 Portionen im siedenden Wasser 10 Minuten garen und in ein Sieb geben.

5 Die restlichen Minzeblättchen fein hacken. Den restlichen Halloumi-Käse fein raspeln. Die Butter in einer kleinen Kasserolle erhitzen, bis sie schäumt. Gehackte Minze und 1 Teelöffel getrocknete Minze unterrühren. Die Ravioli auf vorgewärmte Teller verteilen, mit Minzebutter begießen, mit etwas Halloumi-Käse bestreuen und servieren.

TIPP: Halloumi ist ein salziger Ziegenkäse von der Insel Zypern. Man erhält ihn, in Folie verschweißt, in griechischen und türkischen Lebensmittelläden. Auf Zypern wird er hauptsächlich in dünnen Scheiben mit Olivenöl in der Pfanne gebraten und heiß zu Brot gegessen. Das Rezept empfiehlt sich besonders im Sommer, weil es den Körper mit Salzen versorgt.

VARIANTE: Wenn Sie keinen Halloumi erhalten können oder einen anderen Käsegeschmack bevorzugen, bereiten Sie stattdessen das Rezept mit griechischem (Feta), türkischem oder korsischem Schafskäse zu. Beachten Sie dabei, dass Sie den Schafskäse nicht reiben, sondern mit einem Messer oder einer Gabel in feine Brösel zerteilen.

ZUTATEN
für 4 Personen

FÜR DEN TEIG:
Für den Teig:
- *300 g Mehl*
- *Mehl zum Ausrollen*
- *Salz*
- *2 Eier*
- *2–3 EL Wasser*

FÜR DIE FÜLLUNG UND DIE GARNITUR:
- *250 g Halloumi-Käse*
- *3 Eier*
- *4 Zweige frische Minze*
- *2 TL getrocknete Minze*
- *100 g Butter*

 Pasta und andere Teigwaren

Gnocchi mit grüner Butter

Zutaten
für 4 Personen

FÜR DEN TEIG:
- 1 kg mehlig kochende Kartoffeln
- 2 Eier
- 150–200 g Mehl

FÜR DIE GRÜNE BUTTER:
- 80 g Butter
- 1 EL gehackte frische Kräuter wie Rosmarin, Majoran und Basilikum
- 1 Knoblauchzehe
- 2 EL gehackte Petersilie
- Pfeffer aus der Mühle
- Salz
- 100 g geriebener Pecorino

1 Die zimmerwarme Butter mit den Kräutern (außer Petersilie) vermischen und beiseite stellen.
2 Die Kartoffeln in der Schale kochen, noch warm schälen und durch die Kartoffelpresse drücken oder durch ein Sieb passieren. Etwas abkühlen lassen.
3 Die Eier verquirlen, mit Mehl und Salz unter den Kartoffelteig rühren und kneten, bis er nicht mehr an den Händen klebt.
4 Den Teig zu fingerdicken Rollen formen, in 3 Zentimeter lange Stücke schneiden, zu ovalen Gnocchi formen, mit den Zinken einer Gabel ein Muster eindrücken.
5 Die Gnocchi in kochendem Salzwasser 6 bis 8 Minuten ziehen und gut abtropfen lassen.
6 Die Kräuterbutter schmelzen. Knoblauch schälen, zerdrücken, mit Petersilie, Pfeffer und Salz würzen und unterrühren. Die Kräuterbutter über die Gnocchi gießen und heiß servieren.

Tipp: Wer Gnocchi auf Vorrat herstellen möchte, friert sie ein.

Variante: Gnocchi integrali sind Gnocchi aus Vollkornmehl. Sie werden gesundheitsbewusste Liebhaber von Teigwaren begeistern.

Tomaten-Nudeln

Zutaten
für 500 g Nudeln

- 300 g Mehl
- Mehl zum Arbeiten
- 3 Eier, Größe M
- 1 EL Olivenöl
- 1 1/2 TL Tomatenmark

1 Das Mehl in eine Schüssel sieben, eine Mulde hineingeben. Öl und Tomatenmark verrühren und zufügen.
2 Von der Mitte aus die Zutaten verrühren und zusammenkneten, so dass ein geschmeidiger Teig entsteht.
3 Teig auf der bemehlten Arbeitsfläche nochmals 3 Minuten durchkneten, in Klarsichtfolie wickeln und 30 bis 40 Minuten ruhen lassen.
4 Den Teig in 4 Stücke schneiden, mit der Nudelmaschine zu langen, dünnen oder breiten Nudeln schneiden.
5 Die Nudeln auf einem bemehlten Tuch ausbreiten und vor dem Kochen antrocknen oder zum Aufbewahren richtig trocknen lassen.

Tipps: Die roten Nudeln mit Sahnesauce oder mit Olivenöl, Knoblauch und Käse servieren. Statt Tomatenmark kann man 1 Esslöffel pürierte Kräuter wie Petersilie, Kerbel oder Basilikum unter den Teig kneten.

Cannelloni mit Fleisch-Spinat-Füllung

1 Die Pilze in Wasser einweichen. Die Zwiebel und die Möhre schälen. Stangensellerie putzen, die Petersilienblättchen abbrausen. Gemüse und Petersilie sehr fein würfeln und hacken.

2 In einer Kasserolle 1 Esslöffel Butter erhitzen, zuerst die klein gehackten Zutaten, dann das Fleisch und die abgegossenen Pilze darin anbraten. Mit Salz und Pfeffer würzen und weiterbraten, bis das Fleisch leicht zu bräunen beginnt.

3 Den Marsala oder Orangensaft unterrühren und leicht verdampfen lassen. Das Tomatenmark in der Brühe verrühren und zugießen. Alles bei schwacher Hitze 20 bis 30 Minuten kochen lassen.

4 In der Zwischenzeit aus dem Mehl, 3 Eiern und Salz einen Nudelteig kneten, in Folie gewickelt 30 Minuten ruhen lassen.

5 Den Spinat verlesen und waschen, tropfnass in einem Topf kochen, zusammenfallen und das Wasser verdampfen lassen. Den Spinat in einem Sieb abkühlen lassen, gut ausdrücken. Im Topf 1 Esslöffel Butter schmelzen und den Spinat darin 5 Minuten dünsten.

6 Gemüse, Fleisch und Pilze mit einem Schaumlöffel aus der Sauce nehmen und in eine Schüssel geben. Spinat und Schinken hacken und mit 2 Esslöffeln Parmesan unter die Fleischmischung rühren. Mit Muskat würzen, das letzte Ei unterrühren.

7 Den Nudelteig dünn ausrollen, in Vierecke von 8 mal 10 Zentimeter schneiden und in Portionen in reichlich kochendem Salzwasser 5 Minuten garen. Dann auf einem Küchentuch nebeneinander legen.

8 Eine flache Form mit Butter einpinseln. Den Backofen auf 180 °C vorheizen. Auf jedes Teigstück etwas Füllung geben, zusammenrollen und in die Form legen. Die Sauce über die Cannelloni gießen, mit Parmesan bestreuen, mit Butterflöckchen belegen, 30 Minuten in der Mitte des Ofens backen.

Tipp: Auch für Cannelloni sollte man den Nudelteig selber machen, weil hausgemachte Teigwaren besser schmecken als fertig gekaufte. Sie lassen sich gut vorbereiten, werden mit Folie abgedeckt und in den heißen Ofen geschoben, wenn die Gäste kommen.

Zutaten
für 4 Personen

- 2 EL getrocknete Steinpilze
- 1 Zwiebel
- 1 Möhre
- 1 Stange Bleichsellerie
- 1 Bund Petersilie
- 3 EL Butter
- 500 g gehacktes mageres Schweinefleisch
- Salz
- Pfeffer aus der Mühle
- 1/8 l Marsala, ersatzweise Orangensaft
- 2 EL Tomatenmark
- 1/4 l Brühe (Fertigprodukt)
- 300 g Mehl
- 4 Eier
- 250 g Spinat
- 50 g gekochter Schinken
- 6 EL frisch geriebener Parmesan
- 1 Prise geriebene Muskatnuss

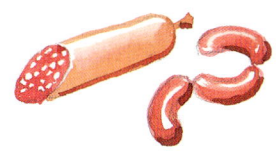

Wurst, Pasteten und Terrinen

Weil man in den Mittelmeer- und in den Balkanländern noch weiß, wie gut selbst gemachte Wurst schmeckt, wird auf kleineren oder größeren Gehöften auch heute wie eh und je gewurstet. Mit großer Erwartung geht es in den Winter, in die Zeit des Schlachtens. In Nordspanien und auf der Insel Mallorca z. B. bereitet sich die ganze Familie auf das Ereignis vor. Die Männer helfen unter der Oberaufsicht eines Schlachtmeisters beim Schlachten und Zerlegen des Tiers, meist eines Schweins. Die Frauen übernehmen das Wursten, die Vorbereitung der Schinken, damit die Speisekammer für den Winter wieder gut gefüllt ist.

In Zeiten der Massenware sind auch bei uns selbst gemachte Würste besonders geschätzte Delikatessen, die man wieder verstärkt bei unseren Bauern findet, die kleine Hofläden mit Eigenerzeugnissen unterhalten. Wen es reizt, einmal Wurst zu machen, braucht dafür nicht selber zu schlachten, sondern kann die dafür erforderlichen Zutaten, Fleisch, Speck und Innereien in einem Ökofleischerladen oder bei einem Ökobauern kaufen. Entsprechende Anschriften sind bei den Biolandesverbänden zu erfragen.

»Selberwursten« kann jeder lernen, einzuhalten sind nur einige unverzichtbare Grundregeln, wenn Sie Hausmacher-Würste, -Pasteten oder -Terrinen herstellen wollen.

Grundsätzlich reicht für die Herstellung kleinerer Wurstmengen die eigene Küche aus. Wichtig ist, dass das Fleisch und die anderen Zutaten sofort, kühl und absolut hygienisch verarbeitet werden. Auch die Geräte und Zubehörteile müssen peinlich sauber sein, weil Fleisch und Wurstwaren durch Schmutz und Bakterien schnell verderben können. Denken Sie auch stets daran, für ausreichend Platz im Kühlschrank und in der Gefriertruhe zu sorgen, damit die eingekauften Zutaten bis zum Arbeitsbeginn kühl gelagert oder angefroren werden können.

Würstemachen ist eine gemeinschaftliche Tätigkeit: Eine Hilfsperson ist beim Wursten immer erforderlich, nicht nur, weil es dann mehr Spaß macht.

ARTGERECHTE HALTUNG

Lassen Sie sich ein Tier vom Bauern aufziehen, aber achten Sie darauf, dass es artgerecht gehalten wird.

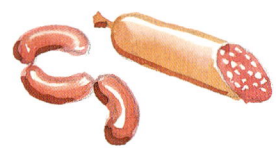

Wurst, Pasteten und Terrinen

Arbeitsgeräte

Für die Herstellung von Roh- und Kochwürsten sind manche Geräte, wie Messer und große Töpfe, in der Küche vorhanden.

Alle Arbeitsgeräte fürs Wursten müssen immer absolut gereinigt sein.

Grundausstattung

GEWÜRZE
Außer Pfeffer und Salz sind unentbehrliche Gewürze für Wurst Macis, Muskatblüte, Paprika, Ingwer, Kümmel, Piment und Majoran und weitere Kräuter nach Geschmack.

- Fleischwolf zum Zerkleinern der Zutaten und zum Füllen der Wurst
- Ausbein- und Hautmesser
- Wetzstahl
- Großes, hygienisches Kunststoffbrett
- Fleischwolf mit verschiedenen Scheiben zum Zerkleinern des Fleisches
- Därme für die Wurstherstellung
- Füllaufsatz für den Fleischwolf zum Füllen der Därme
- Großer Topf zum Abkochen der Würste
- Einmachgläser verschiedener Größe bis 400 Milliliter Inhalt mit Twist-off-Deckeln oder mit Gummiringen
- Einkochtopf zum Sterilisieren der Wurst in den Einmachgläsern
- Kleinere und größere Formen für Pasteten und Terrinen, bis ein Liter Inhalt

Wurstarten und Zutaten

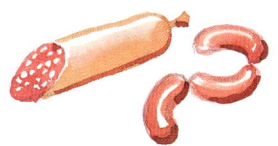

Geeignete Wurstarten

Ohne Cutter (Feinstzerkleinerer) lassen sich lediglich Roh- und Dauerwürste sowie Kochwürste herstellen.

- Roh- und Dauerwürste werden aus rohem Fleisch, Fettgewebe und Wasser hergestellt und in der Regel auch roh verzehrt. Durch Pökeln, Trocknen oder Räuchern erhalten sie ihren besonderen Geschmack und die Haltbarkeit. Zu ihnen zählen Salami, Teewurst, Polnische Kochwurst und Bratwürste, die vor dem Verzehr gekocht oder gebraten werden.
- Kochwürste werden meist aus gekochtem Fleisch, Fettgewebe und Innereien hergestellt. Nach Fertigstellung werden die Würste in etwa 80 °C heißem Wasser gegart.

FLEISCHAUSWAHL

Fleisch von älteren Tieren eignet sich besser für die Verarbeitung zu Rohwürsten. Es ist trockener als das von jungen Tieren, der Säuregrad höher, was die Wurst haltbarer macht.

Weitere wichtige Zutaten

- Salz: Bei der Wurstherstellung wird reines Kochsalz oder, wenn die Wurst umgerötet und geräuchert werden soll, eine Kochsalzmischung mit Salpeter oder Nitrit angewendet.
- Salpeter (Nitrat): In der Bundesrepublik Deutschland darf Salpeter nur in Form von Kaliumnitrat verwendet werden. Es dient zum Umröten von Dauerwürsten und Pökelware.
- Nitritpökelsalz: Es besteht aus Kochsalz sowie einer Zugabe von 0,4 bis 0,5 Prozent Natriumnitrit und wird fertig gemischt angeboten. Wegen seiner schnelleren Umrötungseigenschaft wird es statt Salz und Salpeter zum Pökeln verwendet.
- Zucker: In der Regel wird für hausgemachte Wurst Haushaltszucker verwendet. Er wird in der Wurstmasse zu Säure abgebaut und mildert den leicht herben Geschmack des Pökelsalzes.
- Hilfsstoffe wie Phosphate, Askorbinsäure, Emulgatoren, Gelatine werden hauptsächlich in der gewerblichen Wurstherstellung verwendet.
- Wursthüllen: Naturdärme von Schwein, Rind, Kalb, Pferd oder Schaf sind geruchlos, geschmacksneutral, hell, fett- und lochfrei. Es wird nach Originaldärmen und nach sortierten Därmen in einheitlichen Maßen und Kalibern (Rauminhalt) unterschieden. Kunstdärme aus Zellulose und Haut sowie Kunststoffdärme sind zum Trocknen und Räuchern ungeeignet.

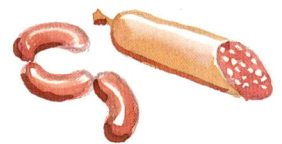

Wurst, Pasteten und Terrinen

Rohwurst selbst herstellen

GEFÜHL

Das Würzen ist eine Entscheidung des persönlichen Geschmacks, des Fingerspitzengefühls und der Erfahrung. Notieren Sie sich, welche Gewürzmischungen Sie für welche Wurst verwendet haben, damit Sie für spätere Versuche Vergleichsdaten haben.

Bei der Rohwurstherstellung wird Schweinefleisch oft mit Rindfleisch gemischt, um besonders trockene, schnittfeste, schmackhafte und lagerfähige Würste zu erhalten.

Die in diesem Kapitel angegebenen Gewürzmengen für die Wurstmasse sind auf den Durchschnittsgeschmack abgestimmt. Entscheiden Sie selbst, wie Ihnen die Wurst am besten schmeckt. Normalerweise lohnt es sich nicht, Wurst in Mengen unter drei Kilogramm herzustellen. Wenn Sie allerdings das erste Mal selbst wursten, sollten Sie es erst einmal mit etwas weniger versuchen.

Bevor Sie mit der Wurstzubereitung beginnen, sorgen Sie für peinliche Sauberkeit des Arbeitsplatzes, der Geräte und der Arbeitskleidung. Sauberkeit ist Grundvoraussetzung für das gute Gelingen.

Grundrezept für schnittfeste Rohwurst

Zubereitung der Wurstmasse

ZUTATEN

- *1/3 mageres entsehntes Schweinefleisch, z.B. Schweineschulter, oder auch Fleisch, das beim Zuschnitt von Braten und Schinken anfällt*
- *1/3 fettes Fleisch oder kerniger Speck ohne Schwarte vom Rücken oder Kamm*
- *1/3 mageres Rindfleisch*
- *Gewürze pro kg Wurstmasse: 24–28 g Kochsalz, 0,3 g Salpeter (in der BRD Kaliumnitrat), 3 g weißer Pfeffer oder 2 g weißer und 1 g schwarzer Pfeffer, 4 g Zucker*
- *Naturdärme (weite Mitteldärme) oder Kunstdärme Kaliber 60/50*

1 Schweinefleisch und fettes Fleisch oder den Speck ohne Schwarte in 3 bis 4 Zentimeter große Stücke schneiden.

2 Alles gut durchkühlen lassen. Die Masse sollte nicht wärmer als 3 °C sein.

3 Das Rindfleisch durch die grobe Scheibe des Fleischwolfes drehen.

4 Das Schweinefleisch, das fette Fleisch oder den Speck und die Rindfleischmasse sowie alle Gewürze mit den Händen gründlich vermischen.

5 Diese homogene Rohwurstmasse durch die kleine Scheibe des Fleischwolfes drehen, dabei zügig arbeiten, damit das Fett nicht schmierig wird und die Poren des mageren Fleisches verschließt. Ist das Fleisch warm geworden, muss es erneut gekühlt werden.

6 Die Mischung gründlich durchkneten. Dabei müssen sich die einzelnen Fleisch- und Fettpartikel homogen miteinander verbinden.

7 Die fertige Wurstrohmasse auf 3 °C kühlen und, wie in den folgenden Schritten beschrieben, in die Därme stopfen.

Schnittfeste Rohwurst

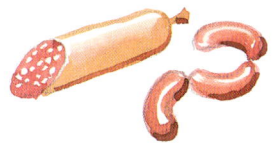

Stopfen der Därme

Dazu wird die Hilfe einer weiteren Person benötigt.

1 Gekaufte Naturdärme vor dem Füllen 12 Stunden in kaltem Wasser einweichen, damit sie auf ihre ursprüngliche Größe aufquellen.

2 Den passenden Füllaufsatz zur Darmgröße auf den Fleischwolf aufsetzen.

3 Den zu füllenden Darm vollständig auf den Füllaufsatz schieben und das Ende mit einem Wurstband zubinden.

4 Um den Darm zu stopfen, formt eine Person kleine Bälle aus der Wurstrohmasse und stopft sie so in den Fleischwolf, dass an einer Seite ein kleiner Luftspalt zwischen Walze, Öffnung und Wurstrohmasse bestehen bleibt. Die Luft im Innenraum des Fleischwolfes muss nach oben entweichen können. Sie darf nicht in den Darm gepresst werden. Mit der anderen Hand die Kurbel des Fleischwolfes bedienen.

5 Die zweite Person hält den Darm auf dem Wurstaufsatz mit beiden Händen so fest, dass er nur durch kräftigen Druck der Wurstmasse vom Füllaufsatz gezogen werden kann. Entscheidend ist, dass die Rohwurst ganz fest gestopft wird. Wenn man mit dem Daumen hineindrückt, darf keine Delle entstehen.

6 Den gefüllten Darm zum Schluss mit Wurstband abbinden. Dabei soll noch Wurstmasse in das freie Ende gedrückt werden. Nur so wird vermieden, dass Luft in die Wurst gelangt. Nach dem ersten Abbinden das freie Ende des Darms umbiegen und quer zum ersten Abbinden nochmals abbinden.

7 Das lose Ende des Wurstbandes zur Schlaufe verknüpfen und die Würste zum Trocknen über einen Stock hängen. Vor Licht schützen.

KÄLTE GEFRAGT

Fleisch und Speck müssen kalt, am besten leicht angefroren, verarbeitet werden, da sonst das Fett schmierig wird und sich nicht mit dem Fleisch verbindet.

Wurstfehler

Entscheidend für das Gelingen von Würsten ist die hohe Qualität der Ausgangsprodukte. Fehler schleichen sich leicht bei falschen Verarbeitungstemperaturen oder zu geringer Luftfeuchtigkeit beim Reifen der Würste ein, aber auch, wenn die Därme zu schwach gestopft sind.

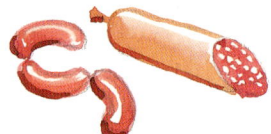

Wurst, Pasteten und Terrinen

1 Zuerst Schweinefleisch, fettes Fleisch und Rindfleisch in Stücke schneiden und durchkühlen lassen. Dann das Rindfleisch durch die grobe Scheibe des Fleischwolfs drehen.

2 Das Schweinefleisch, den Speck, die Rindfleischmasse und die Gewürze gründlich und schnell miteinander vermischen. Die Fleischmasse darf sich nicht zu sehr erwärmen.

3 Die gewürzte Fleischmischung zügig durch die kleine Scheibe des Fleischwolfes drehen, damit das Fett nicht schmierig wird und die Poren des mageren Fleisches verschmiert.

4 Die Wurstmischung mit den Händen kräftig durchkneten, damit sich Fleisch- und Fettpartikel zu einer homogenen Masse verbinden.

Rohwurst Schritt für Schritt

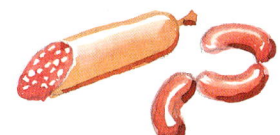

5 Zum Stopfen der Würste den Darm auf den Füllaufsatz schieben und zubinden. Für diesen Arbeitsgang wird die Hilfe einer zweiten Person benötigt.

6 Um den Darm zu füllen, kleine Bälle aus der Wurstmasse formen. So in den Fleischwolf stopfen, dass an einer Seite ein Luftspalt zwischen Walze, Öffnung und Masse bestehen bleibt.

7 Die Würste müssen so fest gestopft werden, dass Sie keine Delle mehr hineindrücken können. Lufteinschlüsse bedeuten graue Stellen, Schimmelwachstum und Ranzigwerden.

8 Die mit einem Wurstband abgebundenen Würste mit den Schlaufen über einen Stock hängen und in einem kühlen, dunklen, aber gut belüfteten Raum reifen lassen.

Wurst, Pasteten und Terrinen

Reifen, Räuchern und Lagern der Wurst

Nach dem Stopfen die Würste zum Reifen in einen kühlen, dunklen, aber gut belüfteten Raum hängen. Die Temperatur sollte um 15 °C liegen und die Luftfeuchtigkeit möglichst 75 bis 85 Prozent betragen. Ist die Luftfeuchtigkeit zu niedrig, kann die Wurst austrocknen, während der Kern feucht bleibt. Solche Wurst ist nicht lagerfähig. Bei zu trockener Luft Wasser versprühen oder Schüsseln mit Wasser aufstellen.

Die Reifezeit beträgt bei mitteldicken Würsten bis zu zwei Wochen, bei kühlerer Temperatur etwas länger. Dünne Würste reifen schneller, dicke Würste benötigen mehr Zeit. Sind eine gleichmäßige Raumtemperatur und Luftfeuchtigkeit nicht gewährleistet, müssen die Würste von Zeit zu Zeit umgehängt werden. Dabei unbedingt darauf achten, dass die Würste sich nicht berühren, die Luft gleichmäßig um sie herum zirkulieren kann und sie keiner Zugluft ausgesetzt sind. Zugluft trocknet die Würste einseitig ab und verursacht Wurstfehler. Am Ende der Reifung besitzt die Wurst eine kräftige rote Farbe und eine feste Konsistenz.

Räuchern

TROCKNEN

In wochenlanger Reifung werden die Würste trocken und fest. Temperatur und Feuchtigkeit des Lagerraums entscheiden über das Gelingen des Reifens.

Nach dem Reifen, auch Umröten genannt, werden die Würste kalt bei Temperaturen unter 20 °C geräuchert. Je nach Wurstart und -stärke kann dieser Prozess Tage oder gar Wochen dauern. Haben die Würste einen kräftigen Rauchgeschmack, können sie aus dem Rauch genommen werden. Wer Dauerwürste mit nicht ganz so kräftigem Rauchgeschmack haben möchte, verringert die Trocknungszeit und/oder die Räucherzeit (siehe auch nächstes Kapitel »Pökeln und Räuchern« ab Seite 218).

Lagern

Rohwürste müssen kühl, dunkel und trocken aufbewahrt werden. Die ideale Lagertemperatur liegt um 10 °C, sollte aber nicht unter 5 °C sinken. Während der nächsten Wochen erhalten die Würste ihre Endreifung.

Rügenwalder Teewurst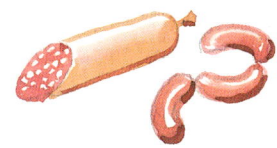

RÜGENWALDER TEEWURST

1 Schweinefleisch und Rindfleisch grob vorschneiden und mit dem Nitritpökelsalz vermischen.

2 Das Fleisch durch die feine Scheibe des Fleischwolfs drehen und 12 Stunden bei etwa 8 °C kühlen.

3 Den gesamten Speck ebenfalls durch die feine Scheibe drehen und 12 Stunden bei 8 °C durchkühlen.

4 Die Wurstrohmasse mit den Gewürzen gründlich in der Schüssel vermischen.

5 Die Masse durch die feine Scheibe des Fleischwolfs drehen und gut durchkneten, bis eine homogene Masse entstanden ist. Mit den Gewürzen nach Belieben abschmecken und, wie im Grundrezept beschrieben, in Därme stopfen.

6 Nach dem Stopfen in Wursthüllen die Würste in einem kühlen Raum mit angemessener Feuchtigkeit reifen lassen.

7 Anschließend die Würste kalträuchern und nochmals nachreifen lassen.

TIPP: Eine besonders feine Variante der Streichwürste sind die Teewürste. Sie werden mit Gewürzen raffiniert abgeschmeckt. Die Rügenwalder Teewurst ist dabei ein berühmter Klassiker. Sie schmeckt hervorragend auf dunkles, herzhaftes Brot gestrichen.

ZUTATEN

für etwa 2,4 kg Wurst

- 600 g magerer Schweinebauch
- 900 g mageres Schweinefleisch
- 600 g Rindfleisch
- 72 g Nitritpökelsalz
- 600 g Speck
- 300 g geräucherter Speck
- 6 g Zucker
- 1,5 g Askorbinsäure
- 1,5 g gemahlene Macis (Muskatblüte)
- 6 g gemahlener weißer Pfeffer
- 3 g edelsüßes Paprikapulver
- 0,6 g gemahlener Kardamom
- 1,2 g gemahlener Ingwer

Rügenwalder Teewurst ist ein köstlicher Aufstrich für kräftige, dunkle Brote oder Vollkornsemmeln.

Wurst, Pasteten und Terrinen

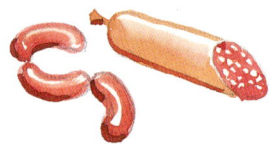

ITALIENISCHE SALAMI

ZUTATEN
für etwa 3 kg Wurst

- 1125 g mageres Schweinefleisch (von schweren Schweinen)
- 1 kg Rückenspeck
- 875 g mageres Rindfleisch (vorzugsweise von Weidebullen)
- 12 g Traubenzucker
- 84 g Salz
- 1 g Salpeter
- 9 g grob gemahlener weißer Pfeffer
- 1,2 g Kardamom
- 1/2 Knoblauchzehe
- 10 ml Chiantiwein

1 Das Schweinefleisch durch die grobe Scheibe des Fleischwolfs drehen.
2 Den Rückenspeck in grobe Stücke schneiden.
3 Das magere Rindfleisch mit dem Traubenzucker durch die kleine Scheibe des Fleischwolfs drehen.
4 Das durchgedrehte Rind-, das Schweinefleisch und die Speckstücke mit der Hälfte der Gewürze vermischen und nochmals durch die mittlere Scheibe drehen.
5 Die restlichen Gewürze und den Chianti dazugeben und die Wurstmasse gut durchkneten.
6 Die Wurstrohmasse pikant abschmecken, zu luftfreien Ballen werden lassen und 2 Tage in einem kühlen Raum bei 15 °C ruhen lassen.
7 Die Wurstmasse danach in weite Därme stopfen, langsam reifen lassen und kalträuchern.

TIPP: Italienische Salami bereichert, dünn aufgeschnitten und dekorativ auf einer Platte angeordnet, jedes kalte Büffet. Sie eignet sich hervorragend als italienische Vorspeise, Antipasti, und schmeckt am besten auf Ciabatta, einem Weißbrot, das auch bei uns erhältlich ist.

Geräucherte Rohwürste wie die Salami sind nicht nur ausgezeichnet haltbar, sondern entwickeln im Laufe der Wochen ihr volles Aroma und ihre volle Reife.

Polnische Kochwurst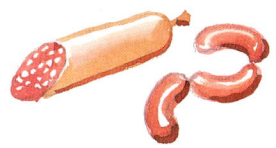

POLNISCHE KOCHWURST

1 Das Fleisch in etwa 3 Zentimeter große Stücke schneiden. Das Schweinefleisch durch die grobe Scheibe, das Rindfleisch durch die feine Scheibe des Fleischwolfes drehen.

2 Die Knoblauchzehen schälen und durch die Presse zum Fleisch drücken. Die Fleischmasse mit den Gewürzen gut vermischen und abschmecken.

3 Die Wurstmasse in dünne Schweinedärme stopfen, zu Paaren abdrehen und abbinden.

4 Die Würste 1 Nacht in einem nicht zu kühlen, luftigen Raum trocknen und anschließend kalträuchern.

TIPP: Eine schmackhafte Palette von Würsten bieten die Kochwürste. Sie werden aus rohen Zutaten zubereitet, getrocknet und kalt geräuchert. Die Bezeichnung »Kochwurst« rührt in diesem Fall von der Art her, wie sie verzehrt wird: Polnische Wurst schmeckt am besten, wenn sie in deftigen Eintöpfen oder anderen Gerichten mit erhitzt (also gekocht) wird. Normalerweise versteht man unter »Kochwürsten« hitzebehandelte Wurstwaren, die vorwiegend aus gekochtem Ausgangsmaterial hergestellt werden.

ZUTATEN

für etwa 3 kg Wurst

- *2 kg Schweinefleisch*
- *1 kg Rindfleisch*
- *6 Knoblauchzehen*
- *84 g Nitritpökelsalz*
- *3 g Zucker*
- *9 g gemahlener weißer Pfeffer*
- *1,5 g Kümmel*
- *0,9 g getrockneter Majoran*

Polnische Kochwurst mit Knoblauch und Kümmel zeichnet sich durch einen unverwechselbaren Geschmack aus.

Wurst, Pasteten und Terrinen

Bremer Pinkel

Zutaten
für etwa 3,5 kg Wurst

- 1 kg Flomen
- 600 g Zwiebeln
- 1 kg Rindernierenfett
- 1 kg Hafergrütze
- 78 g Salz
- 4,5 g gemahlener weißer Pfeffer
- 4,5 g gemahlener Piment
- 4,5 g gemahlene Gewürznelken

1 Vom Flomenfett die Haut abziehen.

2 Die Zwiebeln schälen und grob hacken. Zusammen mit dem Flomenfett durch die größte, gröbste Scheibe des Fleischwolfes drehen.

3 Das Nierenfett klein hacken. Den Flomen, das Nierenfett, die Hafergrütze und die Gewürze gründlich vermischen, bis eine homogene Masse entsteht.

4 Die Rohwurstmasse in weite Rinderdärme in Strängen zu 1 Meter fest stopfen und abbinden.

5 Anschließend die Würste für 20 bis 25 Minuten in einen großen Topf mit kochendem Wasser geben.

6 Die Wurststränge herausnehmen und in ca. 10 Zentimeter lange Würste abbinden. Zum Abkühlen die Würste auf einen Tisch legen. Nach 2 bis 3 Stunden die Würste aufhängen und einige Zeit trocknen lassen. Nach Wunsch die Würste anschließend kalträuchern.

Tipp: Pinkel, eine herzhafte Bremer Spezialität, gibt es im Herbst zu Grünkohl, der nach dem ersten Frost geerntet wird und erst dann richtig gut schmeckt.

Grünkohl mit Pinkel ist ein traditionelles Herbstgericht aus Niedersachsen.

Grillwurst

Thüringer Bratwurst

1 Fleisch kalt abspülen und mit Küchenpapier abtrocknen. Mit einem sehr scharfen Messer in mittelgroße Würfel schneiden. Diese durch die mittlere Scheibe des Fleischwolfes drehen.
2 Das Fleisch in eine Schüssel geben, mit Salz und den Gewürzen vermengen und pikant abschmecken.
3 Die Wurstmasse mit Hilfe des Fleischwolfes nicht zu fest in die Därme füllen.
4 Die Würste locker in eine große Schüssel legen. In einem großen Topf reichlich Wasser aufkochen und über die Würste gießen. Diese kurz im Wasser liegen lassen, herausnehmen und abtropfen lassen.

Zutaten
für etwa 3 kg Wurst

- 3 kg durchwachsenes Schweinefleisch
- 72 g Salz
- 9 g gemahlener weißer Pfeffer
- 1,5 g Majoran
- 1,5 g Kümmel

Süddeutsche Bratwurst

1 Das Schweinefleisch mit dem Rindfleisch zweimal durch die mittlere Scheibe des Fleischwolfes drehen und mit den Gewürzen gründlich vermengen.
2 Die Bratwurstmasse in dünne Schweinedärme füllen und zu gleichen Portionen von je 120 Gramm abbinden. Die Würste mit kochend heißem Wasser überbrühen.

Tipp: Das Geheimnis jeder Bratwurst liegt in der Würzung. Jede Region verfügt über ihre eigenen Wurstspezialitäten.

Zutaten
für etwa 3 kg Wurst

- 1,5 kg durchwachsenes Schweinefleisch
- 1,5 kg Rindfleisch
- 72 g Salz
- 9 g gemahlener weißer Pfeffer
- 3 g gemahlener Ingwer

Grillwurst

1 Das fette Schweinefleisch durch die mittlere, das Rindfleisch durch die feine Scheibe des Fleischwolfes drehen.
2 Die Knoblauchzehen schälen, durch die Knoblauchpresse drücken und alles zusammen mit den Gewürzen zu einer homogenen Masse verkneten.
3 Die Wurstrohmasse locker in Schweinedünndärme füllen, mit den Händen die gefüllten Würste etwas flach drücken. Alle 15 bis 20 Zentimeter Würste abdrehen, mit kochend heißem Wasser überbrühen.

Tipp: Bratwürste sind für den alsbaldigen Verzehr gedacht. Sie können nur im eingefrorenen Zustand über längere Zeit gelagert werden.

Zutaten
für etwa 3 kg Wurst

- 2,5 kg fettes Schweinefleisch (durchwachsener Speck)
- 500 g mageres Rindfleisch
- 3 Knoblauchzehen
- 60 g Salz
- 6 g gemahlener weißer Pfeffer
- 6 g edelsüßes Paprikapulver
- 1,5 g getrockneter Oregano

Wurst, Pasteten und Terrinen

Hausmacher-Leberwurst

Zutaten
für etwa 3 kg Wurst

- 1,5 kg Schweineleber
- 1,2 kg Bauchfleisch
- 300 g Schwarten
- 3 mittelgroße Zwiebeln
- 300 g Schmalz
- 54 g Salz
- 6 g gemahlener weißer Pfeffer
- 1,5 g Piment
- 1,5 g Majoran

1 Die Leber 2 Minuten lang in kochend heißem Wasser brühen.
2 Die Haut der Leber abziehen und die Leber in 10 Zentimeter große Würfel schneiden.
3 Bauchfleisch und Schwarten würfeln, mit den Leberstücken zweimal durch die feine Scheibe des Fleischwolfes drehen, bis eine feine Wurstmasse entsteht.
4 Zwiebeln schälen und klein würfeln, in Schmalz dünsten, goldgelb werden lassen. Schmalz und Zwiebeln 2 Stunden an einem warmen Platz ziehen lassen. In ein Sieb geben und die Zwiebeln abtropfen lassen, das Schmalz auffangen.
5 Schmalz und Gewürze zur Wurstmasse geben. Gründlich vermischen und mit Salz und Gewürzen abschmecken. Die Wurst kann kräftiger gewürzt sein, denn sie wird beim anschließenden Kochen milder.
6 Die Rohmasse in Därme füllen und in gleich große Teilstücke abbinden.
7 In einem großen Topf reichlich Wasser zum Sieden bringen und die Würste bei 75 bis 80 °C garen.
8 Dann etwa 10 Minuten in lauwarmem Wasser abkühlen lassen und nach Geschmack kalträuchern.

Grobe Leberwurst

Zutaten
für etwa 3 kg Wurst

- 600 g mageres Schweinefleisch
- 3 kleine Zwiebeln
- 1,2 kg fettes Schweinefleisch
- 1,2 kg Schweineleber
- 60 g Salz
- 6 g gemahlener weißer Pfeffer
- 3 g gemahlene Nelken
- 3 g Majoran
- 3 g Piment
- 1,5 g Macis

1 Das magere Schweinefleisch garen. Die Zwiebeln schälen und klein schneiden. Beides durch die grobe Scheibe des Fleischwolfes drehen.
2 Das fette Schweinefleisch brühen und in Würfel schneiden.
3 2/3 der Leber zweimal durch die feine Scheibe des Fleischwolfes drehen, das restliche Drittel in kleine Würfel schneiden.
4 Die gesamte Wurstrohmasse mit den Gewürzen zu einer homogenen Masse verkneten. Abschmecken, in Därme füllen und in Teilstücke abbinden.
5 In einem großen Topf reichlich Wasser zum Sieden bringen und die Würste bei 75 bis 80 °C garen.
6 Dann etwa 10 Minuten in lauwarmem Wasser abkühlen lassen und nach Geschmack kalträuchern.

Tipp: Durch das Abbinden wird sichergestellt, dass kein flüssiges Fett aussickern kann.

Leberwurst im Glas

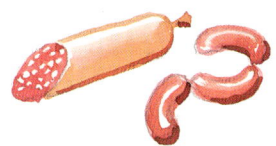

DELIKATESSLEBERWURST

1 Die Schweineleber 2 Minuten brühen und abziehen und in 10 Zentimeter große Stücke schneiden.
2 Die Leber, das Schweinefleisch und die Griffe zweimal durch die feine Scheibe des Fleischwolfes drehen.
3 Die Zwiebel schälen, in kleine Würfel schneiden und in dem Schmalz goldgelb dünsten.
4 Die Wurstmasse mit Nitritpökelsalz, den Gewürzen und den abgetropften, gedünsteten Zwiebeln vermischen und abschmecken.
5 Die Rohwurstmasse in Därme füllen und in Teilstücke abbinden.
6 In einem großen Topf Wasser zum Sieden bringen und die Würste bei 75 bis 80 °C garen.
7 Dann etwa 10 Minuten in lauwarmem Wasser abkühlen lassen und nach Geschmack kalträuchern.

TIPP: Diese Delikatessleberwurst besteht aus ganz fein durchgedrehten Zutaten. Sie ist deshalb besonders streichfähig und als Brotaufstrich bestens geeignet.

ZUTATEN
für etwa 3 kg Wurst

- 1,2 kg Schweineleber
- 1,2 kg Schweinefleisch aus der Schulter
- 600 g Griffe (fetter Schweinebauch)
- 1 Zwiebel
- 1 EL Schmalz
- 54 g Nitritpökelsalz
- 6 g Pfeffer
- 1,3 g Macis (Muskatblüte)
- 1,5 g gemahlener Ingwer
- 0,9 g gemahlener Kardamom
- 1,5 g getrockneter Majoran
- 0,9 g getrockneter Thymian

LEBERWURST IM GLAS – NORDDEUTSCHE ART

1 Fleisch mit Salz und Pfeffer einreiben und in Öl ringsum anbraten, kalt werden lassen.
2 Speck würfeln, durch die mittlere Scheibe des Fleischwolfes drehen. Zwiebeln schälen und fein würfeln.
3 Speck auslassen, Zwiebeln darin glasig dünsten.
4 Fleisch und Leber in Streifen schneiden – etwas Leber für Würfelchen zurückbehalten.
5 Fleisch- und Leberstreifen durch die mittlere Scheibe des Fleischwolfes drehen.
6 Speck-Zwiebel-Gemisch unterrühren und alles mit Salz, Pfeffer, Majoran und Thymian abschmecken. Sahne und die restliche, in Würfelchen geschnittene Leber untermengen.
7 Die Wurst in gut gereinigte Parfaitgläser mit Gummiring und Bügelverschluss füllen. Die Gläser in eine halb mit Wasser gefüllte Saftpfanne setzen und die Leberwurst bei 200 °C im Backofen 1 Stunde sterilisieren. Die Gläser kühl und dunkel aufbewahren.

ZUTATEN
für 2 Gläser mit je 0,5 l Inhalt

- 250 g mageres Schweinefleisch
- Salz
- Pfeffer aus der Mühle
- 3 EL Sonnenblumenöl
- 250 g fetter geräucherter Speck, gut gekühlt
- 250 g Zwiebeln
- 750 g Kalbsleber
- je 2 TL gehackter frischer oder getrockneter Majoran und Thymian
- 125 g Sahne

Wurst, Pasteten und Terrinen

GÄNSELEBERPASTETE

ZUTATEN
für 2 Gläser mit je 0,5 l Inhalt

- 500 g Gänseleber
- 1 l Milch
- 50 g Trüffel, frisch oder eingelegt
- 125 g Schweineschnitzelfleisch
- 125 g Kalbsschnitzelfleisch
- 1 kg Schweinerückenspeck
- 1 kleine Zwiebel
- 1,5 g Majoran
- 1 g Thymian
- 1 getrocknetes, zerriebenes Salbeiblatt
- 4 Champignons, in Scheiben geschnitten
- abgeriebene Schale von 1/2 Zitrone
- 4 EL Schweineschmalz
- 50 g Salz
- 10 ml Madeirawein

1 Die Gänseleber 2 Stunden in Milch einlegen. Die Leber abtrocknen und in Scheiben schneiden.

2 Trüffel in feine, gleichförmige Stifte schneiden und 2/3 der Leber damit spicken.

3 Die restliche Leber, das Schweine- und Kalbfleisch und 500 Gramm Speck würfeln und zweimal durch die feine Scheibe des Fleischwolfes drehen.

4 Zwiebel schälen, fein würfeln und mit Majoran, Thymian, Salbei, Pilzen und Zitronenschale 10 Minuten im Schmalz dünsten, danach salzen. Alles durch ein Haarsieb gießen, abtropfen lassen, leicht ausdrücken. Die aufgefangene Flüssigkeit mit Madeira verrühren. Die Hälfte unter die Pastetenmasse mischen.

5 Den restlichen Speck in sehr dünne Scheiben schneiden und eine Pastetenform damit auslegen.

6 Abwechselnd eine Schicht Pastetenmasse und Gänseleberscheiben hineingeben. Dabei die Gänseleberscheiben mit der verbliebenen Hälfte der Fett-Madeira-Mischung beträufeln. Zum Schluss die Pastete mit einer Lage Speckscheiben abdecken. Den Backofen auf 180 °C vorheizen.

7 Die Pastetenform fest verschließen und in eine Kasserolle stellen. Diese mit Wasser füllen, bis das Pastetengefäß zur Hälfte bedeckt ist. Die Pastete in der Mitte des Ofens 75 Minuten garen und in der Form erkalten lassen.

Reichen Sie eine Scheibe Gänseleberpastete als Vorspeise zu einem edlen Menü.

Entenpastete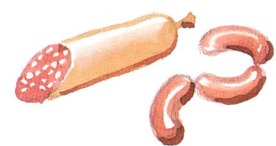

KANINCHENPASTETE MIT CHAMPIGNONS

1 Das Kaninchenfleisch und den Speck mit wenig Wasser bedeckt weich kochen und abkühlen lassen.
2 Die Leber kurz in heißem Wasser brühen, die Haut abziehen und die Leber in Streifen schneiden.
3 Das Kaninchenfleisch zusammen mit dem Speck und der Schweineleber zweimal durch die feine Scheibe des Fleischwolfs drehen.
4 Die Zwiebeln schälen, klein würfeln und in Butter glasig dünsten.
5 Die Pilze abtropfen lassen, würfeln und zusammen mit den Zwiebeln und den Gewürzen zur Fleischmasse geben.
6 Alles mit etwas Fleischbrühe zu einem homogenen Teig vermengen.
7 Den Teig abschmecken und in Gläser füllen.
8 Die Gläser mit Twist-off-Deckeln oder mit Klemmverschlussdeckeln verschließen und im Wasserbad oder im Backofen bei 80 °C 1 Stunde garen und sterilisieren. Kühl und dunkel aufbewahren.

ZUTATEN
für etwa 3 kg Pastete

- *1,75 kg Kaninchenfleisch*
- *750 g durchwachsener Schweinespeck*
- *500 g Schweineleber*
- *3 Zwiebeln*
- *90 g Butter*
- *1 kleine Dose Champignons*
- *69 g Salz*
- *6 g gemahlener weißer Pfeffer*
- *1,2 g getrockneter Majoran*
- *3 g getrockneter Thymian*
- *etwas Fleischbrühe*

ENTENPASTETE

1 Das schiere Entenfleisch und den Speck in Würfel schneiden. Erst durch die mittlere, dann durch die feine Scheibe des Fleischwolfes drehen.
2 Die Eier, Salz, Pfeffer und Kräuter zur Entenfleisch-Speck-Masse geben. Die Zutaten gründlich miteinander zu einer homogenen Masse vermengen.
3 Die Mischung abschmecken und in gut verschließbare Gläser füllen. Auf die Oberfläche jeweils 1 Lorbeerblatt und einige Pfefferkörner legen.
4 Die Gläser mit der Fleischmasse verschließen und im Einmachtopf 2 bis 2 1/2 Stunden kochen. Im Topf abkühlen lassen und kühl und dunkel aufbewahren. Gelegentlich prüfen, ob die Gläser noch fest verschlossen sind.

TIPP: Diese feine Entenleberpastete lässt sich schnell für einen kleinen Imbiss bei Überraschungsbesuch anrichten. Man serviert sie mit Bauernbrot oder Baguette und Essiggürkchen oder -zwiebeln.

ZUTATEN
für 3 Gläser mit je 1 l Inhalt

- *2 kg Entenfleisch ohne Knochen, Haut und Sehnen*
- *1 kg durchwachsener Schweinespeck*
- *6 Eier*
- *60 g Salz*
- *6 g gemahlener weißer Pfeffer*
- *1,5 g gehackter frischer oder getrockneter Majoran*
- *1,5 g gehackter frischer oder getrockneter Thymian*
- *3 Lorbeerblätter*
- *1 TL schwarze Pfefferkörner*

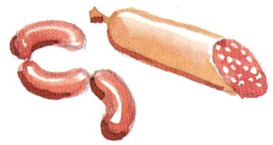

Wurst, Pasteten und Terrinen

ENTENTERRINE

ZUTATEN
für 8 bis 10 Personen

- 1 küchenfertige Ente mit Leber von 1,8 kg
- 1,8 l trockener Rotwein
- 1 Bouquet garni (Kräutersträußchen mit Lorbeer, Thymian, Rosmarin und Salbei)
- 10 schwarze Pfefferkörner
- 4 cl Cognac
- 2 EL Orangensaft
- 2 EL Sonnenblumenöl
- 1 kleine Zwiebel
- 1 Knoblauchzehe
- 300 g mageres Schweinefleisch
- 300 g Schweinerückenspeck
- 2 TL Pastetengewürz
- 1 1/2 TL Thymian
- 1 TL abgeriebene Orangenschale, unbehandelt
- Salz
- 1 Ei
- 300 g Speck in dünnen Scheiben

1 Ente entbeinen, Brüste auslösen, übriges Fleisch von Haut und Sehnen befreien. Knochen, Haut, abgetrennte Sehnen hacken, im Topf mit 1 1/2 Liter Wasser, Rotwein, Bouquet garni und Gewürz zum Kochen bringen. Bei schwacher Hitze so lange kochen, bis die Flüssigkeit auf 1,8 Liter verdunstet ist. Fond zwischendurch abschäumen und entfetten.

2 Brüste und Leber in ein enges Gefäß geben, mit Cognac und Orangensaft begießen, 3 Stunden marinieren. Das Öl erhitzen, abgetropftes Fleisch und Leber von allen Seiten kurz anbraten und herausnehmen.

3 Zwiebel und Knoblauch schälen. Zwiebel klein würfeln, Knoblauch zerdrücken, im restlichen Öl glasig braten. Mit der Marinade und dem Fond ablöschen, auf 1 Tasse reduzieren. Alles durch ein Siebchen gießen und die Flüssigkeit auffangen.

4 Gewürfeltes Enten- und Schweinefleisch, 2/3 des Specks würzen und salzen, durch die feine Scheibe des Fleischwolfs drehen. Mit Ei, erkaltetem Jus zu glatter Masse verarbeiten.

5 Leber, restlichen Speck klein würfeln, untermischen. Terrine mit Speckscheiben auslegen. Hälfte der Farce einfüllen.

6 Brüste in Speck wickeln, hineinlegen. Mit restlicher Farce auffüllen, mit den überhängenden Speckscheiben abdecken, mit Kräutern und Orangenscheibe garnieren und 80 Minuten in der Mitte des Ofens garen.

Die Ententerrine zählt zu den klassischen Terrinen. Sie bereichert jede Festtafel.

Pfefferbeißer

KALBSLEBERTERRINE

1 Die Kalbsleber, das Fleisch und 200 Gramm Speck grob würfeln und 4 Stunden im Tiefkühlfach frosten.
2 Fleisch und Speck mit den gut ausgedrückten Brötchen in eine Schüssel geben. Die Zwiebel schälen und klein schneiden. Die Petersilie waschen, die Blättchen grob hacken. Zum Fleisch und Speck geben.
3 Alles durch die feine Scheibe des Fleischwolfes drehen, in eine Schüssel geben und die Sahne unterrühren. Die Masse im Mixer zu einer homogenen Masse verarbeiten.
4 Die Trüffel abtropfen lassen und fein würfeln, mit Eiern und Weinbrand unter die Masse ziehen. Diese mit Salz, Pfeffer und Gewürzen gut abschmecken.
5 Den restlichen Speck in hauchdünne Scheiben schneiden und eine Pastetenform mit einem Teil davon auslegen. Die Farce einfüllen, mit dem restlichen Speck abdecken, die Pastetenform verschließen und im Wasserbad im 160 °C heißen Ofen 2 bis 2 1/2 Stunden garen. Nach dem Erkalten in Scheiben schneiden.

TIPP: Die feine Terrine als Vorspeise mit Friséesalat und Baguettescheiben servieren. Kalbsleberterrine lässt sich durch Einfrieren für kurze Zeit haltbar machen.

ZUTATEN
für 8 bis 10 Personen

- 600 g Kalbsleber
- 400 g mageres Kalbfleisch
- 500 g fetter Speck
- 2 altbackene, eingeweichte Brötchen
- 1 Zwiebel
- 1/2 Bund Petersilie
- 100 g Schlagsahne
- 1 kleine Dose Trüffel (12,5 g)
- 2 Eier
- 2 cl Weinbrand
- Salz
- Pfeffer aus der Mühle
- 1 TL Pastetengewürz
- 1 TL getrockneter Thymian
- 1 TL getrocknetes Basilikum

PFEFFERBEISSER

1 Das Rindfleisch durch die mittlere Scheibe des Fleischwolfs drehen. Den Schweinebauch, das Pferde- oder Ziegenfleisch durch die feine Scheibe des Fleischwolfs drehen.
2 Die Knoblauchzehe schälen und zur Rohmasse pressen.
3 Die Gewürze zur Wurstrohmasse geben und gut durchkneten, damit sich das sehr trockene Fleisch gut miteinander verbindet.
4 Die Wurstrohmasse mit Hilfe des Fleischwolfs und des Füllaufsatzes in Schafs- oder Schweinesaitlinge pressen.
5 Die Würste 2 Tage in einem kühlen Raum ohne Zugluft reifen lassen. Danach 3 bis 4 Tage kalträuchern. Anschließend 7 Tage zugluftfrei nachreifen lassen.

TIPP: Pfefferbeißer schmecken zu einer deftigen Brotzeit.

ZUTATEN
für etwa 3 kg Wurst

- 1,5 kg mageres Rindfleisch
- 1 kg fetter Schweinebauch
- 500 g gutes Ziegenfleisch
- 1 Knoblauchzehe
- 75 g Salz, 12 g Zucker
- 11 g schwarzer Pfeffer
- 1,5 g gemahlener Ingwer
- 15 g Senfkörner
- 3 g scharfes Paprikapulver
- 1,5 g Macis

Wurst, Pasteten und Terrinen

HAUSMACHER-SÜLZE

ZUTATEN
für 1 Form von ca. 3 1/2 l Inhalt

- 1 kg Fleisch vom Schweinekopf
- 1 kg durchwachsenes Bauchfleisch
- 2 Schweinepfoten
- 0,5 l Gelierbrühe
- 1/2 Tüte Sauerbratengewürz
- Salz
- Zucker
- 0,5 l Kräuteressig

1 Das Fleisch vom Schweinekopf, das Bauchfleisch und die Pfoten kochen, alles in Stücke schneiden, zweimal durch die feine Scheibe des Fleischwolfs drehen und anschließend in eine Form geben.

2 Die Gelierbrühe herstellen, wie unten beschrieben. Die letzten 10 Minuten das Sauerbratengewürz mitziehen lassen.

3 Die Gelierbrühe mit Salz und Zucker abschmecken.

4 Brühe und Kräuteressig vermischen und über das Fleisch in die Form geben.

5 Die Sülze zum Gelieren kalt stellen.

TIPP: In die Hausmacher-Sülze gehören Essig und Sauerbratengewürz. Zu beachten ist hierbei, dass die Sülze nicht zu essigsauer schmeckt und die Gewürze nicht zu sehr hervorstechen.

Gelierbrühe für Sülze

Als natürliches Geliermittel für Sülzwürste eignet sich die Brühe von gekochten Schweineohren.

Sie wird wie folgt zubereitet.

1 Die Schweineohren werden 1 Stunde lang gekocht, dann herausgenommen, und die Brühe wird mit Hilfe eines Tuchs gefiltert.

2 Um der Brühe einen besonderen Geschmack zu verleihen, kann man Gewürze wie Zwiebeln, Lorbeerblätter, Sellerie, Kümmel, Pfefferkörner etc. mitziehen lassen.

3 Nach dem Entfernen der Schweineohren und der Gewürze wird die Brühe mit Salz, eventuell auch mit Essig abgeschmeckt. Sie muss kräftig gewürzt sein, da sich der Geschmack bei der Verarbeitung merklich mildert. Sparen Sie also nicht mit den Gewürzen.

4 Zur Gelierprobe etwas Brühe in eine Untertasse geben und kalt stellen. Wird die Probe fest, kann sie durch Zugabe von Brühe ohne Geliermittel etwas verdünnt werden. In diesem Fall das Abschmecken und eventuelle Nachwürzen nicht vergessen.

5 Wird die Gelierbrühe nicht steif genug, kann sie mit Aspikpulver oder Gelatine eingedickt werden.

Holsteiner Grützwurst

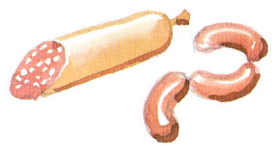

Griebenschmalz

1 Die Flomenhaut von den Flomen abtrennen. Die Flomen in Streifen abschneiden und durch die grobe Scheibe des Fleischwolfs drehen.
2 Die Flomen in einen Kochtopf, dessen Boden mit ein wenig Wasser bedeckt ist, geben und bei schwacher Hitze auslassen. Sie dürfen nicht braun werden.
3 Werden die Grieben gelblich und das ausgelassene Fett klar, dann werden sie durch ein Sieb gegossen.
4 Die Flüssigkeit in einen Steintopf geben. Nach dem Erkalten ist das pikante, streichfähige Schmalz zum Abschmecken vieler Speisen verwendbar.
5 Die Grieben zurück in den Topf geben und mit Schmalz abdecken.
6 Die Zwiebeln schälen und klein schneiden.
7 Die Äpfel von den Blüten befreien.
8 Zwiebel und Äpfel zur Griebenmasse hinzugeben.
9 Die Mischung aus Grieben, Zwiebeln und Äpfeln bei mittlerer Hitze 20 Minuten kochen lassen.
10 Das Griebenschmalz in einen Steintopf geben und kühl stellen.

Tipp: Griebenschmalz ist ein sehr schmackhafter Aufstrich für helles und dunkles Brot.

Zutaten
für 1 Steintopf mit 2 l Inhalt

- *2 kg Schweineflomen*
- *3 Zwiebeln*
- *1 kg Boskopäpfel*

Holsteiner Grützwurst

1 Die Grütze von Hafer, Gerste und Buchweizen über Nacht in kaltem Wasser quellen lassen.
2 Die Schwarte garen.
3 Die gegarte Schwarte durch die feine Scheibe des Fleischwolfs drehen.
4 Die Schwartenmasse, die Grütze und die Fleischbrühe zusammengeben und garen lassen.
5 Das Salz, den Pfeffer und die Rosinen darunter mischen.

Tipp: Traditionell werden in der schleswig-holsteinischen Küche nicht nur Schinken und Würste geräuchert, sondern auch Getreide, Backobst und Brühe miteinander gegart.
Ein Beispiel dafür ist die Holsteiner Grützwurst. Sie besteht weniger aus Fleisch als aus Getreide und Rosinen. Sie wird heiß mit Kartoffelpüree, Sauerkraut, Apfelmus oder Apfelkompott gegessen.

Zutaten
für etwa 3 kg Wurst

- *1 kg Grütze (Gerste, Hafer, Buchweizen)*
- *1,5 kg Schwarte*
- *0,5 l Fleischbrühe*
- *54 g Salz*
- *3 g gemahlener weißer Pfeffer*
- *900 g Rosinen*

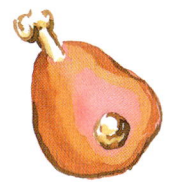

Pökeln und Räuchern

Es klingt fast unglaublich, doch fast wäre diese alte Kunst Fleisch, Wurst, Fisch und Käse haltbar zu machen, im Museum gelandet. Nicht in den Kunsttempeln der großen Städte, sondern in den Bauernhof- bzw. Freilichtmuseen, von denen einige in den schönsten deutschen Landschaften angesiedelt wurden. Um sie und ihre Geschichte vor dem Vergessen zu bewahren, wurden alte Höfe und auch Einrichtungen, die früher zu einem Bauerndorf gehörten, wie Schmiede oder Backhaus, auf ihren ursprünglichen Standorten auseinander genommen und auf einem Museumsgelände wieder neu errichtet.

Bei einem Gang durch so ein originalgetreu wieder errichtetes Bauernhaus steigt der Blick unweigerlich in die offenen, ansteigenden Giebel, in denen Schinken und Würste baumeln. Auch Räucherkammern und Räucherkamine, in denen sie geräuchert wurden, gibt es zu besichtigen. Sie zeigen, dass noch zu Zeiten unserer Urgroß- oder Großeltern das Haltbarmachen durch Räuchern zu den gewöhnlichen Tätigkeiten in den Haushalten zählte. In den Alpenländern, in Westfalen oder in Oldenburg findet man heute noch vereinzelt Bauern, die selbst räuchern. Mit dem wirtschaftlichen Aufschwung und den veränderten Lebensbedingungen übernahm jedoch die Nahrungsmittelindustrie die Herstellung von Räucherware, einer Massenware mit Einheitsgeschmack, die das Besondere vermissen lässt. Auch wenn in den besten Fachgeschäften viel Geld für Geräuchertes ausgegeben wird, die delikate Würze wird man dort nicht finden.

Die Rückbesinnung auf das kulinarisch Einmalige selbst gepökelter und geräucherter Schinken, Würste oder Fische ließ diese alte Kunst wieder lebendig werden. Sie begeistert Feinschmecker, Hobbyköche, Hausschlachter, Betreiber von Partyservices, Gastwirte und Hoteliers, die ihren Gästen etwas Besonderes bieten möchten.

Der Kreativität sind beim Räuchern keine Grenzen gesetzt. Wer einmal den Trick raushat, kann immer neue Delikatessen kreieren. Und diese Art der Lebensmittelbearbeitung hat auch noch einen angenehmen Nebeneffekt: Zu Hause pökeln und räuchern schont sogar die Haushaltskasse!

SELBST RÄUCHERN

Das ist nicht nur eine kulinarische Bereicherung, sondern auch bei häufiger Anwendung kostengünstig. Der Handel bietet nach Bedarf und Geldbeutel geeignete, umweltverträgliche Räucheranlagen oder -öfen an.

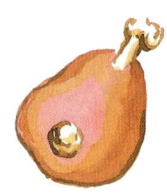

Pökeln und Räuchern

Arbeitsgeräte

Weder für das Salzen noch für das Pökeln benötigt man komplizierte Geräte.

Die passenden Gefäße fürs Pökeln sind einfach zusammengestellt. Ansonsten brauchen Sie noch ein Fleischmesser und eine Lakespindel.

Grundausstattung

FÜR NEUEINSTEIGER
Hilfreich ist ein Pökelheft, in das alle Schritte des Verfahrens, Pökelsalz und Gewürzmischungen, Lakenstärke, Pökelzeit und -temperatur sowie Fleischart und Gewicht eingetragen werden.

Beim Pökeln steht die Auswahl der richtigen Gefäße im Vordergrund. Sie hängt davon ab, ob trocken oder nass gepökelt werden soll.

- Pökelwanne zum Trockeneinpökeln (mit reichlich Salz, Salpeter, Zucker), in der das einzupökelnde Fleisch, wie Schinken, Speck usw., gut Platz hat und im Pökelsalz eingebettet liegen kann; die Wanne kann aus lebensmittelechtem Kunststoff, säurefestem Edelstahl oder Steingut sein
- Pökelgefäß, in das Fleisch, Speck usw. eingelegt wird, die in Salzlake nass gepökelt werden sollen; das Gefäß muss gut verschließbar und aus dem gleichen Material wie die Pökelwanne sein, es muss absolut säurefest sein
- Fleischmesser, besonders scharf
- Sud- oder Lakespindel (Lakemesser), die zur Bestimmung des Salzgehaltes der Pökellake dient

Pökel- und Salzverfahren

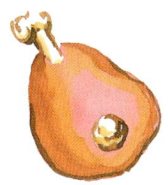

Salzen und Pökeln

Von **Salzen** wird gesprochen, wenn das zu räuchernde Gut nur mit Salz behandelt wird. Gesalzen werden Fleisch- und Fleischwaren, bei denen man auf eine Umrötung verzichtet, z. B. bei fettem Speck. Auch Fische werden vorwiegend nur gesalzen. Verwendet wird gewöhnlich reines Kochsalz. Die konservierende Wirkung ist stark konzentrations- und zeitabhängig. So werden beispielsweise Salmonellen bei einer achtprozentigen Salzkonzentration erst nach 75 bis 80 Tagen abgetötet. Sieht man einmal von Produkten ab, die durch intensives Salzen haltbar gemacht werden, wie z. B. Salzhering, ist das Salzen eine unerlässliche Vorstufe für das endgültige Konservieren durch Räuchern.

Unter **Pökeln,** in Österreich und im deutschsprachigen Teil Südtirols auch Einsuren genannt, versteht man das Haltbarmachen von Fleisch und Fleischwaren mit Hilfe von Salz und Salpeter oder Salz und Nitrit in Form von Pökelnitritsalz.

Salpeter (Nitrat) oder Salpeter in Form von Kaliumnitrat dient zum Umröten und zur geschmacklichen Verbesserung von Fleischwaren. Unter Umröten versteht man eine Farbänderung des Muskelfleisches, die mit Hilfe der Pökelstoffe bewirkt wird. Das Fleisch erhält seine typische Pökelfarbe aufgrund von chemischen Prozessen im Muskel- und Blutfarbstoff. Salpeter darf nur für Schinken, die aus mehr als einem Teilstück (Ober-, Unterschale, Nuss etc.) bestehen, und für Dauerwürste verwendet werden. Waren, die mit Salpeter behandelt wurden, müssen vor dem Verzehr mindestens vier Wochen reifen. Dabei wird im Fleisch das Nitrat über mehrere Stufen in Stickstoffmonoxid umgewandelt.

Nitritpökelsalz besteht aus Kochsalz und einer Zugabe von 0,4 bis 0,5 Prozent Natriumnitrit. Es kommt fertig gemischt in den Handel und wird wegen seiner schnelleren Umrötungseigenschaften bevorzugt anstelle von Salz und Salpeter zum Pökeln genommen. Es erzeugt eine nicht ganz so intensive und stabile Röte wie Salpeter. Der Pökelgeschmack ist weniger ausgeprägt. Natriumnitrit darf nur in Verbindung mit Kochsalz zu Hause gelagert und als Reinsubstanz weder in Lebensmittelbetriebe verbracht noch dort aufbewahrt oder gelagert werden.

SALZEN

Ware, die nicht umgerötet werden soll, wird ohne Zusätze von Nitrat und Nitrit eingesalzen. Das Salz entzieht dem Speck oder Fleisch einen Teil des Wassers. Der Nährboden für Bakterien trocknet aus, sie können sich nicht vermehren. Die Ware wird lagerfähig.

 Pökeln und Räuchern

Pökelhilfsstoffe

Sie bewirken, dass die Umrötung beschleunigt und spezielle Geschmacksnuancen erzielt werden.
Zucker: Im Hobbybereich wird in der Regel normaler Haushaltszucker verwendet.
Askorbinsäure: Das ist reines Vitamin C und hilft, das Nitrit schneller abzubauen und, wie Zucker, die Umrötung zu beschleunigen. Hauptsächlich im kommerziellen Bereich wird Askorbinsäure verwendet.
Gewürze: Pfefferkörner, Gewürznelken, Lorbeerblätter, Sellerie, Zwiebeln etc. in der Pökellake ergeben verschiedene Geschmacksnuancen. Nicht zu kräftig würzen, damit der Eigengeschmack des Pökelguts nicht übertönt wird.

Was beim Salzen und Pökeln geschieht

Durch Salzen und Pökeln wird den Zellen Wasser entzogen und durch Salz ersetzt. Das Wachstum von Mikroorganismen wird verlangsamt, durch den Zusatz von Nitrit weiter gehemmt. Das Fleisch wird lagerfähig. Anschließendes Durchbrennen (siehe Seite 227–229), Reifen und Räuchern stabilisieren diesen Zustand. Heute liegt die Bedeutung des Pökelns vor allem in der geschmacklichen und farblichen Verbesserung.

Je nach Fleischbeschaffenheit und Verwendungszweck unterscheidet man vier Pökelmethoden: das Trockenpökeln, das Nasspökeln, das kombinierte Trocken-nass-Pökeln und das Schnell- und Spritzpökeln. Die beiden letzteren Methoden kommen hauptsächlich für die gewerbliche Produktion infrage.

Die Trockenpökelung wird für Dauerwaren wie Rohschinken angewendet. Gepökelt wird mit einer Mischung aus Salz, Salpeter und Zucker. Das Pökelgut in einer Schüssel mit einer dicken Salzschicht bedecken, Furchen und Verbindungsstellen von Knochen und Fleisch sehr sorgfältig salzen, da sie extrem anfällig sind gegen schädliche Mikroorganismen. Beim Pökeln mehrerer Teile die eingesalzenen Stücke im Gefäß ganz dicht zusammenlegen, ein- bis zweimal pro Woche umschichten, so bildet sich aus dem entzogenen Saft und Salz eine Naturlake.

ZU SALZIG

Wird zu lange gepökelt, dringt zu viel Salz in das Fleisch ein. Es muss in kaltem Wasser einige Zeit gewässert werden. Dadurch verliert es außer Salz auch wichtige Mineral- und Aromastoffe. Anschließend wird das Fleisch erneut getrocknet.

Schinken trocken pökeln Schritt für Schritt

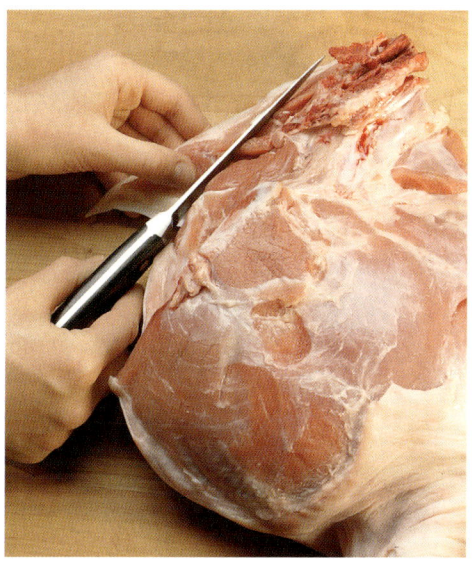

1 Einen Schinken von 10 bis 12 kg glatt schneiden und an den Ecken abrunden. Die Schaufel des Schlossknochens absägen, sie würde beim fertigen Schinken herausragen.

2 Schinken in passendes Gefäß legen, rundum mit Pökelsalzmischung aus 500 bis 600 g Salz, 12 g Salpeter, 20 g Zucker einreiben. Pökelsalz nach innen bis zum Gelenk pressen.

3 20 Tage auf Rost bei 5 bis 8 °C stellen, wöchentlich wenden, salzen. Salz abwischen, 22 Tage auf Knochen stellen. 12 Stunden in kaltes Wasser stellen, lauwarm abwaschen.

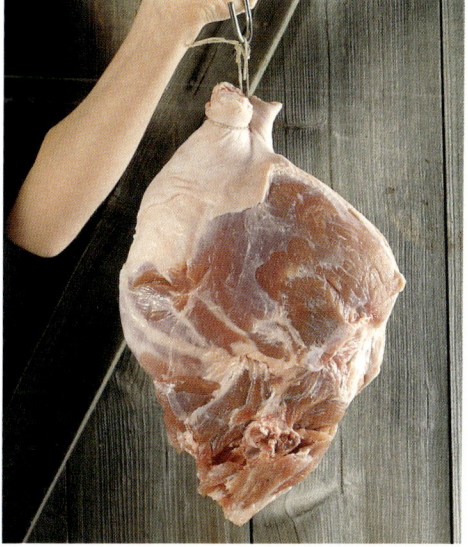

4 Schinken in kühlem, dunklem und gut belüftetem Raum 1 bis 2 Tage nachtrocknen und durchbrennen lassen. Dann ist er für das Räuchern vorbereitet.

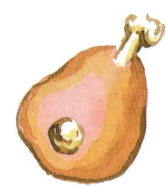

Pökeln und Räuchern

Das Nasspökeln

Beim Nasspökeln werden Fleisch oder Fisch in eine Pökellake gelegt. Das Pökelgut bleibt darin, bis es durchgepökelt ist. Bei Fleisch werden vorwiegend zum Kochen bestimmte Stücke nass gepökelt. Sie bleiben auf diese Weise besonders saftig. Es können aber auch Schinken, Speck und ähnliche Dauerwaren nass gepökelt werden. Sie sind jedoch nicht so abgerundet im Geschmack und so mürbe wie trocken gepökelte Ware.

Die Lake zum Nasspökeln wird aus Wasser und Salpeter oder aus Nitritpökelsalz hergestellt. Ein bewährtes Verhältnis von Fleisch zu Lake ist 1:3, bei Fisch von 1:1,5. Bei der Lakenschärfe geht man in der Regel davon aus, dass Dauerschinken in einer Lake von 18 bis 20 Prozent gepökelt wird. Nussschinken, Lachsschinken, Schweinebauch, Schinkenspeck und ähnliche Produkte benötigen eine 12- bis 15-prozentige Lake und Fisch eine 7-prozentige Lake.

Die Schärfe kann mit einem Sud- oder Lakemesser (Lakespindel, Senkwaage) bestimmt werden. Dieses Spezialgerät besteht aus einer nach unten verdickten Glasröhre mit Skala. Am unteren Ende befindet sich eine Bleieinlage, die den Lakemesser einstellt. Im reinen Wasser sinkt er bis zur obersten Nullmarke ein. Bei salzigem Wasser erhöht sich die Wasserdichte, und der Lakemesser sinkt nicht mehr so weit ein. In Wasserhöhe kann an der Skala die Schärfe abgelesen werden. Zum Messen muss die Lake kühl sein.

LAKE HERSTELLEN

Das Wasser mit dem Pökelsalz aufkochen, um Wasser und Salz besser zu vermischen und Keime abzutöten. Die Lake erkaltet über das Pökelgut gießen.

Erforderliche Salzmenge in Gramm pro Wassereinheit

Stärke	1 l	2 l	3 l	4 l	5 l	6 l	7 l	8 l	9 l	10 l
7,5 %	75	150	225	300	375	450	525	600	675	750
10 %	110	220	330	440	550	660	770	880	990	1100
12 %	135	270	405	540	675	810	945	1080	1215	1350
15 %	175	350	525	700	875	1050	1225	1400	1575	1750
18 %	220	440	660	880	1200	1420	1640	1860	2080	2200
20 %	250	500	750	1000	1250	1500	1750	2000	2250	2500

Lachsschinken nass pökeln Schritt für Schritt

1 Zugeschnittenen Lachsschinken und 1 cm dicke Platte aus fettem Speck in Gefäß legen. Mit kalter Lake aus 3 l Wasser, 500 g Nitritpökelsalz und 50 g Kandiszucker bedecken.

2 Das Fleisch und die Fettplatte 5 bis 6 Tage lang pökeln. Dann 6 Tage lang an einem luftigen und dunklen Ort aufgehängt trocknen lassen.

3 Das Fleisch sorgfältig von den Sehnen befreien. Unter lauwarmem Wasser abwaschen und den Lachsschinken gründlich abtrocknen.

4 Lachsschinken noch einmal vollständig mit Lake einstreichen, dann fest in die Fettplatte wickeln und abschließend 3 bis 5 Tage leicht kalträuchern.

Pökeln und Räuchern

Arbeitsgeräte

Zum Räuchern wird ein selbst gemachtes oder gekauftes Räuchergerät benötigt.

Mit etwas handwerklichem Geschick kann man einige Geräte zum Räuchern selbst bauen.

Grundausstattung

Dazu gehören ein Räuchergerät und entsprechende Zutaten, wie sie die nachstehende Liste aufführt. Bei der Anschaffung oder Herstellung des Räuchergeräts sollten Sie Ihren eigenen Bedarf vorher abschätzen, da das Gerät in unterschiedlichen Größen und Varianten erhältlich ist.

RÄUCHERANLAGEN
Verwenden Sie zum Bau von Räucheranlagen nur Materialien, die völlig fremdstofffrei sind. Sie dürfen keine Farben oder Öle enthalten.

- Räucherkleingerät
- Warmräuchergerät
- Noch ein anderes, kleines Räuchergerät aus dem Fachgeschäft für Angler
- Fleischerhaken
- Einstechthermometer, um die Temperatur im Innern des Räucherguts festzustellen
- Holz
- Räuchermehl
- Gewürzmischungen

Räuchermittel und Durchbrennen

Weitere Schritte bis zum Räuchern und das Durchbrennen

Nach dem Pökeln, gleich mit welcher Methode, sind Fleisch oder Fisch noch nicht ausreichend konserviert und mit Geschmacksstoffen versehen. Jetzt erfolgt noch das Durchbrennen direkt nach dem Pökeln. Dazu muss das Pökelgut für einige Tage an einem kühlen, trockenen Ort ruhen, damit sich die unterschiedlichen Salzkonzentrationen im Pökelgut ausgleichen und »durchbrennen« können. Das Durchbrennen verstärkt das Aroma, stabilisiert die Pökelfarbe und lässt das Fleisch mürbe und zart werden. Im dunklen Brennraum soll die Temperatur zwischen 6 und 8 °C betragen, die Luftfeuchtigkeit zwischen 60 und 80 Prozent liegen. Nach dem Durchbrennen wird trocken gepökeltes Fleisch über Nacht in kaltem Wasser gewässert, lauwarm abgewaschen und getrocknet. Nass gepökelte Ware wird nur abgewaschen, aber nicht gewässert. Fische werden nur kalt abgespült und getrocknet.

RÄUCHERHOLZ

Scheite und Späne werden eher zum Heißräuchern verwendet. Sägemehl, das verglimmt, nimmt man sowohl zum Heiß- als auch zum Kalträuchern. Keinesfalls darf mit Farben oder Chemikalien behandeltes Holz verwendet werden.

Räuchern und Räuchermittel

Zum Räuchern hängt man das Räuchergut in den Rauch eines nur schwelenden Holzfeuers, um ihm Wasser zu entziehen. Je länger der Räuchervorgang, desto trockener die Ware. Durch das fehlende Wasser wird schädlichen Keimen und Bakterien die Lebensgrundlage entzogen. Zugleich lagern sich die im Rauch enthaltenen chemischen Stoffe auf der Oberfläche des Räucherguts ab und überziehen es mit einer festen, keimabweisenden, bakterientötenden Schicht. Je länger der Rauch auf das Fleisch einwirkt, desto tiefer dringen die Bestandteile des Rauches ein, und desto haltbarer und würziger wird es. Der Räucherrauch enthält im Wesentlichen zwei Gruppen von Stoffen: gasförmige Stoffe wie Phenole, organische Säuren und Karbonyle und feste Stoffe wie Teer, Ruß, Harze und Asche.
Als Räuchermittel dürfen nur gut getrocknete, abgelagerte Harthölzer von Weißbuchen, Erlen, Eichen, Zedern und Birken verwendet werden. Nadelhölzer sind wegen des hohen Rußanteils und der darin enthaltenen Krebs erregenden Stoffe gesundheitsschädigend.

Pökeln und Räuchern

Erzeugung von Räucherrauch

Die Rauchmittel, Sägemehl oder Sägespäne dürfen nicht verbrennen, sondern müssen verglimmen. Das Verglimmen wird dadurch erreicht, dass die Rauchmittel mit Hilfe von elektrischen Heizspiralen, Gasbrennern oder Spiritusflammen zum Schwelen gebracht werden. Die Schwelglut darf sich nur langsam durch die Rauchmittel fressen, ein Aufflammen muss verhindert werden. Nur durch langsames, gleichmäßiges Verglimmen entwickelt sich der gewünschte Rauch, der nun dem Räuchergut seine bestimmte Würze verleiht. Besteht die Gefahr, dass das Räuchergut verbrennt, wird es entweder zusammengepresst oder mit Wasser angefeuchtet. Das Verglimmen sollte durch verstellbare Luftzugklappen am Räuchergerät gesteuert werden können. Der richtige Zug ist wichtig, damit sich der Rauch entwickeln und gleichmäßig über das Räuchergut streichen kann.

Räuchern ohne Schadstoffe

SCHUTZMASSNAHMEN

Geltende Bestimmungen dürfen auch vom Hobbyräucherer nicht verletzt werden. Bei selbst gebauten Anlagen und bei Öfen in geschlossenen Räumen bei der örtlichen Feuerwehr und der Gemeinde sich nach den Auflagen erkundigen. Auch Nachbarn nicht durch Rauch und Gerüche belästigen.

Der Verglimmungsbereich muss so angelegt sein, dass aus dem Räuchergut sickerndes Fett nicht darauf tropfen kann. Denn durch das Verbrennen von Fett werden gesundheitsgefährdende Substanzen freigesetzt, die sich mit Hilfe des Rauchs auf dem Räuchergut ablagern. Die optimale Glimmtemperatur liegt zwischen 250 und 500 °C. Höhere Temperaturen verstärken die Entwicklung von Krebs erregenden Stoffen im Rauch. Von dieser Belastung kann das Räuchergut weitgehend dadurch verschont werden, dass man Glimmzone und Räucherkammer räumlich voneinander trennt. Je länger der Weg des Rauches von der Glimmzone zur Räucherkammer ist, desto stärker setzen sich die Schadstoffe zusammen mit Ruß, Teer und Ascheteilen am Rand der Rauchleitung ab. Der das Räuchergut erreichende Rauch ist weitgehend schadstofffrei.

Räucherverfahren

Beim Räuchern werden in Kaltrauchräuchern, Warmrauchräuchern und Heißrauchräuchern unterschieden.

Räuchermethoden und -bestimmungen

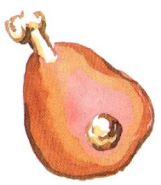

Das Kalträuchern

Das Verfahren wird angewendet, wenn das Räuchergut über lange Zeit haltbar gemacht oder der Rauchgeschmack besonders gefördert werden soll wie bei Schinken, Speck und Dauerwürsten. Der Prozess kann einige Tage oder Monate dauern. Die fürs Kalträuchern erforderliche Temperatur von 15 bis 20 °C wird durch Verglimmen von Sägemehl erreicht.

Das Warmräuchern

Dazu wird eine Temperatur von 20 bis 50 °C benötigt, insbesondere ab 30 °C. In diesem Bereich fördern die eiweißspaltenden Enzyme das Aroma und die Zartheit des Räuchergutes. Beim Warmräuchern wird die Ware sowohl gegart als auch geräuchert. Warmgeräuchertes hat eine kürzere Lagerzeit als Kaltgeräuchertes und sollte bald verzehrt werden.

Das Heißräuchern

Diese Methode wird bei zügig zu verzehrendem Gut angewendet, z. B. bei Bratwürsten oder Fisch sowie bei allen warmen Speisen, die einen besonderen Rauchgeschmack erhalten sollen. Durch Verbrennen von zumeist Buchenholz wird der Räucherofen auf eine Temperatur von über 50 °C aufgeheizt. Achten Sie darauf, dass kein Fett auf die Rauchmittel oder die Heizvorrichtung tropft!

RÄUCHERFEHLER

Schmeckt das Fleisch nach Karbol oder Medizin, war das Rauchmittel zu feucht, schimmelig oder mit Lack, Kunststoff oder Leim u. Ä. behandelt. Schmieriger Belag und säuerliches Raucharoma entstehen bei Feuchtigkeitsstau, zu wenig Luft und zu geringem Zug.

Allgemeine Bestimmungen für das Räuchern

- Räucherkammern müssen feuersicher sein, die Anlage darf die Umwelt nicht belasten.
- Nur naturbelassene Hölzer dürfen verwendet werden.
- Flüssige Räuchermittel dürfen nicht eingesetzt werden.
- Fleisch und Fleischerzeugnisse dürfen nur von außen geräuchert werden.
- Geräucherte Ware darf höchstens 1ppb/kg (1 Mikrogramm pro kg) des Krebs erregenden Benzpyrens enthalten.

Pökeln und Räuchern

RINDERSCHINKEN KALT GERÄUCHERT

ZUTATEN
für 1 kg Schinken

- *Für Rinderschinken eignet sich hervorragend die Unterschale, doch auch andere Teile der Keule können verarbeitet werden.*

ZUM TROCKENPÖKELN:
- 50–60 g Nitritpökelsalz
- 3 g Zucker

1 Pökelsalz und Zucker gut vermischen. Das Fleisch zurechtputzen und gleichmäßig mit der Pökelsalz-Zucker-Mischung einreiben. Den Schinken 3 Wochen pökeln. Damit er nicht in der sich bildenden Lake schwimmt, wird er auf einen Rost gelegt.

2 Die Pökellake jeweils weggießen. Nach 3 Wochen den Schinken 12 Stunden lang in kaltem Wasser wässern, anschließend trocknen.

3 Je nach Geschmack und gewünschter Farbe kann man den Schinken 2 bis maximal 3 Wochen lang kalträuchern. Der hierfür notwendige Rauch muss allerdings nur jeden 2. Tag erzeugt werden.

TIPP: Das Schinkenfleisch soll zwar abgehangen (gereift), jedoch nicht älter als 3 Tage sein. Nur dann stellt sich laut einer alten Bauernregel der Erfolg beim Pökeln ein.

PUTENBRUST HEISS GERÄUCHERT

ZUTATEN
für 1 l Pökellake pro 1 kg Fleisch

- 1 Zwiebel
- 1 kg ausgebeinte Putenbrust
- 65 g Salz
- 1/2 TL Senfkörner
- 1 Lorbeerblatt
- 1 TL Wacholderbeeren
- 1/2 TL weißer Pfeffer

1 Die Zwiebel schälen und hacken. Aus Wasser, Salz und Gewürzen die Lake kochen und abkühlen lassen.

2 Die Putenbrust in eine Pökelwanne legen und mit der Pökellake übergießen, so dass das Fleisch vollständig bedeckt ist.

3 Die Putenbrust 1 Tag pökeln und gut abtrocknen.

4 Zuerst im Räucherofen ohne Rauch bei 135 °C je nach Gewicht 2 1/2 bis 3 Stunden garen. Während der letzten 1 1/2 Stunden im heißen Rauch räuchern. Die geräucherte Putenbrust muss rasch abgekühlt und bald verzehrt oder tiefgefroren werden.

TIPPS: Wenn der Räucherofen die 135 °C nicht die ganze Zeit halten kann, muss die Putenbrust zuvor in einem Backofen vorgegart und anschließend im Räucherofen heiß geräuchert werden. Flügel und Schenkel der Pute können ebenfalls geräuchert werden und benötigen je nach Größe weniger Zeit.

Die Putenbrust schmeckt besonders im Herbst und im Winter. Wenn Sie sie schon vorher zubereitet haben, können Sie die Putenbrust tiefgefroren lagern und später zu einem pikanten Apfel-Rotkraut-Gemüse reichen.

Mettwurst Holsteiner Art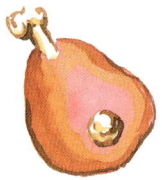

Ungarische Salami

1 Das Schweinefleisch gut kühlen. Den Speck in 1 Zentimeter große Würfel schneiden. Mit dem Schweinefleisch durch die grobe Scheibe des Fleischwolfs drehen. Die Rohmasse über Nacht auf 2 bis 3 °C abkühlen.
2 Am nächsten Morgen die Masse mit dem Salz, Salpeter, Zucker, Pfeffer, Kardamom, der geriebenen Muskatnuss, Macis bzw. Muskatblüte, dem Rotwein sowie dem geschälten und gehackten Knoblauch vermischen. Durch die mittelgroße Scheibe drehen. Anschließend gut durchkneten und abschmecken. Kleine Portionen der Wurstmasse zu Ballen werfen. Dadurch werden noch vorhandene Lufteinschlüsse aus der Rohmasse entfernt.
3 Die Wurstmasse bei 15 °C 2 Tage lang ruhen lassen. Anschließend, wie im Grundrezept beschrieben, in große Därme Kaliber 80/90 stopfen und reifen lassen.
4 Die Wurst kalträuchern, bis die Würste die gewünschte Farbe erreicht haben.

Tipp: Ungarische Salami gehört zu den bekanntesten internationalen Räucherklassikern. Sie ist im Handel nur teuer erhältlich. Überraschen Sie Ihre Freunde doch einmal mit einem persönlichen Geschenk: Bringen Sie ihnen Ihre Hausmacher-Salami mit!

Zutaten
für etwa 2 1/2 kg Wurst

- 2 kg mageres, entsehntes Schweinefleisch
- 1 kg entschwarteter Rückenspeck oder fette Schweinebrust
- 84 g Salz
- 1 g Salpeter
- 12 g Zucker
- 3 g gemahlener weißer Pfeffer
- 3 g gemahlener Kardamom
- 3 g geriebene Muskatnuss
- 3 g gemahlener Macis (Muskatblüte)
- 1 cl Rotwein
- 1 1/2 Knoblauchzehen

Mettwurst Holsteiner Art

1 Das Rindfleisch und das Schweinefleisch grob zerkleinern. Das Rindfleisch durch die feine Scheibe, dann das Schweinefleisch durch die mittlere Scheibe des Fleischwolfs drehen. Die Fleischmasse mit dem Salz, Salpeter, Zucker und Pfeffer sowie dem Rum vermengen und anschließend mindestens 5 Minuten gründlich durchkneten.
2 Mit Hilfe des Fleischwolfs und des Füllaufsatzes und einer anderen Person die Wurstrohmasse, wie im Grundrezept beschrieben, fest in mittelgroße Därme zu etwa 1 Kilogramm stopfen. 1 Tag in einem trockenem Raum lassen.
3 Dann 20 bis 25 Tage kalt räuchern, bis die Mettwürste Holsteiner Art die gewünschte Farbe erreicht haben.

Zutaten
für etwa 2 1/2 kg Wurst

- 2 kg Rindfleisch
- 1 kg magere Schweineschulter
- 75 g Salz
- 1 g Salpeter
- 9 g Zucker
- 9 g gemahlener Pfeffer
- 2 cl 40%iger Rum

Pökeln und Räuchern

ZERVELATWURST

ZUTATEN
für etwa 3 kg Wurst

- 2,6 kg gut abgehangenes Rindfleisch
- 400 g kerniger Rückenspeck ohne Schwarte
- 84 g Salz
- 1 g Salpeter
- 6 g Zucker
- 9 g gemahlener weißer Pfeffer

1 Das Rindfleisch und den Speck grob zerkleinern und beides durch die feine Scheibe des Fleischwolfs drehen.
2 Die Rohwurstmasse mit den Gewürzen gut verkneten, bis eine homogene Masse entstanden ist.
3 Mit Hilfe des Fleischwolfs, des Füllaufsatzes und einer weiteren Person, die den Darm festhält, die Wurstrohmasse sehr fest in mittelgroße Därme zu etwa 1 Kilogramm stopfen.
4 Die Würste 2 bis maximal 3 Wochen in einem zugluftfreien Raum reifen lassen. Anschließend die Würste kalträuchern, bis sie die von Ihnen gewünschte Farbe erhalten haben.

TIPPS: Vermeiden Sie Rauchfehler, indem Sie die Würste nicht zu dicht hängen. Der Rauch muss alle Seiten gleichmäßig umstreichen können. Und lassen Sie den Würsten nach jedem Rauchvorgang Zeit zum Abkühlen. Die würzige Zervelatwurst schmeckt besonders gut zu dunklen Brotsorten.

KATENWURST

ZUTATEN
für etwa 2 1/2 kg Wurst

- 1,35 kg grob entfettetes Schweinefleisch
- 1,05 kg kerniger, entschwarteter Speck
- 600 g mageres Rindfleisch
- 84 g Salz
- 1 g Salpeter
- 15 g Zuckerkombinat
- 6 g gemahlener weißer Pfeffer
- 1,5 g weiße Pfefferkörner
- 1 1/2 g Ingwer
- 1,5 g Knoblauchauszug mit Rum

1 Schweinefleisch und Rindfleisch durch die grobe Scheibe des Fleischwolfs drehen.
2 Den Speck in bohnengroße Würfel schneiden.
3 Fleisch und Speck auf etwa 4 °C abkühlen.
4 Danach die Gewürze mit Fleisch und Speck vermengen und durch die mittlere Scheibe des Fleischwolfs drehen, gut durchkneten, abschmecken.
5 Wie im Grundrezept beschrieben, in mittelgroße Wursthüllen stopfen.
6 Mit Wurstband zweimal sorgfältig abbinden.
7 Langsam reifen lassen.
8 Kalträuchern, bis die Würste die gewünschte Farbe haben.

TIPPS: Das Zuckerkombinat besteht aus einer Mischung von Einfachzucker, Doppelzucker und Dextrin. Die Mischung können Sie bei Ihrem Fleischer oder im Fleschereifachhandel kaufen. Verwenden Sie zum Würzen neu gekaufte oder frisch zubereitete Gewürze. Waren, die schon 1 Jahr im Schrank gestanden haben, haben einen Teil ihrer Würzkraft eingebüßt.

GERÄUCHERTER KÄSE

Nahezu jede Käsesorte kann geräuchert werden. Doch nimmt weicher Käse mehr Rauch auf als fester. Damit der Räuchergeschmack nicht zu streng oder sogar scharf wird, sollten Sie den Käse nur in leichten Rauch stellen.

Probieren Sie doch einmal, Käse zu räuchern. Nahezu jede Sorte lässt sich dafür verwenden.

KÄSE NACH BELIEBEN

1 Käse in Scheiben oder Würfel schneiden und auf eine eingeölte, durchlöcherte Alufolie legen.
2 Die Räuchertemperatur unter 25 °C halten.
3 Käsescheiben oder -würfel von 2 bis 2 1/2 Zentimeter Dicke etwa 1 1/2 bis 2 Stunden räuchern, probieren, ob er gut ist, bevor der gesamte Käse aus dem Rauch genommen wird.

4 Nach dem Räuchern den Käse kurz abkühlen lassen, in Folie wickeln, in einen luftdicht schließenden Behälter geben und in den Kühlschrank stellen.
5 Etwa 1 bis 2 Stunden vor dem Servieren den Käse aus dem Kühlschrank nehmen, damit er bei Zimmertemperatur sein volles Aroma entfalten kann.

KÄSE

Er verliert während des Räucherns einen Teil seines Wassers und wird fester. Den Bakterien wird der Nährboden entzogen. Deshalb verdirbt ein geräucherter Käse nicht so schnell wie ein frischer.

Pökeln und Räuchern

Würzig geräucherte Fische

Selbst geräucherte Fischspezialitäten begeistern Feinschmecker durch ihr unübertrefflich delikates Aroma. Räucherfans erwerben die Fische schon küchenfertig beim Fachhändler, wenn sie nicht selbst Fischer oder Angler sind. Vor dem Räuchern werden die küchenfertigen Fische ganz, als Hälften, Filets oder Scheiben bzw. Steaks hergerichtet. Die Form hängt vom persönlichen Geschmack und den Räuchermöglichkeiten ab. In fast jedem Räucherofen können Fische von 500 Gramm in einem Stück geräuchert werden, größere Fische am besten teilen.

Salzen, Trocknen, Räuchern

Das Salzen erfolgt, wie oben beschrieben, doch eine allgemein verbindliche Formel dafür gibt es nicht. Die Dauer hängt von der Größe und dem Gewicht des Fisches, der Schärfe der Lake und vom persönlichen Geschmack ab.

Trocken salzen: Die vorbereiteten Fische werden außen und innen mit Salz oder einer Gewürzsalzmischung bestreut. Danach werden sie in einem Gefäß auf einen Rost gelegt, damit die Naturlake ablaufen kann. Bei mehreren Schichten wird über jede Lage eine dünne Schicht Salz gestreut. Die Fische bleiben etwa ein bis eineinhalb Stunden im Salz. Die Fische können so schnell geräuchert werden und sind nach kurzer Zeit speisefertig.

In Lake salzen: Beim Nasssalzen lässt sich eine gleichmäßigere Salzverteilung erzielen als beim Trockensalzen. Je nach Stärke liegen die Fische sechs bis zwölf Stunden in einer 7-prozentigen Lake. Die Zeit kann durch höhere Lakekonzentration verkürzt werden.

Trocknen: Nach dem Salzen und Abspülen müssen die Fische für eine gleichmäßig schöne Räucherfarbe gut getrocknet werden. Wenn sich eine feste, leicht glänzende Haut gebildet hat, sind sie richtig getrocknet und fertig zum Räuchern. Die Zeit beträgt, je nach Fischart und Größe, ein bis drei Stunden. Die Fische an einem nicht zu warmen, insektenfreien, gut belüfteten Ort aufgehängt trocknen, nie in der prallen Sonne.

Lagern im Räucherofen: Die Fische an Haken aufgehängt, auf Stangen oder einen Reihenspieß gesteckt oder liegend auf Flachrosten im Räucherofen gelagert heiß bzw. kalträuchern.

TIEFGEFRORENE FISCHE

Sie müssen vor dem Räuchern schnell aufgetaut werden, damit sie nicht an Frische verlieren. In einen Topf mit Wasser legen und bis zum Auftauen ständig frisches Wasser nachlaufen lassen. Danach wie frischen Fisch behandeln.

Lachs kalträuchern Schritt für Schritt

1 1 mittelgroßen, küchenfertigen Lachs filetieren oder vom Händler filetieren lassen, dabei die Haut nicht ablösen. Die Filets leicht mit Öl einpinseln.

2 2 EL Salz, 1 EL Zucker, 1 EL gemahlenen weißen Pfeffer vermischen. 1 Bund Dill zerteilen. Einen Teil in eine Schale streuen, 1 Filet mit der Hautseite nach unten hineinlegen.

3 Zweites Filetstück gegengleich dazulegen, beide Filets mit Gewürzen und Kräutern bestreuen. Fischseiten aufeinander legen, obere Hautseite mit Gewürzen und Dill bestreuen.

4 Brett auflegen, in Alufolie 18 Stunden im Kühlschrank halten, wenden. Noch 18 Stunden ruhen lassen. Filets auf Rost legen, mit etwas Rauch 16 bis 24 Stunden kalträuchern.

# Pökeln und Räuchern

Geräucherter Hecht oder Zander

Zutaten
für 1 Fisch

- *1 mittelgroßer küchenfertiger Fisch*
- *7%ige Salzlake*
- *Gewürzmischung nach Geschmack*
- *Zitronensaft*

1 Den mittelgroßen Hecht oder Zander halbieren oder in dicke Scheiben schneiden.
2 Je nach Größe 6 bis 12 Stunden in Salzlake ziehen lassen.
3 Gut abspülen. Der Schleim und das Blut müssen vollständig entfernt sein.
4 Die Bauchhöhle mit Zitronensaft beträufeln und mit der selbst zusammengestellten Gewürzmischung einreiben.
5 Den Fisch bei 180 °C 30 bis 35 Minuten heiß räuchern. Gut geeignet ist dazu auch ein Druckkammergerät.

Tipps: Den geräucherten Fisch am besten direkt nach dem Räuchern genießen, solange er noch warm ist. Das Raucharoma ist am besten entfaltet, wenn Sie den Räucherfisch handwarm servieren.

Jedenfalls den geräucherten Zander oder Hecht nicht zu kalt verzehren, schon gar nicht, wenn er direkt aus dem Kühlschrank kommt.

Lassen Sie sich geräucherten Hecht zum Abendessen munden, und kombinieren Sie ihn mit einem frischen Grünblatt- oder anderen Rohkostsalat. Auch für den Mittagstisch stellt dieses Rezept eine sättigende und eiweißspendende Alternative dar.

Erkundigen Sie sich im Fachhandel, ob Sie sich ein Druckkammergerät ausleihen können. Manchmal sind auch gebrauchte Geräte von Privathaushalten käuflich zu erwerben.

Würzen Sie den Fisch nicht zu intensiv, damit sein typisches Aroma nicht verfremdet wird.

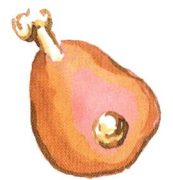

Geräucherte Seezunge oder Scholle

1 Den küchenfertigen Fisch 2 bis 3 Stunden in Salzlake legen, abspülen und trockentupfen.
2 Innen und außen mit einer Fischgewürzmischung würzen. Die Petersilie hacken.
3 Die Seezunge oder Scholle auf einen Flachrost legen. Diesen vorher leicht einölen. Die Fische mit Zitronensaft beträufeln und mit reichlich Petersilie und Speckwürfeln belegen.
4 Die Plattfische bei 150 °C etwa 15 bis 20 Minuten heiß räuchern.

Tipps: Denken Sie daran, dass Seefische einen ausgeprägten Eigengeschmack haben. Mit dem Würzen sollten Sie nur das individuelle Aroma unterstreichen. Fisch ist die ideale Schonkost. Er enthält fast alle für den Menschen notwendigen Aminosäuren, ist reich an Enzymen und leicht verdaulich.

Zutaten
für 1 Scholle oder 1 Seezunge

- küchenfertige Seezunge oder Scholle nach Bedarf
- 7%ige Salzlake
- der Menge entsprechende Gewürzmischung
- Zitronensaft
- einige Petersilienstängel
- Öl zum Einpinseln
- Speckwürfel

Geräucherte Heilbuttscheiben

1 Den Heilbutt in Portionsstücke schneiden und über Nacht an einem kühlen, luftigen Ort geschützt vor Insekten trocknen lassen.
2 2 Stunden vor dem Räuchern einsalzen.
3 Das Salz abwischen und die Scheiben mit einer Fischgewürzmischung selbst vorbereitet oder gekauft würzen.
4 Die Fischscheiben bei 120 bis 150 °C 15 bis 25 Minuten räuchern.

Tipps: Als delikate Gewürzmischungen für Fische, die eingesalzen und geräuchert werden, haben sich im Mörser zerstoßene Wacholderbeeren und edelsüßer Paprika oder etwas brauner Zucker, Zitronensaft, fertiges Knoblauch- und Zwiebelgewürz bewährt. Mit ihnen lassen sich – bei ein und derselben Fischart – verblüffend abwechslungsreiche Geschmacksrichtungen – von dezent-würzig bis süßlich-aromatisch – erzielen. Finden Sie Ihre eigene Lieblingsgewürzmischung heraus, indem Sie die verschiedenen Heilbuttportionen mit unterschiedlichen Gewürz- und Kräuterkombinationen würzen.

Zutaten
für je 100 g küchenfertigen Fisch

- 5 g Salz
- Gewürzmischung

Dickmilch, Joghurt, Kefir & Co

In vielen alten Kulturen gilt Milch als Symbol der Fruchtbarkeit und Unsterblichkeit. So war z. B. in der indischen Philosophie die Welt im Uranfang ein Milchmeer.

Die Entdeckung der Milch als Nahrungsquelle lässt sich nicht exakt datieren. Archäologische Funde bezeugen allerdings die Milchwirtschaft schon vor rund 5000 Jahren. Demnach tranken die Sumerer in Mesopotamien nicht nur Milch, sondern sie aßen auch einen quarkähnlichen Käse. Denn die heißen Temperaturen im Zweistromland sorgten für die rasche Eigensäuerung der Milch, aus der Quark hergestellt wurde.

Auf ägyptischen Tontafeln aus der Zeit um 3000 v. Chr. ist eine Szene früher tierischer Milchgewinnung zu sehen: zwei ägyptische Bauern bei der Arbeit – der eine hält die Hinterbeine eines Rindes mit einem Strick fest, und der andere melkt. Ägypten ging nicht zuletzt auch wegen seiner Milchwirtschaft und Käseverarbeitung in die frühe Geschichte ein. Die bekannteste »Milchbotschafterin« Ägyptens war übrigens die schöne Kleopatra. Jeden Tag ließ sie sich von ihren Dienerinnen ein Schönheitsbad aus Eselsmilch zubereiten, für das täglich knapp 100 Esel ihre ganze Milch opfern mussten.

Milch und Joghurt, Quark und Kefir, Butter und Dickmilch, sie alle sind aus unserer Ernährung nicht mehr wegzudenken. Die erste Nahrung für ein Baby ist Milch, sie enthält alle Nährstoffe, die ein Neugeborenes braucht. Auch Kinder lieben bekanntlich Milchprodukte in allen Formen – sei es Fruchtjoghurt, der frisch angerührte Kakao oder eine leckere Quarkspeise. Zum geschmacklichen Aspekt kommt der gesundheitliche hinzu: Milch und Milchprodukte liefern wertvolle Vitamine, Proteine sowie Kohlenhydrate und unterstützen so eine gesunde Lebensführung. Das Milcheiweiß dient der Bildung körpereigener Abwehrstoffe und der Regeneration von Haut, Nägeln und Haaren. Der Mineralstoff Kalzium fördert bei Kindern wesentlich die Bildung und Gesundheit von Knochen und Zähnen und dient Erwachsenen zur Vorsorge gegen Krankheiten wie Osteoporose im Alter.

MILCH UND HONIG

Bereits in der Bibel lesen wir von einem »Land, in dem Milch und Honig fließen« – gemeint ist das Gelobte Land, Israel, in das Moses im Auftrag Gottes die geknechteten Juden zurückführen sollte.

Dickmilch, Joghurt, Kefir & Co

Die richtige Milch

Wichtigster Grundstoff für die Eigenherstellung von Kefir, Joghurt, Quark und Dickmilch ist die richtige Milch. Denn nicht jede handelsübliche Milch eignet sich dafür. Grundsätzlich sollte, wenn die Naturbelassenheit der Produkte im Mittelpunkt steht, die Grundzutat Milch von hervorragender Qualität sein. Pasteurisierte (hitzebehandelte) Milch wie Vollmilch mit naturbelassenem Fettgehalt erhalten Sie im Naturkostgeschäft oder Reformhaus. Auch unbehandelte, nichtpasteurisierte Vorzugsmilch können Sie verwenden. Sie darf nur von streng kontrollierten Höfen abgegeben werden.

Wenn Sie frische Rohmilch direkt ab Hof bekommen, müssen Sie diese auf jeden Fall abkochen. Die in Rohmilch enthaltenen, für den Menschen schädlichen, Bakterien müssen abgetötet werden. Dadurch verliert die Milch jedoch viel mehr Vitamine als durch die Kurzzeiterhitzung, das Pasteurisieren, in der Molkerei.

Zum Abkochen muss die Milch 20 bis 30 Minuten lang auf 65 °C erhitzt werden. Dieses Verfahren wird »Heimpasteurisierung« genannt. Es ist die sicherste Methode, um Rohmilch zu Hause abzukochen und schädliche Bakterien abzutöten. H-Milch sollte nicht verwendet werden, weil sie schal schmeckt und durch Ultrahocherhitzung fast alle wertvollen Nährstoffe verloren hat.

MILCHBEARBEITUNG

Je weniger die Milch bearbeitet wurde, umso ursprünglicher ist die Qualität. Das Homogenisieren ist unnötig. Zwar sieht homogenisierte Milch schön aus und rahmt nicht auf, aber gerade die natürliche Aufrahmung ist ein wichtiges Qualitätsmerkmal.

Milchempfehlung

In einer vertrauenswürdigen Molkerei, im Naturkostgeschäft oder Reformhaus frische Vorzugsmilch kaufen. Sie ist zwar, wie die Rohmilch direkt ab Hof, nur ein bis zwei Tage haltbar, wird aber nach strengsten Hygienevorschriften begutachtet und nur von anerkannten Vorzugsmilchhöfen in die Geschäfte geliefert. Diese Betriebe müssen besonders hohen Anforderungen standhalten: Tiergesundheit und Milchhygiene unterliegen ständigen Qualitätskontrollen. Die Milch muss sofort nach der Erzeugung am Herstellungsbetrieb verpackt werden. Somit erspart man sich Spekulationen, ob die ab Hof gekaufte Rohmilch wirklich mikrobiologisch einwandfrei ist.

Dickmilch herstellen

Dickmilch entsteht fast von selbst

Angenommen, jemand ließe eine Schüssel frische Kuhmilch stehen, erinnerte sich erst wieder am nächsten Tag daran und fände die Milch nicht mehr in ihrer ursprünglichen Form vor. Fest in der Konsistenz, daher gut zum Löffeln, leicht säuerlich im Geschmack, also bestens geeignet zum Überzuckern, so präsentiert sich nun das Zufallsprodukt Dickmilch.

Dickmilch herstellen

Die Verwandlung der Milch, das Dickwerden, ist ein natürlicher Prozess. Die äußeren Einflüsse, wie Hitze, Feuchtigkeit und Luftdruck, lassen die Milchsäurebakterien in der Mikroflora der Milch aktiv werden. Früher war dies die einfachste Methode, Dickmilch zu erhalten. Heutzutage funktioniert das so meist nicht mehr, weil die Milch andere Keime aufweist als früher: Die Säurebildner sind in der Minderzahl, und die Keime, die einen eher schlechten Geschmack verursachen, können ungehindert wachsen. Wer selber Dickmilch herstellen möchte, sollte nach folgendem Rezept vorgehen: Einen Liter pasteurisierte Milch in eine Glasschale geben und 100 Gramm gekaufte Dickmilch einrühren. Das Gemisch bei einer Zimmertemperatur von etwa 20 °C 24 Stunden stehen lassen.

DICKMILCH IST GESUND

Gesäuerte Milch hat einen hohen gesundheitlichen Wert. Sie ist leichter verdaulich als Frischmilch und reinigt den Darm. Auch Menschen, die an Milchzuckerunverträglichkeit leiden, vertragen Dickmilch und andere Sauermilchprodukte.

Wichtig für die gesunde Ernährung

Dickmilch ist ein wichtiger Baustein für die gesunde und ausgewogene Ernährung. Während des Wandlungsprozesses von der Milch zur Dickmilch wird bei der Milchsäuregärung ein Teil des Milchzuckers in Milchsäure umgewandelt. Menschen, die an Milchzuckerunverträglichkeit leiden, sollten daher Sauermilch- und Dickmilchprodukte zu sich nehmen. Dies gilt auch für Senioren, weil die Leistungsfähigkeit des Milchzucker spaltenden Enzyms im Körper mit zunehmendem Alter nachlässt. Es spielt auch eine große Rolle, ob bei der Milchsäurebildung rechts- oder linksdrehende Moleküle entstanden sind. Rechtsdrehende Milchsäuren (L+) werden schneller umgesetzt, was den gesamten Organismus entlastet.

Dickmilch, Joghurt, Kefir & Co

Die internationalen Klassiker

Joghurt gehört zu den ältesten Lebensmitteln der Welt. Sein frischer, leicht säuerlicher Geschmack und seine Bekömmlichkeit machen Joghurt zu einem besonders vielseitigen Klassiker.

Bei uns wird Joghurt vorwiegend aus Kuhmilch hergestellt, der eine Joghurtkultur beigegeben wird, bestehend aus den beiden Bakterienstämmen Lactobacillus bulgaris und Streptococcus. Ganz neu sind die nachstehend genannten drei Kulturen, die sich besonders vorteilhaft auf die menschliche Gesundheit auswirken. Joghurts mit diesen Kulturen werden im Handel als probiotische Lebensmittel deklariert und helfen, das Immunsystem zu stärken:

- LC1: Lactobacillus acidophilus 1
- LGG: Lactobacillus Goldin und Gorbach
- LA7: Lactobacillus acidophilus 7

Tipps und Tricks zum Joghurtmachen

JOGHURT MACHEN

Wird die Milch auf mehr als 90 °C erhitzt, wird der Joghurt stichfester. Das kann allerdings auch zu Hautbildung und vor allem zu unangenehmem Kochgeschmack führen.

- Joghurt braucht Zeit – mindestens 8 Stunden – fürs Reifen.
- Immer pasteurisierte Milch verwenden.
- Je nach Fettgehalt der Milch wird der Joghurt sahniger (Milch mit 3,5 bis 3,8 Prozent Fett) oder eher mager (Milch mit 0,5 Prozent Fett).
- Bei der Herstellung des Joghurts auf peinliche Sauberkeit achten.
- Ist die Starterkultur gekaufter Joghurt, kann der daraus entstandene Joghurt noch etwa fünfmal zum Impfen verwendet werden.
- Wurde der Joghurt mit Ferment geimpft, kann er bis zu zehnmal als Starterkultur dienen.
- Stets 100 Gramm des selbst zubereiteten Joghurts als Impfjoghurt aufbewahren.
- Den Joghurtansatz nicht mehr bewegen, nachdem er abgefüllt wurde.
- Fertigen Joghurt abdecken und im Kühlschrank aufbewahren.
- Selbst gemachten Joghurt innerhalb von drei bis vier Tagen aufbrauchen, danach schmeckt er stark säuerlich.

Joghurt ansetzen Schritt für Schritt

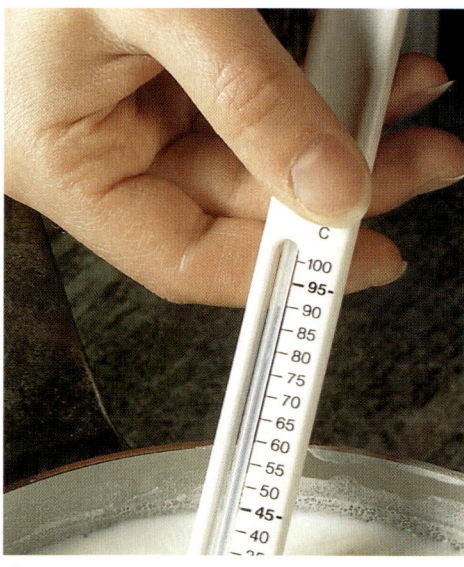

1 1 l Milch auf 90 °C erhitzen, 5 Minuten auf der Temperatur halten, damit Keime und Bakterien abgetötet werden. Dabei ständig umrühren, dann auf 50 °C abkühlen lassen.

2 Die auf 50 °C abgekühlte Milch sehr gut umrühren. 150 Gramm gekauften oder selbst hergestellten Joghurt in die Milch einrühren, die Milch also mit dem Joghurt impfen.

3 Statt mit fertigem Joghurt kann die Milch auch mit Joghurtfermenten aus dem Reformhaus oder Naturkostgeschäft geimpft werden. Den Beipackzettel bitte beachten.

4 Mit den Joghurtkulturen geimpfte Milch in Gläser füllen. 30 Minuten auf der mittleren Schiene des auf 50 °C vorgeheizten Backofens stehen lassen. Dort über Nacht reifen lassen.

Dickmilch, Joghurt, Kefir & Co

Köstlicher Kefir

Kefir herzustellen ist beinahe einfacher, als Joghurt selbst zu machen – mit einem Unterschied: Die Zutaten für Joghurt sind schneller besorgt als die für den Kefir.

Für die traditionelle Herstellung von Kefir ist nämlich ein Kefirpilz nötig, der nicht ohne weiteres erhältlich ist (Bezugsadressen siehe Seite 314–315). Der Kefirpilz besteht aus zahlreichen Hefen und Milchsäurebakterien, die im Kefirbazillus wuchern. Dabei wird ein Teil des Milchzuckers in Alkohol umgewandelt. Kefir kann bis zu zwei Prozent Alkohol enthalten. Auch industriell abgefüllter Kefir arbeitet, was man am deutlichsten an den gewölbten Foliendeckeln erkennen kann. Kefir mit einem solchen Deckel ist nicht etwa verdorben, sondern die Kefirkulturen tummeln sich munter weiter, was ein wichtiges Qualitätsmerkmal für echten Kefir ist.

LEBENSDAUER DES KEFIRS

Wichtig: Täglich die Milch wechseln, da sich der Kefirpilz sonst zersetzt!

Der Kefirpilz und seine Pflege

Kefirpilze sehen aus wie weiße, ineinander verwachsene feste Röschen. Bei guter Pflege bleiben diese Pilze lange erhalten, vermehren sich gut und ergeben viele Liter guten Kefir. Je nachdem, wie intensiv der Kefirgeschmack sein soll, reichen ein halber Esslöffel bis eine Hand voll Kefirpilz für einen Liter Milch aus.

Bei der Auswahl der Milchart ist zu beachten, dass Rohmilch naturgemäß eine lebendigere Keimflora als pasteurisierte Vollmilch besitzt, die die Entwicklung des Kefirs wahrscheinlich behindern wird. Daher wird für die Kefirherstellung Vollmilch bevorzugt.

Die Kefirknollen müssen täglich oder alle zwei Tage unter einem kalten Wasserstrahl abgespült und das Ansatzgefäß muss gut gereinigt werden. Falls die Milch der eingelegten Kefirpilze ein paar Tage nicht gewechselt wurde, können die Pilze leicht verändert aussehen. In diesem Fall müssen Sie die Kefirpilze gründlich unter fließend warmem Wasser waschen und weiche Teile und Fäden entfernen. Nur feste Pilzknöllchen in neuer Milch einlegen.

Wer eine Produktionspause einlegen möchte, kann den abgespülten Pilz einfach einfrieren. Im Tiefkühlfach hält sich der Kefirpilz bis zu einem halben Jahr.

Kefir machen Schritt für Schritt

1 Den Kefirpilz in einen Krug legen, 1 l pasteurisierte Milch darüber gießen. Gefäß mit Folie bedecken, 1 Tag bei Zimmertemperatur stehen lassen.

2 Den fertigen Kefir durch ein Haarsieb in ein anderes Gefäß seihen, in den Kühlschrank stellen. Innerhalb eines Tages aufbrauchen.

3 Den im Haarsieb zurückgebliebenen Kefirpilz unter fließend kaltem Wasser abspülen. Überschüssige Kefirpilze in Milch einlegen und verschenken.

4 Den gewaschenen Kefir sofort mit Milch zu neuem Kefir ansetzen oder, mit genügend Milch bedeckt, bis zur nächsten Kefirherstellung aufbewahren.

Dickmilch, Joghurt, Kefir & Co

Buttermachen ist ganz leicht

Wird der Rahm, also die Sahne, von der Milch getrennt, gesäuert und lange genug geschlagen, entstehen daraus Süßrahmbutter und Buttermilch. Zur Herstellung von Sauerrahmbutter wird der Rahm erhitzt, abgekühlt und im Rahmreifer durch Zugabe von Buttereikultur gesäuert.

Grundrezept Süßrahmbutter

Zutaten für 31 g Süßrahmbutter:
1 l Rohmilch
1/4 l gesäuerte Buttermilch oder Dickmilch

1 Rahm absetzen lassen: Die Rohmilch 25 bis 30 Minuten auf 65 °C erhitzen und abkühlen lassen. Dann in eine möglichst breite Schüssel gießen, damit der sich auf der Oberfläche bildende Rahm auf einer großzügigen Fläche abgeschöpft werden kann. Die Rohmilch so über Nacht bei einer Temperatur zwischen 12 und 14 °C stehen lassen.
2 Rahm und Magermilch trennen: Die schaumige Rahmschicht mit einem Schaumlöffel abschöpfen. Dabei kann kaum etwas schief gehen, denn der Unterschied zwischen der flüssigen Milch und dem lockeren Rahm ist deutlich erkennbar. Die restliche Milch entweder gleich trinken oder zur Herstellung von fettarmem Joghurt oder Quark verwenden.
3 Den Rahm ansäuern: Den geschöpften Rahm zum Säuern mit Milchsäurebakterien impfen. Der bequemste Weg ist, den Rahm mit gesäuerter Buttermilch oder Dickmilch anzusetzen. Alles gründlich verrühren und bei Zimmertemperatur stehen lassen. Nach etwa 22 bis 26 Stunden ist der Rahm dick und sauer.
4 Das eigentliche Buttern: Darunter versteht man das ausdauernde Schlagen oder Stampfen des dicken Rahms, bis sich die Fettkügelchen zu einer Masse verklumpen. Das geht sogar mit dem elektrischen Handrührgerät. Entscheidend dabei ist, dass auf niedrigster Geschwindigkeitsstufe gearbeitet wird, das Buttern kann zwischen 20 und 30 Minuten dauern.
5 Die Butter formen: Anschließend die Buttermilch durch ein feinmaschiges Sieb abgießen. Die Butterkörner fünf Minuten

GESALZENE BUTTER

Der Zusatz von Salz macht Butter länger haltbar, weil Bakterien sich dann nur langsam ausbreiten können. Gesalzene Butter wird daher nicht so schnell ranzig.

Butter und Buttermilch

lang gründlich mit kaltem Wasser durchspülen und im Sieb durchkneten, damit auch die letzte Milch aus der Butter herausgepresst wird. Den Butterklumpen danach mit den Händen fest verkneten und z. B. zwischen zwei Holzbrettern oder in einer Buttermodel ausformen.

Buttermilch

Ein herrlich erfrischendes Nebenprodukt der Butter ist die Buttermilch. Dieser flüssige Muntermacher ist fast fettfrei und enthält eine ganze Palette wertvoller Inhaltsstoffe, die zudem noch köstlich schmecken.

Da Süßrahmbutter nicht gesäuert wird, muss die daraus hergestellte Buttermilch nachträglich gesäuert werden. Buttermilch aus Sauerrahmbutter ist sofort nach dem Abfließen von der Butter verzehrfertig. Sie ist herrlich erfrischend und enthält viele Nährstoffe und wenig Fett.

Sauermolke

Sauermolke ist die flüssige Abscheidung, die bei der Herstellung von Sauermilchprodukten wie Frischkäse und Dickmilch anfällt. Die leicht trübe bis gelblich grüne Flüssigkeit besteht zu über 90 Prozent aus Wasser, enthält aber nur sehr wenig Fett und ist daher im Vergleich zu Milch ziemlich kalorienarm. Sauermolke besitzt zudem viele Vitamine, Mineralsalze, Spurenelemente, Molkeneiweiß, Enzyme, Milchzucker und hochwertige Milchsäure. Wegen ihres hohen Laktosegehalts wirkt Sauermolke leicht abführend.

ARZNEIMITTEL

Sauermolke bewirkt im menschlichen Organismus eine Reihe von Vorgängen, so dass man den Energietrunk schon fast als mild wirkendes Arzneimittel bezeichnen kann.

> **Buttermodeln**
>
> Die klassischen Buttermodeln heute wie auch schon früher sind aus Holz. Diese müssen vor Gebrauch mindestens fünf Minuten in heißem Wasser eingelegt werden. Danach mit kaltem Wasser abspülen, damit sich die Butter leichter von den Modeln löst. Die verknetete Butter in die Model drücken und darauf achten, dass keine Luftlöcher entstehen. Anschließend in den Kühlschrank stellen und innerhalb von fünf Tagen verbrauchen.

Dickmilch, Joghurt, Kefir & Co

Alles über Quark

Quark bildet die erste Stufe der Käseherstellung. Er entsteht durch die Abscheidung von Flüssigkeit, der Molke, beim Gerinnen der Milch durch natürliche Säuerung und/oder Zusetzung von Lab, einem Gerinnungsmittel. Quark enthält noch das gesamte Kasein, einen Eiweißstoff der Milch und das Grundelement für die Weiterverarbeitung zu Käse.

Verschiedene Quarkqualitäten

Genauso wie bei industriell gefertigtem Quark können Sie bei der Produktion im Haushalt unterschiedliche Qualitäten (wie etwa die Fettstufe) von Quark erzielen. Der Fettgehalt des Quarks ist grundsätzlich abhängig vom Fettgehalt der verwendeten Milch. Auch die Temperatur der Milch spielt eine wichtige Rolle: Je wärmer sie ist, desto fester und trockener wird der Quark. Ist die Milch dagegen kühl, erhält der Quark eine weiche und cremige Konsistenz.
Frischkäse und Rahm- bzw. Doppelrahmfrischkäse sind übrigens nichts anderes als Quark, allerdings aus eingedickter Milch und mit einem mehr oder weniger hohen Anteil an Rahm hergestellt.

UNBEDINGT EINKALKULIEREN
Aus einem Liter Milch entstehen ungefähr 300 Gramm Quark.

Die richtige Milch

Wie auch bei der Herstellung von Kefir ist die Verwendung von nicht erhitzter Rohmilch für die Quarkproduktion nicht ratsam, da sich unerwünschte Bakterien in der Rohmilch unangenehm auswirken und das Ergebnis verderben könnten. Daher besser pasteurisierte Milch verwenden, die direkt nach dem Melken schonend erhitzt wurde.

Arbeitsgeräte

Das Praktische (und Kostensparende) ist, dass Sie sich für die Quarkherstellung nicht erst Geräte anschaffen müssen. Sie benötigen außer einem Haushaltsthermometer aus Kunststoff nur ein paar Schüsseln, ein Haarsieb und ein Mulltuch.

Quark herstellen Schritt für Schritt

1 1 l Vorzugs- oder pasteurisierte Milch mit 1/4 l Naturbuttermilch in eine Schüssel gießen, verrühren. Abgedeckt bei etwa 20 °C 2 Tage stehen lassen.

2 Die dicke Milch in den auf 30 °C vorgeheizten Ofen stellen. Ausstellen, die Schüssel 1/2 Stunde stehen lassen. Der feste Bruch löst sich von der Molke.

3 Auf eine zweite Schüssel ein mit einem Mulltuch ausgelegtes Haarsieb setzen. Bruch in Sieb schöpfen, Tuchenden verknoten, Tuch über Schüssel hängen.

4 Den Bruch, also den Quark, nach 2 Stunden aus dem Tuch nehmen. Ist er zu fest geworden, den Quark mit Sahne, Milch oder Joghurt verrühren.

Anhang

Bezugsadressen

Bier

Der Hobbybrauerversand, E. Schmeling-Krause, Satkau Nr. 1, 29459 Clenze, Tel und Fax: 0 58 44/630

Fachbuchhandlung und Getränkefachverlag Hans Carl, Andernacher Straße 33 a, 90411 Nürnberg, Tel: 0 91 1/9 52 85-29/42; Fax: 0 91 1/9 52 85-48

Versuchs- und Lehranstalt für Brauerei, Seestraße 13, 13353 Berlin, Tel: 0 30/45 08 00; Fax: 0 30/4 53 60 69

Vereinigung der Haus- und Hobbybrauer Deutschland e.V., Martin Stoll-Hafkus, Karolinenstraße 5, 20357 Hamburg, Tel: 0 40/43 13 17 21

Frucht und Traubenwein

Bei den folgenden Adressen können Sie allgemeine Kellereibedarsartikel, vom Maischebehälter bis zum Weinglas bestellen. Spezielle Schwerpunkte werden zusätzlich genannt:

Richard Wagner GmbH & Co. KG, Albiger Straße 17, 55232 Alzey, Tel: 0 67 31/9 66 20; Fax 0 67 31/96 62 62

Bockmeyer Kellerei-Technik GmbH, Zementwerk 3, 72622 Nürtingen, Tel: 0 70 22/3 11 69; Fax 0 70 22/3 11 23

Albert Pfäffle GmbH, Gymnasiumstraße 73, 74072 Heilbronn, Tel: 0 71 31/84 58 9; Fax 0 71 31/8 22 94 (Reinzuchthefe)

Schliessmann Kellerei-Chemie GmbH & Ko. Kg, Postfach 100564, Auwiesenstraße 5, 74505 Schwäbisch Hall, Tel: 0 79 1/7 20 25 26 und 0 79 1/97 19 10; Fax: 0 79 1/ 9 71 91 25 (Reinzuchthefen, Laborausrüstung)

ReKru, Betznauer Straße 28, 88079 Kressbronn, Tel: 0 75 43/7 74 4; Fax: 0 75 43/5 13 3 (Brennerei-, Kellerei- und Molkereibedarf)

Paul Arauner GmbH & Ko.KG, Postfach 349, Wörthstraße 34-36, 97318 Kitzingen, Tel. 0 93 21/13 50 0; Fax: 0 93 21/13 50 41: Hefen, Weinlaboranalysen; www.arauner.com; email: info@arauner.com

Pökeln und Räuchern

Adressen der Bioland-Landesverbände erteilt der Bioland-Bundesverband, Kaiserstr. 18, 55116 Mainz, Tel: 0 61 31/23 97 90; Fax: 0 61 31/2 39 79 27; email: info@bioland.de

Firmen für Räuchergeräte und -bedarf: Balzer GmbH (nur Großhandel), Im Tiegel 8, 36367 Wartenberg-Angersbach, Tel: 0 66 41/8 80; Fax: 0 66 41/88 97

Hans Grassl Apparatebau GmbH, Postfach 2150, 83462 Berchtesgaden/Schönau, Tel: 0 86 52/31 92 (auch Zubehör, Räuchermehl und Gewürze)

Hosto Stolz GmbH & Co KG, Postfach 1660, 57290 Neunkirchen, Tel: 0 27 35/78 31-0; Fax: 0 27 35/78 31 80 (auch Räuchermehl und Gewürze)

Ossa Räuchergeräte Inhaber Torsten Georg, Linnwiese 1a, 57299 Burbach, Tel: 0 27 36/61 30; Fax: 0 27 36/66 55 (HeliaSmoker Druckkammergerät, Räuchermehl, Gewürze)

Siegener Räuchertechnik, Halenhorster Straße 5, 26197 Großkneten/Halenhorst, Tel: 0 44 07/92 79 60; Fax: 0 44 07/92 79 61 (auch Zubehör, Räuchermehl und Gewürze)

VECO AG Waldegg, CH-8810 Horgen, Tel: 00 41-1-7 25 31 61 (Räucheröfen, Räuchermehl und Gewürze)

G. Vering, Warendorfer Straße 1, 48361 Beelen, Tel: 0 25 86/2 75; Fax: 0 25 86/16 95 (auch Zubehör, Räuchermehl und Gewürze)

Weitere Anschriften von Firmen, die Räuchergeräte, Zubehör und Rauchmittel vertreiben, können von der zuständigen Industrie- und Handelskammer oder beim örtlichen Angelverein erfragt werden.

Literatur

Arne Grunau, Thomas Klawunn: *Bier selbst gebraut, eine praxisorientierte Anleitung für den Hausgebrauch.* K. Schulz Verlag, Göttingen 1997.

Handbuch der Brauerei-Praxis. Hrsg. Dr.-Ing. K. U. Heyse. Verlag Hans Carl. Nürnberg 1994.

Jean de Clerck: *Lehrbuch der Brauerei.* VLB Berlin 1965 (2 Bände).

Krause Udo: *Bier brauen, Das Praxisbuch.* Ludwig Verlag 1998.

Laing Dave, Hendra John: *Bier brauen.* Otto Maier Verlag, 1987.

Donhauser, Rose Marie: *Quark, Butter, Joghurt, Käse Hausgemacht.* Ludwig Verlag 1997.

Feldkamp, Herbert: *Wein hausgemacht.* Ludwig Verlag, 2. überarbeitete Auflage, 1998.

Fischer, Brigitte und Donhauser, Rose Marie: *Brotbackautomat.* Ludwig Verlag, 3. Auflage 1998.

Lücke, Susanne: *Brot selbst gebacken.* Ludwig Verlag 1998.

Feldkamp, Herbert; Weilandt, Annegret: *Schlachten und Wursten.* Ludwig Verlag 1998.

Feldkamp, Herbert: *Räuchern & Pökeln.* Ludwig Verlag 1998.

Heike Knophius, Norbert Dütsch: *Das große Buch vom Einmachen.* Ludwig Verlag 1997

Franziska von Au und Caroline Bayer: *Sirup und Säfte selbst herstellen.* Ludwig Verlag 1998

Rezepteregister

Ananaslikör 105
Anisbrot für Gourmets 183
Äpfel, getrocknete 53
Äpfel mit Minze 40
Apfelgelee mit Rosenblättern 21
Apfel-Möhren-Konfitüre,
   thüringische 17
Apfelsaft 28
Apfelwein 111f.
Apfel-Zwiebel-Chutney 78
Arabische Melonen-
   konfitüre 23
Artischocken in Öl 71
Artischockenpaste 92
Auberginen-Kapern-Paste 91
Aufgesetzter mit schwarzen
   Johannisbeeren 105

Bandnudeln 188
Beerenkonfitüre 18
Birnbrot, Engadiner 179
Birnen, getrocknete 53
Birnen in Sirup 38
Blutorangen in Wodka 107
Bohnen, dicke 46
Bohnensuppe, friesische 106
Bouquet garni 297
Bratwurst, süddeutsche 209
Bratwurst, Thüringer 209
Bremer Pinkel 208
Brot, Weizensauerteig 171
Brötchen 170
Butter 246
Buttermilchbrot, Chiem-
   gauer 172

Cannelloni mit Fleisch-Spinat-
   Füllung 195
Chiemgauer Buttermilchbrot 172

Delikatessleberwurst 211
Dicke Bohnen 46
Dickmilch 241
Dörrobst 53
Dunkler Fruchtcocktail 30

Eierlikör 102
Eiernudelteig 188
Eingelegte Rote Bete 62
Eingemachte Schneide- oder
   Schnippelbohnen 62
Eingemachte Wildpreisel-
   beeren 40
Engadiner Birnbrot 179
Entenpastete 213
Ententerrine 214
Erdbeerflip 30
Erdbeerkonfitüre 14
Essig Grundrezept 158
Essigbirnen 69
Essiggurken 65
Essigzwetschen 68
Estragonsenf 87
Exportbier 152

Feigen in Portwein 107
Friesische Bohnensuppe 106
Früchte heiß einfüllen 43
Fruchtcocktail, dunkler 30

Gänseleberpastete 212
Gelierbrühe für Sülze 216
Gemischtes Wurzelgemüse 47
Gemüse-Relish 79
Geräucherter Hecht 236
Geräucherte Heilbutt-
   scheiben 237
Geräucherter Käse 233
Geräucherte Scholle 237
Geräucherte Seezunge 237
Geräucherter Zander 236
Getrocknetes Suppengemüse 55
Getrocknete Tomaten 54
Gewürzessig 160
Gnocchi mit grüner Butter 194
Grapefruit-Ananas-
   Marmelade 19
Griebenschmalz 217
Grillwurst 209
Grobe Leberwurst 210
Grün eingelegte Walnüsse 42
Grützwurst, Holsteiner 217

Hagebutten-Chutney 76
Harissa 90
Hartweizennudeln 190
Hausbrot, Schwiebuser 173
Hausmacher-Leberwurst 210
Hausmacher-Sülze 216
Hecht, geräucherter 236
Hefeteig Grundrezept 168f.
Heilbuttscheiben,
   geräucherte 237
Heiß geräucherte Putenbrust 230
Heißeinfüllen von Früchten 43
Helles obergäriges
   Weizenbier 152
Helles untergäriges Starkbier 140
Helles Vollbier Typ Export 152
Helles Vollbier Typ Pils 153
Hessisches Kornbrot 175
Himbeeren in Sirup 43
Himbeeressig auf Groß-
   mutters Art 161
Himbeersirup 31
Holsteiner Grützwurst 217
Holunderblütensirup 31
Holunderwürzsauce 80
Honigwein 126

In Öl eingelegter Käse 70
Italienische Salami 206

Joghurt Grundrezept 242
Johannisbeerwein, roter 125

Kaffeehausbrot 182
Kalbsleberterrine 215
Kalt geräucherter Lachs 235
Kalt geräucherter Rinder-
   schinken 230
Kaninchenpastete mit
   Champignons 213
Käse, geräucherter 233
Käse, in Öl eingelegter 70
Käse-Zwiebelbrot, zypri-
   otisches 176
Kastenweißbrot 170
Katenwurst 232

Kefir 244
Kirschen und Johannisbeeren in Sirup 43
Kirschkonfitüre, türkische 23
Kirschlikör 100
Kirschsaft 29
Knoblauchbrot 183
Knoblauchöl 163
Kochwurst, polnische 207
Kornbrot, hessisches 175
Kraftdrink 31
Kräuteröl, provenzalisches 162
Kräutersenf 88
Kürbis süßsauer 69

Lachs, kalt geräuchert 235
Lachsschinken, nass gepökelt 225
Lasagne 191
Laugenbrezen 181
Leberwurst, grobe 210
Leberwurst Hausmacher Art 210
Leberwurst im Glas – norddeutsche Art 211

Magenbitter 103
Mango-Chutney 78
Meerrettichsenf, scharfer 87
Mehrkornbrot 175
Melonenkonfitüre, arabische 23
Met 126
Mettwurst Holsteiner Art 231
Mixed Pickles 67
Mokkalikör 103
Müslibrot 179

Nass gepökelter Lachsschinken 225
Nudeln mit Hartweizengrieß 190
Nussbrot 173
Nusslikör 101

Olivenpaste 93
Orangen-Kumquat-Chutney 76
Orecchiette 190
Öhrchennudeln 190

Paprikapaste, scharfe 90

Paprika-Tomaten-Relish 80
Pesto-Basilikum-Paste 89
Petersilienpaste 90
Pfefferbeißer 215
Pfefferkürbis 46
Pfefferminz-Ingwer-Chutney 81
Pfefferminzlikör 101
Pfirsichdessertwein 124
Pfirsichkonfitüre 16
Pflaumen in Armagnac 106
Pflaumen in Rotwein 41
Pickles, Mixed 67
Pils 153
Pilze in Kräuteressig 66
Pilzpaste 92
Pinienkernbrot 182
Pinkel, Bremer 208
Polnische Kochwurst 207
Preiselbeer-Orangen-Sauce 81
Provenzalisches Kräuteröl 162
Putenbrust heiß geräuchert 230

Quark 249
Quitten mit Wacholder 68
Quittengelee 20

Ratatouille-Gemüse 47
Ravioli mit Fleischfüllung 192
Ravioli mit Käse und Minze 193
Ravioli mit Käse-Kräuter-Füllung 192
Rhabarber-Erdbeer-Konfitüre 16
Rhabarber-Orangen-Konfitüre 16
Rinderschinken kalt geräuchert 230
Roggen-Kürbiskern-Stangen 174
Roggenschrotbrot 173
Rohwurst Grundrezept 200f.
Roséwein 129
Rosinen in Rum 106
Rosinenbrötchen 178
Rote Bete, eingelegte 62
Roter Johannisbeerwein 125
Rotwein 127f.
Rügenwalder Teewurst 205
Rumtopf 99, 104

Salami, italienische 206
Salami, ungarische 231
Salsa verde 90
Salzgurken Berliner Art 63
Sauerkraut 60
Sauerkrautbrötchen 177
Scharfer Meerrettichsenf 87
Scharfe Paprikapaste 90
Schinken, trocken gepökelt 223
Schlehengelee 20
Schneide- oder Schnippelbohnen, eingemachte 62
Schnittfeste Rohwurst 200f.
Scholle, geräucherte 237
Schwiebuser Hausbrot 174
Seezunge, geräucherte 237
Senf Grundrezept 86
Senf, süßer 88
Senfgurken 67
Sesambrot 183
Spargel mit Zitrone 44
Spinat-Lasagne 191
Stachelbeeren mit Pinienkernen 42
Starkbier, helles untergäriges 140
Süddeutsche Bratwurst 209
Sülze, Gelierbrühe für 216
Sülze, Hausmacher Art 216
Suppengemüse, getrocknetes 55
Süßer Senf 88
Süßrahmbutter 246

Teewurst, Rügenwalder 205
Thüringer Bratwurst 209
Thüringische Apfel-Möhren-Konfitüre 17
Tomaten, getrocknete 54
Tomaten mit Basilikum 45
Tomatenketchup 77
Tomaten-Nudeln 194
Tomatenpaste, würzige 93
Toskanisches Brot 171
Trocken gepökelter Schinken 223
Trockenobst 53
Trüffelöl 162

Sachregister

Thüringische Apfel-Möhren-Konfitüre 17
Tomaten, getrocknete 54
Tomaten mit Basilikum 45
Tomatenketchup 77
Tomaten-Nudeln 194
Tomatenpaste, würzige 93
Trocken gepökelter Schinken 223
Trockenobst 53
Trüffelöl 162
Türkische Kirschkonfitüre 23

Ungarische Salami 231

Vanille-Frühstückshörnchen 180
Vollbier Typ Export, helles 152
Vollbier Typ Pils, helles 153

Walnüsse, grün eingelegte 42
Walnussessig 160
Wein 127f.
Weinsauerkraut 60
Weißwein 129
Weizenbier, helles obergäriges 152
Wildpreiselbeeren, eingemachte 40
Wurstbrühmasse 200f.
Wurzelgemüse, gemischtes 47
Würzige Pilze 44
Würzige Tomatenpaste 93

Zander, geräucherter 236
Zervelatwurst 232
Zitronenmarmelade 19
Zwetschenmus 22
Zypriotisches Käse-Zwiebelbrot 176

Abläutern 142
Al dente 187
Alkoholische Gärung 109
Aromahopfen 134
Artischocken 71
Ätzkalk zur Wasserenthärtung 135
Ausschlagen 147
Azidometer 123

Backofen
  -, Einmachen im 35
  -, Trocknen im 51
Bandnudeln 185
Beerenweine 120f.
Bier brauen 131f.
Bierhefe 133
Bierkits 132
Bierkochlöffel 137
Bierwürzespindel 138, 144
Bitterhopfen 134
Blanchieren 52
Brauwasser 135
Brot backen 165f.
Brotbackautomat 167, 180
Butter 246
Buttermilch 247
Buttermodeln 247

Chutneys 73f.

Dampfentsaften 27
Dampfkochtopf, Einmachen im 35
Därme
  - für Wurst 199
  - stopfen 201
Dauerwurst 199
Dickmilch 241
Dijon-Senf 85
Dinkel 167
Dörren 49f.
Durchbrennen 227
Durumweizen 167

Eiernudeln 187
Einkochen 33f.
Einkochtopf, Einmachen im 35
Einmachen 33f.
Einmachgläser 12
Einmachverfahren 35
Einmaischen 141
Einsalzen 221, 234
Einwecken 33f.
Eiweißrast 141
Entrappen 128
Entsaften 27
Essig 155f.
  - als Heilmittel 159
  -, Konservieren mit 57, 64f.
Essigbakterien 155
Essigmutter 157

Fisch
  - einsalzen 234
  - räuchern 234f.
Frischkäse 248
Frostentsaften 122
Früchte
  - heiß einfüllen 37
  - in Alkohol 99
  - trocknen 52
Fruchtmus 9f.
Fruchtsirup 25f.
Fruchtweine 109f.

Gärgefäße für Bier 139
Gärphasen beim Brauen 148f.
Gärung, alkoholische 109
Gelee 9f.
Gelierbrühe für Sülze 216
Gelierprobe 11
Gelierzucker 10
Gemüse
  - milchsauer konservieren 57
  - trocknen 54f.
Gemüsesaft 25f.
Gerstenmalz 132
Getreidemühle 166
Gewürze
  - für die Wurstherstellung 198
  - für Likör 98

Gläser für Konfitüre 12
Grapefruits 19

Halloumi 193
Harissa 83
Hartweizen 167
Hefe zum Brauen 133
Heißeinfüllen von Früchten 37
Heißräuchern 229
Hopfen 134, 146

Ingwer 95

Jodprobe 142
Joghurt 242

Kalträuchern 229
Kefir 244
Kefirpilz 244
Ketchup 73f.
Kochwurst 199, 207
Kompott 28
Konfitüre 9f.
Kräuter
 - für Likör 98
 - trocknen 52f.
Kürbis 69

Lactobacillus 242
Lakespindel 224
Läuterbottich 138
Liköre 95f.

Maischen 140
 - von Weintrauben 128
Maische auspressen 122
Maischefilter 139
Maischevergärung 121
Mälzen 132
Marmelade 9f.
Mehltypen 167
Messzylinder 123
Milch 239, 240
Milchprodukte 239f.
Milchsäuregärung 57, 59f.
Mostvergärung 120

Nachguss 143
Nasspökeln 224
Nitritpökelsalz 199, 221
Nudeln 185f.
Nudelmaschine 185

Oberflächengärung bei Essig 157
Obergärige Hefe 133
Obst ernten 12
Obstsaft 25f.
Oechslewaage 123
Öl, Konservieren mit 57, 70f.

Pasta 185f.
Pasteten 197f.
Pasteurisieren 240
Pektingehalt von Früchten 11
Pilze trocknen 52f.
Pökeln 219f.
Pökellake 224
Pökelnitritsalz 199, 221

Quark 248

Räuchern 219f.
 - von Wurst 204
Räucherbestimmungen 229
Räucherfehler 229, 232
Räucherfisch 234f.
Räucherholz 227
Räuchermittel 227
Raucherzeugung 228
Reifen von Wurst 204
Reinheitsgebot für Bier 131
Relishes 73f.
Roggen 167
Rohentsaften 27
Rohmilch 240
Rohwurst 199
Rumtopf 99

Saft 25f.
Salpeter 199, 221
Salz, Konservieren mit 57f.
Salzen 221, 234
Sauermolke 247

Sauerteig 167, 171, 174
Säuregehalt von Früchten 11
Säuremesszylinder 123
Schimmel bei Konfitüre 13
Schönungsmittel 121
Schwefel im Wein 115
Senf 83f.
Sirup 25f.
Spargel 44
Starter 59
Sülze 216
Süßrahmbutter 246

Terrinen 197f.
Titrovingerät 123
Traubenwein 127f.
Treber 143
Trockengitter 51
Trockenpökeln 222
Trocknen 49f.

Umluftherd, Trocknen im 51
Umröten 204
Untergärige Hefe 133

Verglimmen 228
Verschnittwasser 97
Verzuckerungsrast 142
Vinometer 123
Vorzugsmilch 254

Warmräuchern 229
Wasser enthärten 136
Wein 109f.
Weizen 167
Wurst 197f.
Würze 146, 137, 144, 138
Würzpasten 83f.
Würzsaucen 73f.

Zitrusöl 19
Zuckerkombinat 232

Impressum
© 2000 Cormoran Verlag, München, in der Econ Ullstein List Verlag GmbH & Co. KG, München

Originalausgabe: © 1998 (Hausgemacht), W. Ludwig Verlag, München, in der Econ Ullstein List Verlag GmbH & Co. KG, München.

Alle Rechte vorbehalten. Nachdruck – auch auszugsweise – nur mit Genehmigung des Verlags.

Redaktion: Astrid Rüdiger, Cornelia Klaeger
Koordination: Redaktionsbüro Cornelia Klaeger
Projektleitung: Berit Hoffmann, Christina Lux
Redaktionsleitung: Dr. Reinhard Pietsch
Bildredaktion: Sabine Kestler, Gaby Feld
Illustrationen: Roger Kausch
Layout: Ludger Vorfeld
DTP: Ludger Vorfeld, Klaus-Manuel Rehfeld, Reinhard Soll
Umschlag: Jan-Dirk Hansen
Produktion: Manfred Metzger, Annette Aatz

Gedruckt auf chlor- und säurearmem Papier.

Printed in Italy

ISBN 3-517-09096-4

Über die Herausgeberinnen
Petra Casparek ist als freie Food-Journalistin für verschiedene Zeitschriften und Buchverlage tätig. Eine große Leidenschaft gilt dabei dem Zubereiten von Konfitüren, Marmeladen und allem anderen, was ohne großen Aufwand in der Küche eingemacht werden kann.

Erika Casparek-Türkkan ist eine renommierte Food- und Reisejournalistin, die regelmäßig für verschiedene Zeitschriften und Buchverlage tätig ist. Vor allem auf ihren Reisen bekommt sie immer wieder neue Anregungen für köstliche Rezeptideen.

Hinweis
Das vorliegende Buch ist sorgfältig erarbeitet worden. Dennoch erfolgen alle Angaben ohne Gewähr. Weder Herausgeberinnen noch Verlag können für eventuelle Nachteile oder Schäden, die aus den im Buch gemachten Hinweisen resultieren, eine Haftung übernehmen.

Anmerkung
Diesem Buch liegt die im Juli 1996 in Wien beschlossene und seit 1. 8. 1998 geltende Neuregelung der deutschen Rechtschreibung zugrunde.

Bildnachweis
Bilderberg, Hamburg: 134 (A. Reiser); Hofmann Rainer, München: 56, 58, 63, 65, 71, 74, 77, 79, 82, 84, 87, 89, 91, 178, 186, 188, 190, 191, 233; Kerth Ulrich, München: 8, 13, 17, 21, 24, 26, 32, 41, 45; Rees Peter, Köln: Titel, 2, 14, 15, 29, 38, 39, 50, 53, 55, 94, 96, 100, 102, 104, 124, 125, 126, 156, 161, 163, 164, 196, 198, 212, 214, 218, 220, 225, 226, 86, 158, 202, 203, 205, 206, 207 (C. Kargl), 10, 22, 24, 34, 36, 48, 61, 66 (U. Kerth), 12, 18, 64, 252, 257, 259, 263, 264, 271, 273, 279, 281 (K. Newedel), 30, 166, 168, 169, 171, 172, 176, 181, 223, 235, 236 (R. Hofmann), 37, 72, 154 (A. Schliack), 108, 110, 111, 112, 116, 117, 119 (A. Eckert), 130, 136, 145, 149, 208 (P. Rees), 181 (SWV-Archiv)